Esoterik

Herausgegeben von Gerhard Riemann

Narasimha Rao wurde 1912 in Kakinada in Südindien geboren. Nach seinem Medizinstudium in Indien ging er 1934 an die Harvard University, wo er sich im Fach Gesundheitswesen spezialisierte. 1945 erlangte er die Doktorwürde und kehrte danach in seine Heimat zurück. Dort lehrte er 30 Jahre lang an der Universität Kalkutta als Professor und entwickelte sich zu einem Pionier des indischen Gesundheitswesens.

1982 zog er in Sai Babas Ashram nach Prâshanti Nilayam. Als Baba auf wunderbare Weise sein Leben rettete, unterstellte er sich ganz seiner spirituellen Führung.

Dr. Karin Lanz, geb. 1938 in Berlin, verheiratet und drei Kinder, lebte bis 1982 als Ärztin in Deutschland.

Unheilbare Augenprobleme führten sie zuerst nach Afrika, dann nach Indien, wo sie dem großen geistigen Führer Sathya Sai Baba begegnete. Sai Baba veränderte ihr Leben von Grund auf und führte sie zur altindischen Heilweise, zur ayurvedischen Medizin.

Dieses Buch wurde auf chlor- und säurefreiem Papier gedruckt.

Originalausgabe März 1994
© 1994 Droemersche Verlagsanstalt Th. Knaur Nachf., München
Das Werk einschließlich aller seiner Teile ist urheberrechtlich
geschützt. Jede Verwertung außerhalb der engen Grenzen des
Urheberrechtsgesetzes ist ohne Zustimmung des Verlages
unzulässig und strafbar. Das gilt insbesondere für
Vervielfältigungen, Übersetzungen, Mikroverfilmungen
und die Einspeicherung und Verarbeitung in
elektronischen Systemen.
Umschlagillustration: Peter F. Strauss
Satz: Ventura Publisher im Verlag
Druck und Bindung Ebner Ulm
Printed in Germany
ISBN 3-426-86041-4

2 4 5 3

Mit Liebe und Dankbarkeit
lege ich dieses Buch
meinem verehrten
Lehrer Sai Baba
zu Füßen und erbitte
seinen Segen für uns alle.

Inhalt

*Die Säule mit den fünf Weltreligionen
und der Lotusblüte als Symbol der Reinheit.*

Christentum:

Streiche die Ichbezogenheit durch, und laß dein Ego oben am Kreuz sterben. Du wirst die Ewigkeit erlangen.

Islam:

Sei wie der Stern, der den Halbmond nie verläßt und in stetem Glauben verharrt.

Buddhismus:

Denke an das Rad von Ursprung und Konsequenz, von Tat und Bestimmung und an das Rad von Dharma, das alles auf den rechten Weg bringt.

Hinduismus:

Horcht auf den Urton, der aus eurem Herzen wie aus dem Herzen des Universums klingt.

Parsismus
(Religion des Zarathustra):

Wirf all deine Bitterkeit in das heilige Feuer und werde erhaben, groß und göttlich.

Einführung

von Karin Lanz

Bevor Sie, lieber Leser, mit dem Buch über Sai Baba beginnen, möchte ich, die ich den Text in eine deutsche Fassung brachte, noch einige Worte zum besseren Verständnis hinzufügen. Ich betrachtete mich bei der Arbeit zu diesem Buch als ein Bindeglied zwischen Ost und West und versuchte, so gut wie möglich indisches Gedankengut in deutsches zu übertragen. Außerdem möchte ich meine eigene Erfahrung mit Sai Baba schildern, die ich im Gegensatz zum indischen Autor als jemand aus dem Westen erlebte.

Wenn man nach Indien reist, dann fängt man automatisch damit an, die Welt des Ostens mit der heimatlichen zu vergleichen. So erging es auch mir bei meinen Indienreisen. Viele Eindrücke stürmten auf mich ein, und als ich nach Hause zurückkehrte, beschäftigten mich diese Unterschiede. Von diesen Eindrücken aber war für mich immer wieder am nachhaltigsten, daß bei uns soviel Wert auf Sex und Busineß gelegt wird. Wenn ich zurück nach Deutschland kam, dann fiel mir stets als erstes die Werbung auf den Litfaßsäulen ins Auge. Wie ein Großteil der übrigen Medien waren auch sie voller Darstellungen sich anbiedernder Sexualität in Verbindung mit Warenangeboten. In Indien dagegen sah ich überall Darstellungen von Gottheiten, und ich erlebte, wie sie das tägliche Leben der Menschen begleiteten. Die Götterwelt, die Ausdruck der verschiedenen Aspekte des einen großen Gottes ist, schien dort die höchste Priorität zu haben; man glaubt an sie, und man glaubt tief.

Ich dachte über meine Beobachtung nach und kam schließlich zu dem Ergebnis, daß Indien immer noch von einem anderen tiefen Wissen durchdrungen ist, das uns verlorenging. Die Inder haben sich die Erkenntnis, daß Glaube Wissen auf einer anderen Daseinsebene ist, bewahrt und sind dadurch in hohem Maße zur Spiritualität fähig. Der große geistige Führer Sathya Sai Baba, der in Südindien lebt und lehrt, sagte einmal: »In Indien ist die Goldmine der Spiritualität zu finden. Die anderen kommen und schürfen von ihr.«

So wie ich Indien erlebt habe, steht es außer Zweifel, daß man sich dort mit Gott beschäftigt, und zwar in einer Weise, wie wir es bei uns heute nicht mehr kennen oder vielleicht noch nie gekannt haben. Ich sah dort zum Beispiel Männer öffentlich tief und innig beten. Es beeindruckte mich sehr, und ich empfand darüber große Freude. Ich erlebte auch, daß einfach überall und ohne Scheu gebetet wurde. Wenn jemand auf der Straße seine Hände zum Gebet faltete, dann wurde es als normal angesehen. Kein abfälliges Lächeln, kein Staunen. Würde so jemand bei uns nicht Gefahr laufen, als verrückt erklärt zu werden? Indien ist ein Land voller Gottgläubigkeit, und viele reisen aus diesem Grunde dorthin. Sie wollen das wiederfinden, was bei uns verlorenging. Auch ich fahre aus diesem Grunde nach Indien und besuche Sai Baba.

Im Jahr 1987 begegnete ich Sai Baba zum erstenmal, und gleich meine erste Begegnung war unvergeßlich. Baba kam auf mich zu, schaute mich mit seinen kraftvollen Augen lange an, und fortan war mein Leben von Grund auf verändert. Es war unbegreiflich. Ich war von einer Liebe erfüllt, die ich bisher in einer solchen Reinheit nicht kannte. Im gleichen Jahr fiel mir auch das Buch *Sai Baba – A Story of God as a Man* von Dr. Rao in die Hände, das hier mit dem deutschen Titel *Sai Baba. Mensch – Heiliger – Gott* vor Ihnen liegt. Das Buch wurde mir eine große Hilfe bei meinen inneren Auseinandersetzungen mit Baba und half mir, ihn selbst besser zu verstehen. Es vermittelte mir umfassende Informationen über sein Leben, seine Wunder und die Unbegreiflichkeit seiner Persönlichkeit. Die Berichte waren so gut, daß in mir der Wunsch entstand, sie auch meinen Landsleuten zugänglich zu machen. Ich nahm Kontakt mit dem Autor Dr. Rao auf, der sich glücklicherweise im Ashram aufhielt, und bekam seine Genehmigung zu einer neuen Fassung seines Buches in deutscher Sprache. Obwohl die Anfänge leicht schienen, erforderte die Durchführung dann doch viel Zeit.

Ich bemühte mich, indische Denkweise und Vorstellungen gut verständlich ins Deutsche zu übertragen und den Kulturbereich, in dem Sai Baba lebt, meinen Landsleuten verständlich zu machen. Meine Treffen mit Dr. Rao, mit dem ich immer wieder Fragen zu klären hatte, entbehrten nicht einer gewissen Komik: Wir saßen außerhalb des Ashrams im Dorf Puttaparthi in einem kleinen Buchladen, Dr. Rao in der einen Ecke auf einem Stuhl und ich in der anderen. Dr. Rao nahm die Anweisungen Babas sehr ernst, daß Männer und Frauen sich im Ashram nicht treffen und unterhalten sollen. Man sollte sich dort auf Gott konzentrieren und auf sonst nichts. Zusammen mit dem jungen Ladenbesitzer, der ein ehemaliger Student Babas war, wurden die vielen Fragen, die ich hatte, besprochen und nach häufigen Diskussionen schließlich gelöst. Die unzähligen Fremdwörter sowie die uralten Sitten und Gebräuche Indiens wurden mir mit Geduld verständlich gemacht. Ich bin noch heute für diese Geduld sehr dankbar.

Ich fragte Dr. Rao: »*Dr. Rao, warum möchten die Inder so gern die Füße von Sai Baba berühren? Immer wieder sehe ich, wie Frauen und Männer sich darum bemühen. Manchmal fordert Baba sogar selbst jemanden auf, es zu tun.*«

»Das kann ich Ihnen sagen. Wir Inder glauben an das Gesetz von Ursache und Wirkung, an das Karma. Und wir glauben an die Wiedergeburt der Seele. Altes Karma aus früheren Leben und Karma aus diesem Leben kann durch die Berührung und Verehrung von Babas Füßen genommen werden. Eine Persönlichkeit seiner Größe hat die Kraft dazu.«

»*Könnte es so sein, daß bei der Berührung von Babas Füßen ein Energiestrom von ihm zu dem Gläubigen fließt?*«

»Ja, das ist moderne Denkweise und stimmt sicher. Baba sagt selbst, daß nur derjenige seine Füße berühren soll, der von ihm dazu aufgefordert wird, weil er sich auf den Gläubigen einstellen muß. Was gut für den einen ist, das ist noch lange nicht immer gut für einen anderen.«

Ich war dankbar für diese Antworten und dachte mir im stillen, wie leicht es einem Inder doch fällt, sich vor einem anderen Menschen zu verneigen. Ich hatte so manches Mal bei meinen verschiedenen Indienaufenthalten erlebt, daß ein Sohn die Füße seines Vaters berührte, wenn er von einer Reise nach Hause kam, oder ein Enkelkind beim Abschied die Stirn auf die Füße seiner Großmutter legte. Es wurde mir bewußt, wie tief verwurzelt diese Tradition in Indien war und daß der Schritt, tiefempfundene Hingabe auf diese Weise auszudrücken, auch nicht mehr schwer war. Ich erinnerte mich an den Augenblick, in dem ich selbst einmal ähnlich handelte und im Tempel von Sai Baba meine Stirn in Ehrfurcht vor dem heiligen OM-Zeichen, das für mich ein Symbol Gottes ist, auf den Boden legte. Ich folgte einem spontanen Wunsch und fühlte mich danach glücklich. Ich hatte mich in die Hände des Allerhöchsten begeben. Wie leicht ist es doch, so etwas in Indien zu tun, dort, wo alles von einer tiefen Gläubigkeit durchdrungen ist. Die Füße von Sai Baba berühren zu dürfen, Pada Namaskara zu machen, wurde mir bisher allerdings noch nicht erlaubt.

»Woher nehmen Sie Ihr Wissen, Dr. Rao?«

»Aus den Veden, an die uns Sai Baba immer wieder eindringlich erinnert. Wir glauben an das, was uns die Veden, unsere heiligen Schriften, lehren. Unser Glaube ist tief darin verwurzelt.«

»Woher kommen die Veden?«

»Sie wurden den Rishis, den Sehern oder Weisen aus uralter Zeit, von Gott durch Meditation für die Menschen geschenkt und sind uns bis heute erhalten geblieben.«

»Ist Baba ein Hindu?«

»Ja und nein. Er steht außerhalb jeden Religionsgeschehens. Man muß ihn von einer anderen Warte aus betrachten. Er ist höher, reiner, über alles erhaben. Er verfügt über Weisheit, die alles einschließt.«

»Ich finde, daß in Indien besonders großer Wert auf den Glauben gelegt wird, und erlebe es selbst immer wieder ganz besonders hier in der Nähe von Sai Baba. Wie steht es um die Beweise für das, was geglaubt wird?«

»Sehen Sie, wir sind überzeugt, daß der Verstand und das, was man mit dem Verstand beweisen kann, begrenzt ist. Erst jenseits des Verstandes beginnt das wirkliche Wissen, die Weisheit, und sie ist nur durch Erfahrung zu erlernen. Versuchen Sie doch einmal, das Leben als eine Mathematikaufgabe zu betrachten und dann den Glauben als Unbekannte einzusetzen. Tun Sie es, und probieren Sie aus, was dabei herauskommt. Es wird Sie überzeugen. – Glauben Sie denn nicht auch an etwas?«

»Ja, doch. Ich glaube, und es geht mir gut, wenn ich es tue. Aber es wurde mir erst durch Baba bewußt.«

»Darum geht es ja. Um das Bewußtwerden.«

»Heute ist es so, daß ich mich elend fühle, wenn ich zweifle, ganz besonders, wenn ich an Baba zweifle. Also glaube ich lieber.«

»Sehen Sie!«

Wir diskutierten lange, auch über die Fragen: Wo kommen wir her? Wo gehen wir hin? Warum sind wir hier? Die Antworten sind im Buch zu finden und werden von Baba den Besuchern, die zu ihm kommen, immer wieder aufs neue beantwortet. Wir diskutierten endlos über Baba selbst, über sein Leben, seine Arbeit, seine Schulen und Studenten, über seine Wunder und darüber, wer er wirklich ist. Es ist aufregend und spannend, sich mit Baba zu beschäftigen, denn es bedeutet gleichzeitig auch ein Hineingehen in sich selbst. Als Baba einmal gefragt wurde, ob er Gott sei, antwortete er mit der Gegenfrage: »Weißt du, wer du bist?« Da saß der Fragende in der Falle. Baba erklärte: »Ich weiß im Gegensatz zu euch, wer ich bin. Ihr wißt es nicht. Aber ich helfe euch, es herauszufinden.« Man kann es tun, und von den vielen Erlebnissen derer, die es taten, ist in diesem Buch die Rede.

Dr. Rao war schon zwanzig Jahre vor mir zu Sai Baba gekommen; ich war ein Neuling und lernte viel von ihm. Unsere Schicksale ähnelten sich. Wir waren beide Mediziner und konnten uns doch selbst nicht helfen. Beide kamen wir zu Sai Baba und erhielten auf wunderbare Weise Hilfe von ihm. Dr. Raos Geschichte ist im Nachwort zu lesen, und die meine möchte ich hier kurz schildern.

Seit einigen Jahren litt ich unter Augenproblemen, unter trockenen Augen, die mich zwangen, meinen Beruf und vieles andere mehr aufzugeben. Unsere Schulmedizin wußte keinen Rat. Ich war in einer ausweglosen Lebenssituation und ziemlich verzweifelt, als ich schließlich von Sai Baba hörte, daß er ähnlich wie Jesus Christus Wunder vollbringen könne. Kurz entschlossen flog ich nach Indien und ging zu ihm. Es ist mir unvergeßlich, was ich bei meiner ersten Begegnung erlebte. Mit einem einzigen Blick seiner machtvollen Augen hob Baba mich vollends aus den Angeln und stellte mich geistig auf festen und sicheren Boden. Was ich in den Tagen meiner ersten Begegnung erfuhr, ist weder mit dem Verstand zu begreifen noch mit Worten zu beschreiben. Vielleicht verdeutlichen es Babas Worte, wenn er sagt: »Versucht nicht, mich zu verstehen und zu messen. Ihr könnt es nicht.« Meine Krankheit war plötzlich bedeutungslos; ich begriff, daß es um viel Wichtigeres ging. Mir wurde klar, daß meine Augenprobleme, die mich zwangen, mehrere Stunden am Tag mit geschlossenen Lidern dazusitzen, mich in Wirklichkeit vom weltlichen Leben weggeführt hatten. Eigentlich waren sie ja ein Segen für mich, jedenfalls für meine innere Entwicklung. Ich war auf den spirituellen Weg gekommen, und es war gut so. Als ich das erkannte, hörte ich auf zu leiden. Obwohl ich Baba nicht bat, mich zu heilen, versprach er mir von sich aus Genesung und zeigte mir den Weg zur alten indischen Heilweise, zur ayurvedischen Medizin. In dieser Therapie mit heiligen Ölen befinde ich mich zur Zeit.

Voller Vertrauen in Babas starke und liebende Führung begann ich zu Hause ein neues Leben und bemühte mich, seinen Lehren zu folgen, die die Lehren der Veden sind. Gern würde ich aus der folgenden Zeit die vielen Erlebnisse, die mir die unbegreifliche Größe Babas immer wieder bewiesen, erzählen, aber sie würden den Rahmen dieser Schrift sprengen. Viele der unzähligen Wunder Sai Babas, die auch das Unermeßliche seiner Persönlichkeit ahnen lassen, sind im Text des Buches zu finden.

Sai Baba vollbringt viele Wunder. Er holt Ringe, Armbänder und heilige Asche einfach aus der Luft. Das klingt vielleicht nach Jahrmarkt, aber es hat einen anderen Sinn. Baba weiß, was er macht und warum er es macht. Er weiß, was er bei demjenigen bewirkt, für den er es materialisiert. Das hat er im Laufe der Jahre immer wieder bewiesen. Von diesen Gegenständen sollen Schwingungen ausgehen, die auf uns einwirken und uns helfen können. Baba verfügt über die Fähigkeit, mit geistigen Energien umzugehen, und kann sie für uns zum Guten verwenden. Es geht um unsere Entwicklung zu Höherem, und er sorgt dafür. Er sagt immer wieder: »Ich bin nur gekommen, um euch zu helfen. Nutzt mich.« Ein großes Angebot, nicht wahr?

Am besten läßt eine Episode, die Frank Baranowski (der die Aura des Menschen sehen kann und in Arizona an der Universität lehrt), einmal erlebte, erkennen, wie groß und unbegreiflich Sai Baba wirklich ist. Er sagte einmal zu einem Manager aus Südafrika, der gerade seine erste tiefgreifende Erfahrung mit Baba gemacht hatte und nach einem längeren Gespräch Abschied von ihm nahm: »Wer weiß, vielleicht treffen Sai Babas Fußspuren die Ihren – im Sand der Zeit.« Der Manager schaute Baranowski an und lächelte. »Ich danke Ihnen. An diesen Satz werde ich mich bestimmt erinnern.« Er winkte und ging. Baranowski beobachtete ihn eine Zeitlang, folgte mit seinen Augen seinen Fußspuren im Sand und fragte sich: »Ob er wohl erkennen kann, daß er nicht alleine geht?«

OM SAI RAM   Karin Lanz, München 1993

Vorwort

von Narasimha Rao

Die Arbeit an diesem Buch machte mich wieder zu einem Schüler, und das Wort meines Lehrers wurde in mir lebendig. Es besagte, daß Forschungsarbeit eine Suche nach Wahrheit ist, die als eine korrekte Auslegung von Tatsachen verstanden werden müsse. Das Sammeln von Tatsachen ist also ein wichtiger Schritt in jeder Forschungsarbeit; und so lege ich in diesem Buch eine Sammlung von Fakten vor, die ich über Shri Sathya Sai Baba zusammengetragen habe. Ich bemühte mich, das Material möglichst chronologisch und ohne persönliche Interpretation wiederzugeben.

Informationen über einen »normalen« Menschen zu sammeln ist verhältnismäßig einfach. Je bedeutender die Persönlichkeit aber ist, desto schwieriger wird es, objektiven Sachverhalten auf die Spur zu kommen. Man kann sich das Ausmaß der Schwierigkeiten vorstellen, die ich zu bewältigen hatte, als ich Daten über Sathya Sai Baba zusammentrug, der heute als der größte Mensch angesehen wird und für viele als die Verkörperung Gottes auf Erden gilt. Dichtung von Wahrheit zu unterscheiden wurde für mich zu einer umfangreichen Aufgabe. Ich legte meiner Arbeit die offizielle Biographie *Satyam Sivam Sundarâm* zugrunde sowie Aussagen und Schriften von Sai Baba selbst, und ich zog die ständig wachsende Literatur hinzu, die im Anhang aufgeführt ist. Ich verwendete auch eigene Erfahrungen, die ich in der Nähe von Sai Baba machen konnte, als ich längere Zeit im Ashram Prashânti Nilayam lebte. In dieser Zeit hatte ich auch Gelegenheit,

Sai Babas Jugendgefährten und Anhänger kennenzulernen und die vielen kursierenden Geschichten über ihn in Ruhe auf ihren Wahrheitsgehalt zu überprüfen.

Es entstand ein Buch, das ich in drei Teile gliederte: 1. Sathya – der Mensch; 2. Sai Baba – der Heilige; 3. Sathya Sai Baba – Gott als Mensch. Wenn Sie diese Titel lesen, werden Sie sicher fragen, ob Sai Baba ein Mensch wie wir ist. Die Antwort lautet: Ja, er ist es. Sie werden weiter fragen, ob er dann auch ein Heiliger ist? Ja, er ist ein Heiliger, denn er ist der größte Wundertäter, den wir kennen, größer als alle Heiligen, die wir kennen. Ist er auch Gott selbst? Diese Frage kann ich nicht für Sie beantworten. Sie müssen die Antwort selbst finden. Für mich gilt ein eindeutiges »Ja«.

Dieses Buch soll, so wie es vor Ihnen liegt, keine fachmännische Untersuchung sein, auch keine wissenschaftlichspirituelle Forschungsarbeit mit einer Sammlung von Übertreibungen eines allzu übereifrigen Anhängers von Sai Baba. Es sind einfach Fakten, die ein Laie über Gott, der als Mensch mitten unter uns lebt, zusammengetragen hat. Meine verhältnismäßig geringen Kenntnisse auf religiösem Gebiet waren von Vorteil. Ich mußte keine religiösen Halbwahrheiten auf meiner geistigen Schiefertafel auslöschen und dann »Ich glaube an Gott« hinschreiben.

Ihnen, lieber Leser, bleibt es nun überlassen, die Wahrheit zu finden, die für Sie gültig ist. Shri Sathya Sai Baba kann auch für Sie ein offenes Buch sein, ein Buch ohne Ende.

M. N. Rao   Prashânti Nilayam 1985

Teil I

Sathya – der Mensch

1

Sathyas Kindheit

Wenn ich als Gott Nârâyana zu euch gekom-
men wäre, mit vier Armen das Muschelhorn,
das Schicksalsrad, den Streitkolben und den
Lotus haltend, so hättet ihr mich in ein Mu-
seum gesteckt und Eintrittsgeld verlangt. Wäre
ich aber nur als gewöhnlicher Mensch gekom-
men, würdet ihr meinen Lehren, die für euer
Wohl gedacht sind, nicht folgen. So befinde
ich mich also in diesem menschlichen Körper,
der mit übermenschlichen Kräften ausgestattet
ist.

Sathya Sai Baba

Der Geburtsort

Puttaparthi, der Ort, in dem Sathya Sai Baba geboren wurde, war bis vor einigen Jahrzehnten ein abgelegenes und unbekanntes kleines Dorf im Hochland Südindiens. Obwohl die Gegend geschichtsträchtig ist und Puttaparthi eine schöne überlieferte Legende aufzuweisen hat, erweckte erst Sathya Sai Baba diesen alten kleinen Ort wieder zu neuem Leben. Als er mit seiner Mission an die Öffentlichkeit trat, rückte auch Puttaparthi in den Blickpunkt vieler Menschen und wurde sogar Mittelpunkt spirituellen Geschehens.
Historisch gesehen hatte Puttaparthi einmal beträchtli-

che Bedeutung erlangt. Es war ausschließlich von Brahmanen besiedelt, die schon immer in Indien die oberste Gesellschaftsschicht bildeten, die Schicht der Gelehrten und Priester. Puttaparthi war in der Zeit des mächtigen Vijayanagar-Reiches, das von 1336 bis 1635 in Südindien in Blüte stand, ein Geschenk der Feudalherren an die Brahmanen jener Gegend. Die große Zahl der Brunnen von Puttaparthi aus der damaligen Zeit zeigt uns das deutlich: Die Brahmanen benötigten für ihre Rituale täglich frisches Wasser, das der Chithravathi-Fluß nicht immer liefern konnte. Alle Trabantendörfer um Puttaparthi herum bestanden nur aus nichtbrahmanischen Familien. Die Ruinen einer Festung, die heute noch bei Puttaparthi am Chithravathi-Fluß in Bukkapatnam zu sehen sind, legen jedenfalls immer noch Zeugnis von der Bedeutung ab, die dieser Ort in dem berühmten Vijayanagar-Reich gehabt hat, das einst von dem mächtigen Herrscher Bukkarya zusammen mit Harihararaya beherrscht wurde.

Puttaparthi hieß ursprünglich Gollapalli, was das Dorf der Kuhhirten bedeutet. Warum der Name sich veränderte und warum die Kuhhirten ihre Herden verlieren mußten, berichtet uns eine alte Sage. Vor langer Zeit lebte in jener Gegend eine Kobra, die Milch direkt aus dem Euter einer Kuh zu trinken pflegte. Der Kuh gefiel das offensichtlich auch, denn sie ging regelmäßig von selbst zu dem Schlangennest der Kobra und kehrte mit leerem Euter zu ihrem Kuhhirten zurück. Der Hirte wunderte sich darüber und wurde allmählich ärgerlich. Er fing an, die Kuh zu beobachten, und entdeckte sie schließlich auf frischer Tat. Aus Wut nahm er einen großen Stein und tötete die Schlange. Die Kobra aber, die nach Ansicht der Inder ein heiliges Tier ist, verfluchte das ganze Dorf, noch bevor sie ihren Körper verließ.

24

Tatsächlich ging von diesem Tage an die Zahl der Kühe zurück, das Land veränderte sich, und auch die Menschen nahmen an Zahl zusehends ab. Jeder Versuch, eine Kuh im Dorf halten zu wollen, scheiterte. Sie fiel sofort einer Viehseuche zum Opfer. Und die Milch, die für die restlichen Dorfbewohner benötigt wurde, mußte aus den Nachbardörfern geholt werden. Das Land wurde unfruchtbar, und überall entstanden Ameisenhügel, die die Vorboten von Schlangennestern waren. Am Ende vermehrten sich auch noch die Schlangen, und mehr und mehr Menschen verließen die Gegend. So wurde der Name Gollapalli, das Dorf der Kuhhirten, in Puttaparthi, das Dorf der Ameisenhügel, umgewandelt.

Die Bewohner von Puttaparthi, die dem Fluch gern ein Ende setzen wollten, entschlossen sich schließlich, den Stein mit der Blutspur der Kobra am Rande des Dorfes zur Anbetung aufzustellen, und den großen Gott Krishna um seine Gnade zu bitten. Sie malten sein Bild auf die Rückseite des Steins und bauten einen kleinen Tempel, den Gopalaswamy-Tempel. Ganz allmählich besserten sich die Zeiten. Und um die Heiligkeit des Ortes zu verstärken, fügten sie nach einiger Zeit noch zwei weitere Tempel hinzu, den Sathyabama-Tempel und den Hanuman-Tempel. Es war der Großvater von Sai Baba, Rathnakaram Kondamaraju, der den Sathyabama-Tempel baute und die Gottheit Sathyabama, die Gott Krishna sehr nahe stand, um ihr Erbarmen für das Dorf anflehte. Der Anlaß war ein Traum, den er gehabt hatte. In diesem Traum war ihm die Göttin Sathyabama selbst erschienen, die eine der auserwählten Königinnen von Gott Krishna war. Völlig durchnäßt und schutzlos war sie im Regen gestanden und hatte sehnsüchtig auf ihren Gebieter gewartet, der ohne ihr Wissen fortgegangen war. Als Kondamaraju morgens nach diesem Traum aufwachte, war sein Mitleid mit der armen Sathyabama so groß gewesen, daß er ihr einen kleinen Tempel baute. Er stellte ein Standbild von ihr hinein und gab ihr auf diese Weise noch nachträglich zu verstehen, daß er sie gern vor dem Regen geschützt hätte. Man könnte heute annehmen, daß die vielen Gebete Kondamarajus an diesem Tempel erhört worden sind, denn Gott Krishna, der entsprechend der Lehre des Hinduismus vor ungefähr fünftausend Jahren auf dieser Erde als Inkarnation Gottes bei uns weilte, kam selbst wieder, um dem Elend Puttaparthis und der ganzen Welt ein Ende zu setzen. Sathya Sai Baba, von dem gesagt wird, er sei ein Pûrna-Avatar, eine Inkarnation Gottes, wählte diesen Ort für seine Geburt. Nach einiger Zeit wurde diesen beiden Tempeln noch ein dritter Tempel hinzugefügt, der dem Affengott Hanuman geweiht wurde. Hanuman versinnbildlicht in der indischen Mythologie die liebende Hingabe. Alle drei Tempel werden heute noch häufig von Andächtigen besucht.

Der Fluch der Kobra jedenfalls ist zu Ende, und die Dorfbewohner sind wieder glücklich. Puttaparthi entwickelte sich seit Sai Babas Erscheinen zu einem blühenden Ort. Er gründete auch eine Rinderfarm, die den Ort und seine Umgebung mit guter Milch und wieder mit Kühen versorgt.

Die Rathnakaram-Familie

Aus unbekannten Gründen hat sich in Puttaparthi allmählich die Zahl der Brahmanen verringert. Bei der Steuerneuordnung von 1924 wurde jedenfalls festgestellt, daß von den gesamten Ländereien, die zu Puttaparthi gehörten, nur noch ein Zehntel im Besitz von Brahmanenfamilien war. Von diesen Brahmanen war der bekannteste der Karanam, Steuereinzieher jener Gegend, der einen erblichen Titel trug. Der Karanam bewohnte in Puttaparthi das größte Haus und war der Nachbar der Familie, zu der der junge Sai Baba gehörte. Sai Babas Familie gehörte aber nicht zu der Kaste der Brahmanen, sondern zu der Kaste der Kshatriyas, der Kriegerkaste; es sind hier aber nichtkämpfende Krieger gemeint. Die Kshatriyas waren in den Küstengebieten von Andhra Pradesh als Schauspieler und Lehrer bekannt und sprachen telugu. Sathya Sai Baba wählte die Kshatriyafamilie des Kondamaraju in Puttaparthi, um sich in dieser Welt zu inkarnieren.

Traditionsgemäß hat in Andhra Pradesh jeder Angehörige einer Hindufamilie einen Familiennamen. Der männliche Nachkomme führt den Namen seines Vaters und die Frau den Namen ihres Mannes. Geistig aber fühlt sich jede Hindufamilie, welcher Kaste sie auch immer angehört, dem legendären Weisen Bharadvâja zugehörig. Auch Sathya Sai Baba wird bei allen religiösen Handlungen als dem Bharadvâja zugehörig gefeiert.

Die unmittelbare Herkunft von Sathya Sai Baba jedoch geht auf Rathnakaram Kondamaraju zurück (1840 bis 1950), der ein frommer, aber armer Dorfbewohner in Puttaparthi war und über hundert Jahre alt wurde. Kondamaraju hatte einen kleinen Grundbesitz, der ihm etwas hätte einbringen können, aber er verbrachte lieber seine Zeit damit, religiöse Rollen auf der Dorfbühne zu spielen. Reichtümer anzusammeln lag ihm nicht. Er liebte seine große Familie, und väterlich hielt er sie friedlich unter einem Dach zusammen. Sie aßen nur vegetarische Speisen.

Kondamaraju hatte fünf Kinder, von denen der älteste Sohn Pedda Venkamaraju (1885 bis 1963) war, der der Vater von Sai Baba werden sollte. Pedda Venkamaraju heiratete Mesaragonda Easwaramma (1900 bis 1972), und sie bekamen auch fünf Kinder. Sai Baba war das vierte Kind. Seshamaraju, der älteste Sohn, war Telugulehrer und hatte seinen jüngeren Bruder Sathya, der erst später den Namen Sai Baba führte, lange Zeit an Vaters Statt bei sich, als er die Schule an einem anderen Ort besuchen mußte. Bis zu seinem Tod im Jahr 1985 führte er in Puttaparthi ein zurückgezogenes Leben. Parvathamma und Venkamma, die nächstgeborenen Mädchen, Sai Babas ältere Schwestern, lebten auch in Puttaparthi. Man kann ihnen heute noch dort begegnen. Das vierte Kind von Kondamaraju war schließlich Sathya Narayana Raju, der berühmte Sathya Sai Baba. Er war unter seinen Geschwistern der intelligenteste, und die ganze Familie hoffte, daß er eines Tages aufs College gehen und später einen Regierungsposten übernehmen würde. Das war in jenen Tagen eine erstrebenswerte Stellung. Sathya aber verließ zum Leidwesen seiner Eltern und seines älteren Bruders Seshamaraju die Schule schon mit vierzehn Jahren. Das fünfte Kind war noch ein Sohn, Janaki Ramaraju. Er verbrachte sein Leben auch in Puttaparthi und ist heute noch ein aktives Mitglied der Sathya-Sai-Gesellschaft.

Die Rathnakarams waren in dem unbekannten Dorf Put-

Eine Hütte in Puttaparthi, sie könnte an Sai Babas Geburtsstätte gestanden haben.

Der Shiva-Tempel an der Geburtsstätte von Sai Baba.

taparthi zu Lebzeiten von Kondamaraju eine bescheidene und fromme Großfamilie und lebten unter Kondamarajus Führung friedlich zusammen. Nach seinem Tod aber gingen sie eigene Wege und bildeten mehrere Kleinfamilien, die sich verstreut in Puttaparthi niederließen. Einer der großen Familie aber ging einen ganz besonderen Weg. Es war Sathya Sai Baba. Er verließ seine Familie für immer.

Geburt und Kindheit

Das kleine Lehmhaus, in dem die Rathnakaram-Familie mit ihrem Großvater lebte, lag bescheiden neben dem geräumigen Ziegelhaus des reichen Karanam. Der Karanam war vermögend und erfolgreich, aber er hatte keine Kinder, obwohl er sie sich sehr wünschte. Da entschloß er sich eines Tages, mit seiner Frau und seinen Eltern ein uraltes Ritual zu feiern und sich den Segen des Gottes Nârâyana zu erbitten. Er möge ihnen endlich einen Sohn gewähren.

Während im Hause des Karanam nun das Ritual gefeiert wurde, erwartete nebenan in der kleinen Lehmhütte Easwaramma, die Frau von Pedda Venkamaraju, ihr viertes Kind. Der Segen, der den Nachbarn verwehrt war, wurde Easwaramma und Pedda Venkamaraju zuteil. Einige Stunden nach Mitternacht wurde ihnen ein zweiter Sohn geboren, und sie nannten ihn Venkata Sathya Nârâyana Raju. Dem Telugukalender zufolge (der Tag wird von Sonnenaufgang bis Sonnenaufgang gezählt) wurde das Kind am 22. November 1926 geboren, und zwar in den heiligen frühen Morgenstunden (zu Brahmamûhurta) eines Montags. Nach dem Gregorianischen Kalender aber war es der 23. November, ein Dienstag.

Sathya war ein anziehendes Kleinkind. Er hatte große glänzende Augen, und er war durch seine liebenswerte und aufgeweckte Art bei allen beliebt; viel Fürsorge umgab ihn. Im Alter von drei Jahren wurden ihm, wie es bei den Hindus Sitte ist, die ersten Haare abgeschnitten und beide Ohrläppchen durchstochen. Schon früh zeigte er außergewöhnliches Interesse für religiöse Dinge. Seine Vettern und die Jungen aus der Nachbarschaft versammelten sich um ihn, und sie sangen fromme Lieder, Bhajans. Und im Alter von fünf Jahren wurde er sogar in einer Prozession auf einem Ochsenkarren neben dem blumengeschmückten Bild der Dorfgottheit Ramachandra durch Puttaparthi gefahren.

Sathya hatte ein mitfühlendes Herz für alle Lebewesen und konnte es nicht ertragen, wenn Tiere schlecht behandelt wurden. Er versuchte ständig in seiner Umgebung zu verhindern, daß Hühner geschlachtet wurden, und lehnte es selbst strikt ab, Geflügelgerichte zu essen. Er setzte sich energisch gegen die Ochsenkarrenrennen am Chithravathi ein, weil die Ochsen mit groben Schlägen angetrieben wurden, und er boykottierte die blutigen Hahnenkämpfe bei Dorffesten, so gut er nur konnte. Alte Bettler oder Krüppel brachte er zum Leidwesen seiner Mutter, die selbst kaum genug zu essen hatte, mit nach Hause und ließ sie an dem spärlichen Essen seiner Familie teilhaben. Manchmal schenkte Sathya einem Bettler sogar seine ganze Mahlzeit und erzählte seiner Mutter, daß er bereits ein reichhaltiges Essen von einem alten Mann geschenkt bekommen hatte. Die Mutter fragte dann nicht weiter.

Sathyas Mitgefühl und Mildtätigkeit fand man im Dorf nicht ungewöhnlich und ordnete es seiner religiösen Einstellung zu, aber die Dinge, die sich bei seiner Geburt ereigneten, konnten doch nicht so ohne weiteres erklärt werden. Die Musikinstrumente, die an der Wand hingen, fingen von allein zu spielen an; unter seinem Kindslager fand man eine Kobra, was in Indien als ein besonderer spiritueller Segen gilt; und als man später einmal einem Bettler auf Sathyas Drängen hin den allerletzten Reis aus dem Haushaltsvorrat gegeben hatte, da füllte er sich von allein wieder auf. Das alles hatte man damals aber nicht sonderlich beachtet. Man hatte auch versäumt, wie sonst in Indien üblich, ein Horoskop anfertigen zu lassen.

In der Familie war es zuerst der Großvater Kondamaraju, dem die außergewöhnliche Persönlichkeit des jungen Sathya auffiel. Er beobachtete, daß der Junge trotz seines kindlichen Alters mit den heiligen Schriften eng vertraut war, und er führte viele religiöse Gespräche mit ihm. Kondamaraju hielt seinen Enkel für einen wahren Brahmajnâni, einen Gelehrten mit göttlichem Wissen, und das schon in so jungen Jahren.

Außer Kondamaraju gab es damals noch zwei Menschen, die Sathyas Göttlichkeit ahnten. Es war der Dorfälteste Thirumalappa und Subbamma, die Frau des Karanam. Bei seinen Spielkameraden galt Sathya nur als ein Junge mit besonderen Tricks. Zu ihrer Freude holte er oft aus seiner leeren Tasche farbige Murmeln und Griffel und erklärte ihnen dann, daß es die Dorfgöttin gewesen sei, die ihm eine besondere Gunst erwiesen habe.

Die ersten Schuljahre

Sathya besuchte die Dorfvolksschule in Puttaparthi, die nur einen Steinwurf entfernt von der Hütte seiner Eltern lag. Im Schulregister kann man heute noch den Eintrag seines Namens lesen: Rathnakaram V. Sathyanarayana Raju. Nachdem er die Volksschule mit besten Noten beendet hatte, ging er auf die weiterführende Schule im nahegelegenen Bukkapatnam, da es in Puttaparthi keine gab. Die Aufnahmeprüfung für diese Schule bestand Sathya so gut, daß er am ersten Schultag von den Dorfbewohnern Bukkapatnams auf einem blumengeschmückten Ochsenkarren dorthin gefahren wurde. Die Kunde von dem intelligenten Wunderjungen aus Puttaparthi hatte sich schnell verbreitet.

Die Schulzeit in Bukkapatnam aber war für den jungen Sathya, der damals neun Jahre alt war, nicht ganz leicht. Morgens vor der Schule mußte er seinen Großvater versorgen; und wenn er dann die vier Kilometer zu Fuß über die Felder nach Bukkapatnam ging, wurde er von anderen Schülern gehänselt. Sie waren eifersüchtig auf ihn und warfen ihren intelligenten Mitschüler gern in den Sand oder tauchten ihn auf dem Heimweg im Chithravathi-Fluß unter. Sathya reagierte aber mit Lachen und trug ihnen nichts nach.

Die meisten Schüler seiner neuen Schule jedoch hatten ihn gern, und die Schüler seiner Klasse wählten ihn sogar zum Sprecher. Sathya lohnte es ihnen. Er war allen ein gutes Vorbild und sorgte für saubere Klassenzimmer und Disziplin. Auch schonte er seine Klassenkameraden, wenn er Schläge austeilen sollte. Als Klassensprecher hatte er nämlich die schwierige Aufgabe, seine Klassenkameraden zu bestrafen. Jahre danach erzählte er noch, daß er, obwohl sein Lehrer ihm befohlen hatte, jeden unfolgsamen Schüler mit Schlägen zu bestrafen, einfach nicht fest zugeschlagen habe. Dafür sei er dann selbst vom Lehrer bestraft worden, der ihm oft dreißig harte Schläge verpaßte.

Einige Lehrer der neuen Schule bewunderten Sathya, besonders der Moslem Mehboob Khan und der Hindu Subbanachar. Subbanachar dokumentierte das in seinem Buch. Demnach hatte Sathya einmal seinem Lehrer eine eindrucksvolle Lehre erteilt. Als Kondaoappa nämlich Sathya aufforderte, sich von seiner Schulbank zu erheben, weil er angeblich etwas angestellt hatte, mußte er feststellen, daß er, der Lehrer, selbst an seinem Stuhl festgeklebt war. Erst als er Sathya erlaubte, sich wieder hinzusetzen, konnte er aufstehen, ohne daß der Stuhl mitging.

Während seiner Schulzeit in Bukkapatnam engagierte er sich auch für die sozialen Bedürfnisse in seinem Heimatort Puttaparthi. Er war vielseitig und konnte Kinder und Erwachsene mit Singen, Tanzen und Gedichten fesseln. Auch Liederkomponieren ging ihm leicht von der Hand. Mit volkstümlichen Gesängen richtete er sich mit großem Eifer gegen Mißstände wie Analphabetismus, Prostitution, Trunksucht und die zunehmende Verschuldung der Landbevölkerung. Er verurteilte auch Kinobesuche. Die Filme hätten nur einen schlechten Einfluß auf die Menschen und würden besonders die Würde der Frau herabsetzen. Mit organisierten Liedergruppen zog er singend und tanzend von Haus zu Haus. Er war auch oft vor der Tür des Karanam zu sehen, der der Don Juan des Dorfes war. Es wird aber berichtet, daß er Sathya nicht gerne dort stehen sah. Schon bald verbreitete sich der Ruf von

Sathya und seiner Liedergruppe, die in einheitlich ocker-farbener Kleidung auftrat, und er wurde auch außerhalb von Puttaparthi in die umliegenden Dörfer eingeladen.

Beim Theaterspiel im Dorf war Sathya oft zu sehen. Anfangs gesellte er sich nur zu den Proben und half den Erwachsenen mit guten Ratschlägen. Dann aber übernahm er selbst in mythologischen Aufführungen Charakterrollen wie zum Beispiel die des jungen Krishna. Da er jung und schlank war, konnte er auch gut weibliche Rollen spielen, und als er die Mohini in »Banasuram« spielte, wurde er in der ganzen Gegend berühmt. In seiner Rolle als Draupadi in »Draupadi Maana Samrakshanam« versetzte er die Zuschauer in großes Erstaunen. In der dramatischen letzten Szene, in der Draupadi am Hofe des Königs entkleidet werden sollte, machte er es sehr spannend. Er hatte sieben Saris um seinen schlanken Körper geschlungen. Am eindrucksvollsten jedoch war damals sein ungewöhnliches Talent im Tanz und seine große Geschicklichkeit. Sathya zeigte es einmal in besonderem Maße, als in seiner Gegend eine junge Tänzerin auftrat, die mit einer Flasche auf dem Kopf tanzte und gleichzeitig mit ihren Zähnen ein Taschentuch vom Boden aufhob. Sathya zeigte dagegen, daß er sogar mit einer Flasche auf dem Kopf im Rhythmus tanzend eine Nadel mit seinen Augenlidern vom Boden aufheben konnte. Kaum zu glauben! Man möchte dabeigewesen sein.

Die höhere Schule in Kamalapuram

Die Großfamilie in Indien, wie sie auch heute noch auf dem Lande besteht, kann als gute soziale Einrichtung betrachtet werden. Die gemeinsamen Aufgaben in der Landwirtschaft geben allen Familienangehörigen einen engen Zusammenhalt, und Alte und Behinderte sind in dieser Gemeinschaft gut versorgt. Die Rathnakaram-Familie jedoch legte auf die Landwirtschaft kein so großes Gewicht, und so kam es, daß sie aus finanziellen Erwägungen heraus große Hoffnungen auf Sathya setzte. Sie stellte sich vor, daß er einmal einen lukrativen Regierungsposten übernehmen würde, und schickte ihn deshalb auf die höhere Schule. Es wurde die Schule im entfernt gelegenen Kamalapuram gewählt, weil Seshamaraju, der ältere Bruder Sathyas, dort lebte und für ihn sorgen konnte.

Seshamaraju, der in Kamalapuram in eine wohlhabende Familie eingeheiratet hatte, nahm seinen Bruder gerne auf, aber Sathya hatte es auch an diesem Ort nicht leicht. Die Familie seines Bruders behandelte ihn nur als einen armen Verwandten. Jeden Morgen mußte er vor Schulbeginn vom Brunnen, der sieben Kilometer entfernt lag, das Trinkwasser für den Haushalt holen. Für seine Kleider mußte er auch selbst sorgen. Sathya versuchte, sich nichts daraus zu machen. Meist hatte er nur ein Hemd und eine Hose, und man konnte sehen, daß er zerrissene Stellen einfach mit Dornen zusammengeheftet hatte. Abend für Abend knüpfte er sich sein Handtuch um die Hüften und wusch sein Hemd und seine Hose für den nächsten Tag. Er bügelte sie mit einem selbstgebastelten Bügeleisen, wozu er einen einfachen Blechkessel benutzte, in den er glühende Kohlen steckte. Manchmal beschwerte er Hemd und Hose auch einfach nur mit einem Brett. Ein neues Hemd gab es, wenn seine Mutter ihm eines schickte, das sie aus einem alten Sari genäht hatte.

Von seinem Vater hatte er vor der Abreise nach Kamalapuram ein wenig Taschengeld bekommen, aber es reichte nicht weit. Es war nicht einmal eine Rupie, und er war gezwungen, sich das Geld, das er für seine Schulsachen brauchte, selbst zu verdienen. Doch er hatte Glück. Er lernte einen Geschäftsmann kennen, der Werbetexte für seine Waren brauchte und Sathya vorschlug, ihm dabei zu helfen. Das fiel Sathya nicht schwer. Die Straßenjungen sangen sie im Dorf auf dem Marktplatz, und vom Geschäftsmann bekam er als Gegenleistung die nötigen Schulartikel.

In der höheren Schule von Kamalapuram zeigte Sathya sehr bald hervorragende Leistungen, und bei Sportveranstaltungen tat er sich besonders hervor. Sehr gut war er im Wettrennen, Tischtennis, Federball und Sackhüpfen. Den größten Spaß aber machte ihm das Nationalspiel »Kabaddi«. Hierbei mußten die Jungen, die sich als zwei getrennte Mannschaften gegenüberstanden, ohne zu atmen, »Gudu! Gudu!« rufen, die Mittellinie überqueren und versuchen, den Gegner zu berühren. Jeder mußte in das eigene Feld zurücklaufen, ohne sich fangen zu lassen.

Es ergab sich, daß Sathya schon bald der Liebling des Sportlehrers wurde, der gleichzeitig der Führer der Pfadfindergruppe war. Einmal wollte der Sportlehrer nun mit seiner Pfadfindergruppe bei einem Dorffest in einem entfernt gelegenen Ort mithelfen, und Sathya sollte auch mit dabeisein. Es wurden viele Besucher bei dem Fest erwartet, und jede helfende Hand wurde gebraucht. Sathya wollte gern mitfahren, aber ihm fehlten die nötigen Mittel, um die Fahrt zu bezahlen. Außerdem hatte er keine Uniform und auch kein Geld, sich eine anzuschaffen. Da es jedoch eine gute Gelegenheit war, selbstloses Dienen vorzuleben, ließ er sich überreden und kam doch mit. Er bekam aber schon vor der Reise Gelegenheit, seine Einstellung vor seinen Kameraden zu demonstrieren. Seinem reichen Klassenkameraden Ramesh, der ihm für die Fahrt eine Uniform schenkte, schickte er diese mit folgenden Worten zurück: »Wenn Du unsere Freundschaft erhalten willst, dann darfst Du Dich nicht auf das Spiel von Geben und Nehmen einlassen. Wenn ein armer Mensch etwas von einem reichen annimmt, dann wird sich in sein Gemüt Sorge einschleichen, wie er sich für diese Gunst erkenntlich zeigen kann, während das Herz des Gebenden durch Stolz auf seine Wohltätigkeit vergiftet wird. Wahre Freundschaft kann nur eine Freundschaft von Herz zu Herz sein. Ich werde die Kleider, die Du mir geschickt hast, nicht anrühren, damit unsere Freundschaft nicht zerbricht. Ich schicke sie Dir mit diesem Zettel zurück.«

Sathya verkaufte seine Schulbücher, um das Geld für die Reise zusammenzubekommen, und hob die fünf Rupien, die er erhalten hatte, sorgsam bei sich zu Hause auf. Am Abend vor der Reise aber verfolgte ihn das Pech. Als er noch einmal sein Geld zählen wollte, weckte das klingende Geräusch der Münzen seine Schwägerin, und sie glaubte, daß Sathya ihr das Geld gestohlen habe. Sie gab ihm ein paar Ohrfeigen und nahm es ihm ab. Sathya aber, der sich entschlossen hatte, am Lager teilzunehmen, gab nicht auf und ging die zwölf Kilometer zu Fuß. Unterwegs löschte er seinen Durst an Viehtränken, und als er ein Geldstück fand, versuchte er sein Glück im Dorf beim Glücksspiel. Er gewann tatsächlich so viel, daß er einige

Tage davon leben konnte. Für die letzten drei Tage jedoch reichte es nicht, und er mußte mit leerem Magen nach Hause gehen. Trotzdem brachte er seiner Schwägerin ein kleines Geschenk mit. Er wollte ihr zeigen, daß er ihr nicht böse war, und hatte sich etwas Geld geborgt.

Zurück in Kamalapuram, wurde ihm aber ein unerwarteter Empfang bereitet. Die Familie seines Bruders war verärgert, daß Sathya einfach einige Tage fortgegangen war. Niemand hatte in der Zwischenzeit Wasser vom Brunnen geholt. Seshamaraju war so ärgerlich, daß er seinem jüngeren Bruder mit einem Lineal nach Lehrersitte auf die Hände schlug, und Sathya mußte sie verbinden. Sathya trug es mit Fassung, und als genau zu der Zeit sein Vater zu Besuch kam, konnte er nur mit Mühe das Geschehene verbergen. Jahrzehnte später bei einem Sommerlager für Studenten erzählte Sai Baba den Hergang dieser Geschichte noch einmal und zeigte seinen Studenten, daß man immer Ehrfurcht vor den älteren Familienangehörigen haben sollte. Man müsse Nachsicht üben können, wenn einem Unrecht geschehe.

In der Kamalapuram-Zeit hatte Sathya einmal eine ungewöhnliche Begegnung mit einem Fremden, die seine Schulkameraden und den ganzen Ort in Erstaunen versetzte. Eines Tages, als er mit einigen Kindern am Bahnhof entlangging, stürzte plötzlich ein hellhäutiger Mann auf ihn zu. Er schloß ihn in seine Arme und küßte ihn und tanzte dann voller Freude um ihn herum. Er sang: »Ich liebe dich, ich liebe dich! Ich bin so glücklich!«, bis die Kinder ihn schließlich von Sathya fortzogen. Erst viele Jahre später, am Abend vor seinem fünfzigsten Geburtstag, erzählte Sathya Sai Baba, daß jener weiße Mann ein Heiliger aus Rußland gewesen sei. Der Mann heiße Wolf Messing und sei damals bei seiner Suche nach der Wahrheit durch Indien gereist. Er habe tatsächlich die wahre Sicht des Göttlichen erlangt und sei eine hohe spirituelle Persönlichkeit geworden.

Messing war vielleicht einer der ersten aus dem Westen, die die Göttlichkeit Sathya Sai Babas erkannten, als dieser erst elf Jahre alt war.

In Uravakonda

Seshamaraju, der nur in Kamalapuram bei den Schwiegereltern wohnte, weil er dort seine Ausbildung als Lehrer machte, bekam seine erste Anstellung in Uravakonda und zog mit seiner Familie dorthin. Seinen jüngeren Bruder Sathya nahm er mit und ließ ihn die Schule besuchen, an der er auch angestellt war. Wieder war Sathya die Kunde von dem ungewöhnlichen Schüler mit den geheimnisvollen Kräften vorausgeeilt. Hier in Uravakonda aber sollte sein Leben eine besondere Wende nehmen.

Es dauerte nicht lange, und Sathya durfte auch in der neuen Schule morgens vor dem Unterricht mit den anderen Schülern das Morgengebet sprechen. Außerdem bekam er schon bald eine große Aufgabe, die ihn vor allen anderen Schülern hervorhob. Der Lehrer Thammiraju forderte ihn auf, ein Bühnenstück aufzuführen. Sathya war begeistert und schrieb sofort eine ausgelassene Satire. Er durfte das Stück selbst einüben und auch die Hauptrolle spielen. Das Thema war die Heuchelei, die Lehrer und Eltern den Kindern gegenüber an den Tag legten. Sathya stellte in seinem Bühnenstück dar, daß die Erwachsenen das Gegenteil von dem taten, was sie den

Kindern sagten und von ihnen verlangten zu tun. Das ganze Dorf war beeindruckt.

Sathya, der allmählich auch in dieser Schule als Wunderkind angesehen wurde und im Dorf als der Junge mit den übernatürlichen Kräften galt, wurde aber von seinem Bruder und dessen Familie weiterhin wie ein normales Kind behandelt. Er mußte wie jeder Junge einer armen Familie bei der Hausarbeit mithelfen, schwere Holzlasten für das Feuer holen und Trinkwasser aus dem Brunnen nach Hause tragen. Das Wasser, das er in Krügen an einem Holzbarren über seiner Schulter trug, war so schwer, daß er an seinen Schultern Schwielen bekam. Seine Mutter wunderte sich darüber, als er einmal zu Besuch in Puttaparthi war, und fragte ihn, warum er auf seinen Schultern so verhärtete Stellen hätte. Da lachte er und gab keine Antwort. Er beschwerte sich nie über andere.

Während der Uravakonda-Zeit fühlte sich Sathya sehr zu dem Lehrer Thammiraju hingezogen, dem er die Theateraufführung zu verdanken hatte. Ebenso zog es ihn zu dessen Frau Kameswaramma hin. Beide waren von Gott gesegnete Menschen. Auch sie hatten Sathya sehr in ihr Herz geschlossen, und so, wie Sathya in Puttaparthi häufig in das Haus von Subbamma gegangen war, so ging er nun in das Haus von Kameswaramma. Oft brachte er die Kinder seines Bruders mit, und sie lasen gemeinsam Geschichten aus den heiligen Schriften. Seinen Bruder und seine Schwägerin ließ er im Glauben, sie erhielten Unterricht. Bei diesen Besuchen hatte Kameswaramma einige Male Gelegenheit, Sathyas göttliche Herkunft kennenzulernen. Nur für sie allein ließ er in ihrem Haus an der Wand die zehn Avatare, die göttlichen Inkarnationen, erscheinen. Kameswaramma war tief beeindruckt. Als aber der Avatar Narasimha, der in Löwengestalt auf der Erde erschienen war, nun auch wie ein Löwe brüllte, da erschrak sie sehr und wurde taub. Jahre später erklärte Sai Baba, daß er damals Kameswaramma einen großen Segen erwiesen habe. Ihr Mann habe sie so häufig angeschrien, daß das für ihren Gemütszustand nicht gut gewesen sei. Nun mußte sie sich nicht mehr ärgern und konnte ruhig bleiben, was für ihre spirituelle Entwicklung viel zuträglicher war. Sathya machte Kameswaramma im Laufe der Zeit noch mehr übernatürliche Geschenke. Er ließ einmal eine Hummel zu ihr fliegen und ihr ein Bild von Shirdi Sai Baba, dem großen Heiligen Südindiens, bringen, den sie so sehr verehrte. Genau solch ein Bild hatte sie sich schon lange für ihren Hausaltar gewünscht. Ein anderes Mal ließ er durch einen kleinen Affen eine Stofftasche auf ihren Balkon werfen. Die Tasche enthielt eine gesegnete Süßigkeit (Prasad) und einen Brief, in dem er ihr zu ihren frommen Gebeten gratulierte. Als Krönung seiner Geschenke bekam sie ein Stück Tuch, das aus der Kleidung von Shirdi Baba herrührte. Das machte sie sehr glücklich, und sie hob es sorgfältig in ihrem Gebetszimmer auf. Dort lag auch ihr Tagebuch, in das sie geschrieben hatte, wie sehr sie das Göttliche in Sathya verehrte. Andere aber taten es nicht. Und so mußten sich erst ungewöhnliche Dinge ereignen, damit die Welt von der Göttlichkeit Sathyas erfuhr.

Es war Donnerstag, der 7. März 1940, als Sathya abends beim Händewaschen plötzlich großen Schmerz zeigte und die Familie glaubte, er sei von einem Skorpion gestochen worden. Von diesem Tage an veränderte sich sein Verhalten immer mehr. Er benahm sich in einer Weise, die keiner verstehen konnte. Sein Verhalten wurde schließlich so ungewöhnlich, daß sein Bruder ihn zu Ärzten in die Stadt bringen mußte. Kein Arzt aber konnte eine Krankheit feststellen; auch die Landärzte der Umgebung und die Wunderheiler wußten keinen Rat. Sathya mußte viele Torturen der sogenannten Wunderheiler durchstehen. Narben an seinem Kopf legen heute noch Zeugnis davon ab. Schließlich wurde er von den Ärzten zu einem psychiatrischen Fall erklärt und in Puttaparthi bei den Karanams in einem Zimmer unter Beobachtung gehalten. Für Sathya war es eine schwere Zeit. Er mußte schweigend zusehen, wie seine Eltern einen törichten Versuch nach dem anderen unternahmen, um ihm zu helfen. Aber er wußte um ihre Verzweiflung und ließ, ohne zu klagen, die Torturen der sogenannten Wunderheiler über sich ergehen. Als man ihn in späteren Jahren danach fragte, antwortete er: »Ich wollte, daß die Menschen erkennen, daß ich von allem unberührt bleibe.«

Ungefähr zehn Wochen dauerte das Drama von Sathya, dem Patienten mit den mysteriösen Symptomen, dann setzte er selbst dem Ganzen ein Ende. Es war Donnerstag, der 23. Mai 1940, als er alle Nachbarn der Umgebung zu sich kommen ließ. Er materialisierte eine wohlschmeckende Speise und verteilte sie. Alle waren erstaunt. Dann erklärte er, er sei Sai Baba. Da waren sie noch erstaunter. Die meisten von ihnen hatten diesen Namen noch nie gehört. Und als einer von ihnen den Beweis haben wollte, daß er wirklich die Wiedergeburt des großen Heiligen Shirdi Sai Baba sei, warf Sathya eine Handvoll Jasminblüten auf den Boden, und es bildeten sich vier Buchstaben in telugu:

SA YI BA BA.

Sai Baba von Shirdi war wiedergeboren, sollte das heißen. Die Reaktion im Dorf war unterschiedlich. Einige meinten, daß ein Moslemteufel von dem Jungen Besitz ergriffen habe. Andere dachten, ein Skorpionstich habe seinen normalen Menschenverstand ausgelöscht, und wieder andere behaupteten, daß dieses Ereignis den Anfang seiner Göttlichkeit ankündigte. Später stellte sich jedoch heraus, daß keiner recht hatte.

Obwohl Sathya am 23. Mai 1940 in Puttaparthi deutlich erklärt hatte, daß er kein gewöhnlicher Junge war, mußte er im Juni doch wieder zurück nach Uravakonda und die Schule besuchen. Dort schaute man ihm mit unterschiedlicher Erwartung entgegen. Einige Lehrer in der Schule aber sahen in ihm bereits einen kommenden Propheten, und in der Gemeinde fingen viele an, am Donnerstag, dem Tag, der den Hindus heilig ist, eine Andacht für Shirdi Sai Baba zu halten. Seshamaraju aber, der Bruder Sathyas, der in Uravakonda sein Vormund war, reagierte ärgerlich und konnte nicht akzeptieren, daß Sathya wirklich eine Inkarnation des Heiligen von Shirdi sein sollte. Das zeigte er deutlich, als der Lehrer Thammiraju hundert Verse zu Ehren von Shirdi Sai Baba gedichtet hatte und Sathya bat, sie zu korrigieren. Seshamaraju sagte, daß er nichts von der Verherrlichung dieses Moslems Shirdi Baba halte, und zwang Sathya, mit ihm und seiner Familie ins Kino zu gehen. Da geschah etwas Ungewöhnliches. Der Film konnte nicht gezeigt werden. Der Dynamo für die elektrische Anlage fiel aus, er funktionierte auch nicht, als er von guten Fachkräften repariert wurde. Jeder Versuch blieb erfolglos. Es war allen ein Rätsel. Am nächsten Tag aber funktionierte er wieder. Und zu Hause bekam ein Familienmitglied einen schweren Asthmaanfall, der erst vorüberging, als Sathya heilige Asche, die er einfach aus der Luft holte, zum Heilen reichte. Allmählich fing man an nachzudenken, ob das nur Zufälle waren oder ob das mehr zu bedeuten hatte.

Die Kunde von dem außergewöhnlichen Jungen hatte sich mit der Zeit in vielen Orten verbreitet und war schließlich auch in die Stadt Hospet gekommen, die durch den wunderschönen alten Tempel der Virupaksha-Gottheit berühmt ist. Da entschlossen sich die Stadtoberen und der Schulleiter, Sathya zum großen Dasara-Fest eine Einladung zu schicken. Sathyas Bruder nahm diese gerne an, denn er hoffte immer noch, daß sich der Geisteszustand seines Bruders bessern würde, und ein Ortswechsel kam ihm da sehr gelegen. In Hospet angekommen, wurden sie herzlich empfangen und gleich in den berühmten Virupaksha-Tempel im nahegelegenen Hampi geführt, der gerade zu der Zeit von vielen Pilgern besucht wurde. Am Dasara-Fest, bei dem der Sieg der guten Kräfte über die schlechten gefeiert wird, wollen sich besonders viele Gläubige den Segen von Gott Virupaksha holen. Sathya besichtigte mit seinen Gastgebern den schönen Tempel und kam schließlich in das Allerheiligste, als gerade vor dem Standbild von Gott Virupaksha der Feuersegen zelebriert wurde. Da geschah etwas Seltsames. Statt der steinernen Statue der Gottheit sahen alle während des heiligen Rituals einen lächelnden Sathya dastehen. Die Andächtigen waren verwirrt, und viele rannten hinaus. Aber auch dort stand Sathya und betrachtete lächelnd den blauen Himmel. Und wieder rannten sie hinein. Sooft sie auch die heilige Statue im Tempel anschauen wollten, sie sahen Sathya dastehen. Da glaubten viele, daß Sathya der Gott Virupaksha selbst sei, und fingen an, in seiner Nähe fromme Lieder (Bhajans) zu singen. Sathya ließ es geschehen, und als er von Hospet fortfuhr, wurde ihm sogar ein Abschied mit religiösen Zeremonien bereitet, und er bekam Geschenke.

Am Sonntag, dem 20. Oktober 1940, kehrte Sathya nach Uravakonda zurück. Es war ein denkwürdiger Tag, denn Sathya hatte sich entschlossen, Schule und Familie für immer zu verlassen. Kameswaramma schreibt in ihrem Tagebuch, daß er bei seiner Heimkehr von Hospet eine goldene Anstecknadel und einen goldenen Ring getragen habe, was für den armen Jungen unerschwingliche Reichtümer waren. Die goldene Nadel habe er seiner Schwägerin geschenkt und den Ring seiner Mutter. Anschließend habe man ihn auf dem Markt in der Nähe eines Geschäftes gesehen und gehört, wie er zu sich selbst über diese Mâyâ sprach. (Damit ist die Illusion gemeint, in der wir leben.) Sathya weigerte sich von da an, zurück in die Schule zu gehen, und sein Bruder und Thammiraju versuchten umsonst, seine Meinung zu ändern. Er hatte es anders beschlossen. Am Mittwoch, dem 23. Oktober 1940, ging er wohl hin, aber nach dem Morgengebet, das er wie immer leitete, rief er: »Ich gehöre von nun an nicht mehr zu euch. Ich gehöre zu ihnen!« Er ging zum Haus seines Bruders, warf seine Schulmütze und Schulbücher hinein und sagte zu seiner überraschten Schwägerin: »Ich bin nicht mehr euer Sathya. Ich bin Sai« und ging fort, ohne das Haus betreten zu haben. Erstaunt folgten ihm einige Nachbarn. Er ging bis zum Rand des Dorfes, wo einer seiner Freunde, der alte Anjaneyulu, lebte. Aber Sathya betrat auch sein Haus nicht, sondern ließ sich in der Nähe auf einer Felsplatte nieder. Die Dorfgemeinde war außer sich, und in der Schule konnte drei Tage lang kein ordentlicher Unterricht gehalten werden. Sathyas Benehmen war eine Sensation. Da hörte die aufgeregte Menschenmenge, die sich um ihn versammelt hatte, seine erste Ansprache, und er erklärte: »Ich muß meine Aufgabe vollenden.« Sathya sang dort zum ersten Mal den Bhajan: *Manasa bhajare guru charanam ...* (Verehre mit all deinen Gefühlen und Gedanken die Lotusfüße des göttlichen Lehrers ...). So mancher in der singenden Menge mag sich damals gefragt haben: »Dieser Junge, der sich weigert, in die Schule zu gehen, ist das wohl der Guru, den wir hier lobpreisen?«

Auch Seshamaraju kam zu der Felsplatte. Seine Frau hatte ihn aus der Schule holen lassen. Als er sich aber seinem Bruder nähern wollte, erklärte dieser: »Gib all deine Versuche auf, mich heilen zu wollen. Ich bin nicht wirklich mit dir verwandt.« Seshamaraju war ratlos und ließ eilends seine Eltern aus Puttaparthi nach Uravakonda kommen. Sie gingen zu Sathya, und als sie vor ihm standen, fragte er sie: »Wer gehört zu wem?« Und als sich seine Mutter weinend näherte, sagte er: »Mâyâ [Illusion] ist gekommen.« Auf die Bitten seiner Mutter hin willigte er jedoch ein, mit nach Puttaparthi zu fahren und aus ihrer Hand eine letzte Mahlzeit entgegenzunehmen, so wie es die Inder tun, wenn sie sich entschlossen haben, ein gottgeweihtes Leben zu führen. In seinem Elternhaus mischte er dann die drei traditionellen Reiskugeln, die ein Gottgeweihter (Sannyasi) annehmen darf, und zeigte damit, daß die Familienbande für immer zerschnitten waren.

Die letzten Tage in Uravakonda standen im Zeichen von Sathyas Abschied. Viele Menschen kamen, um »Sathya Sai Baba«, die Reinkarnation von Shirdi Sai Baba, ein letztes Mal zu sehen, und sie berührten mit ihren Händen oder ihrer Stirn ehrfurchtsvoll seine Füße, so wie in Indien hochstehende Persönlichkeiten gegrüßt werden. Kameswaramma, die wegen der bevorstehenden Trennung sehr niedergeschlagen war und keine Nahrung zu sich nehmen konnte, kam ebenfalls am letzten Tag und wollte seine Füße berühren. Sathya, der schon auf sie gewartet hatte, weil er zusammen mit ihr die letzte Mahlzeit in Uravakonda einnehmen wollte, mußte sie trösten. Immer noch konnte sie vor Kummer keinen Bissen hinunterbringen. Da schalt er sie liebevoll, weil sie so empfindsam war. Beim Abschied von Uravakonda wurde Sathya reich mit Blumengirlanden beschenkt, so wie es einem Heiligen geziemt.

Im Schulregister von Uravakonda kann man heute noch über den Schüler Sathya eine Eintragung lesen: Unterbrach die Schule – ein T.C. wurde nicht angefertigt. (T.C. bedeutet Transfer Certificate, Übergangszeugnis.) Zur gleichen Zeit mußten auch Ramesh und Sudher, die Klassenkameraden von Sathya, die Schule verlassen. Sie hatten zusammen mit ihm die Schulbank geteilt und verkrafteten nun den Abschied von ihm nicht. Sie brauchten auch kein Zeugnis mehr, aber aus einem anderen Grund. Sie überstanden die Trennung von ihrem geliebten Sathya nicht. Sie starben beide, kurz nachdem er die Schule verlassen hatte.

2

Die Zentren von Sathya Sai

Ich habe noch nicht mit der Arbeit begonnen,
für die ich gekommen bin. Ich befinde mich
immer noch in der Vorbereitungszeit. Aber die
Welt wird erkennen, wenn ich damit beginne,
und wird daraus lernen.

Sathya Sai Baba

Unabhängigkeit

Sathya, der seine Schule in Uravakonda verlassen und sich von seiner Familie getrennt hatte, bekam nach einiger Zeit in Puttaparthi die Einwilligung seiner Eltern, daß er wohnen dürfe, wo er wolle. Da zog er in das große Nachbarhaus des Karanam, wo Subbamma inzwischen allein lebte, denn ihr Mann und alle nahen Verwandten waren gestorben. Die einst resolute Frau, die in Puttaparthi lange eine Führungsrolle gehabt hatte, war nach ihren Schicksalsschlägen nun ruhig und nachdenklich geworden. Sie freute sich, Sathya, zu dem sie eine tiefe geistige Beziehung hatte, bei sich aufnehmen zu können. Sie verehrte ihn sehr und ahnte, daß sich Großes anbahnte, an dem sie teilhaben durfte.

Nachdem Sathya sich vom weltlichen Leben zurückgezogen hatte, kamen viele Menschen zu ihm, und Subbammas großes Haus bot die beste Gelegenheit, die Besucher aufzunehmen. Viele glaubten damals, daß Sathya durch den Geist von Shirdi Sai gute Ratschläge geben und Krankheiten auf übernatürliche Weise heilen könne. Und er heilte sie tatsächlich. Die Geschichte eines jungen Ehepaares zeigt das anschaulich:

Es war im Jahr 1943, als ein junges Ehepaar zu Sathya, dem Wunderjungen, nach Puttaparthi kam. Die beiden, die schon im Kindesalter verheiratet worden waren, hatten große Schwierigkeiten. Als sie Kinder waren, ahnte man nicht, daß der Ehemann viel kleiner bleiben würde als seine Frau. Die Frau konnte das nicht ertragen und bekam mit der Zeit Wahnsinnsanfälle, unter denen sie und die ganze Familie jahrelang leiden mußte. Da hörte ihr Mann von Sathya Sai, dem Wunderjungen aus Puttaparthi, und voller Hoffnung wollte er sie dorthin bringen. Sein Freund Pujari, ein bekannter Busunternehmer aus Anantapur, versprach, ihm dabei zu helfen. Es war ein schwieriges Unterfangen. Sie mußten mit der schreienden Frau in einem öffentlichen Bus von Anantapur bis Bukkapatnam fahren und die schreiende Frau durch den Chithravathi-Fluß ans andere Ufer bis nach Puttaparthi bringen. Dort angekommen, ließ Pujari das Ehepaar allein und machte sich auf den Weg, den Wunderknaben zu suchen. Er rief in den Dorfstraßen laut nach ihm. Endlich landete er im Haus des Karanam, wo man gerade die Erdnußernte stapelte, und sah einen Jungen etwas abseits stehen. »Der könnte es sein«, dachte er und fragte höflich, ob er den Jungen kenne, der wie Shirdi Sai Baba die Menschen von Geistern befreien könne. Sathya, der sich nicht zu erkennen gab, antwortete: »Ja, ich werde dich zu ihm führen. Aber sage der Patientin, daß sie vorher ein Bad im

Fluß nehmen soll.« Alle drei badeten daraufhin im
Fluß und nahmen, als sie in das Haus des Karanam
zurückgingen, Bananen als Geschenk mit. Der Junge
von vorhin, der sich nun als Sathya zu erkennen gab,
nahm eine Banane, streute heilige Asche darauf, die
er vorher einfach aus der Luft holte, und gab sie der
jungen geisteskranken Frau zu essen. Die Frau, die bis
dahin sehr unruhig gewesen war und geschrien hatte,
beruhigte sich langsam, und Sathya sagte zu ihrem
Mann, daß sie nun geheilt sei. Die beiden Männer
konnten es kaum glauben, aber es wurde ihnen gleich
bewiesen. Es war gerade Essenszeit, und obwohl die
kranke Frau nie in ihrem Leben selbst gekocht hatte,
bat sie um Zutaten und Geschirr, damit sie ein Essen
zubereiten könne. Es wurde eine gute Mahlzeit, und
Pujari, der Freund des Ehepaares, erinnert sich heute
noch lebhaft an die Silberplatten, auf denen im Haus
des Karanam serviert wurde. Sathya mischte und seg-
nete die Speisen und reichte jedem davon. Die junge
Ehefrau war von diesem Tage an völlig gesund.
Als Pujari zurück nach Anantapur kam, war er von
dem Geschehenen so beeindruckt, daß er sich ent-
schloß, Sathya noch einmal zu besuchen. Der junge
Wunderheiler hatte ihn sehr beeindruckt. Außerdem
hatte er gehört, daß Sathya auch unerklärliche Zauber-
stücke vorführen könne, und so trat er mit vier Freun-
den noch einmal die lange Reise an. Es war ein
Vollmondabend, als sie in Puttaparthi ankamen. Und
weil sie es nicht erwarten konnten, machten sie trotz
der anstrengenden Reise Sathya gleich den Vorschlag,
mit ihnen zum Ufer des Chithravathi-Flusses zu gehen,
wo er, wie sie gehört hatten, oft Dinge materialisieren
würde. Sathya stimmte lächelnd zu und zeigte ihnen

den Weg, führte sie aber statt zum Fluß auf den Dorf-friedhof. Das war den jungen Männern unheimlich, und erst als Sathya sie daran erinnerte, daß junge Männer mit Schnurrbärten doch nicht feige seien, setzten sie sich mit ihm hinter dem Friedhof auf den Boden. Da rückten sie endlich mit ihrem Anliegen heraus. Sie forderten Sathya auf, eine Mango herbei-zuzaubern, obwohl sie wußten, daß keine Saison für diese Frucht war. Sathya lächelte und nahm die Her-ausforderung an. Er sagte ihnen, daß sie sich die Mango selbst aus dem Sand holen könnten. »Aber wo denn?« fragte Reddy, der Wortführer. »Hier! Dort! Wo ihr wollt!« antwortete Sathya. Da begann Reddy mit seinen Fingern im Sand zu graben; aber er hatte kaum begonnen, als er zu Tode erschrocken aufsprang. Er war auf etwas Weiches gestoßen und dachte, es sei ein Leichnam. Sathya schmunzelte und ermutigte Pujari weiterzugraben. Pujari tat es mutig und fand eine wunderschöne Banginipalli-Mango, die es zu dieser Jahreszeit gar nicht gab. Alle staunten. Und als die Frage auftauchte, wie sich fünf Leute eine einzige Mango teilen könnten, da holte Sathya mit einer Hand-bewegung ein Messer aus der Luft und schnitt ein Stück nach dem anderen von der Mango ab. Er gab den fünf Männern so viel, bis sie genug hatten. Die fünf kamen aus dem Staunen nicht heraus.

Die Kunde von Sathyas Wunderkräften verbreitete sich in kurzer Zeit, und immer mehr neugierige und hilfesuchen-de Menschen kamen nach Puttaparthi, um ihn zu sehen. Subbammas Haus war ein Segen. Unermüdlich und von Herzen gern sorgte sie für Speise und Unterkunft. Oft saß sie geduldig am Mahlstein und zerkleinerte die vielen

Kokosnüsse, die als heilige Gaben mitgebracht worden waren, und bereitete aus ihnen ein gutes Essen. Noch heute befindet sich dieser Mahlstein im Hof des Karanamhauses. Man kann auch noch die Feuerstelle sehen, an der täglich für die vielen Besucher gekocht wurde. Es war einfach ein tiefer Graben, in dem Feuerholz aufgeschichtet wurde und über dem große Kochkessel hingen. Auch die Nebenkammer für die Reissäcke und andere Vorräte und der große Hof, in dem Subbamma für die große Besucherzahl eine Unterkunft improvisierte, sind noch zu sehen.

An der Feuerstelle in Subbammas Haus ereignete sich zum ersten Mal das Essenswunder, das Sathya später noch oft wiederholen sollte. Als einmal überraschend eine neue Besuchergruppe eintraf und die Töpfe bereits leer waren, da schlug er einfach zwei Kokosnüsse gegeneinander, sprengte ihr Wasser in die leeren Kochkessel, und es geschah das Unglaubliche – sie füllten sich wieder. Es war genug für alle da.

Sathya blieb drei Jahre in Subbammas Haus, dann kam die Zeit, in der er sie verlassen mußte. Er brauchte mehr Unabhängigkeit und mehr Zeit für seine Anhänger, und das konnte er bei Subbamma nicht bekommen. Außerdem war sie alt geworden und hatte nur noch ein Jahr zu leben, wie Sathya ihr vertraulich mitteilte. Er sagte zu Subbamma: »Von jetzt an werde ich allein leben« und zog in eine kleine strohgedeckte Hütte auf einem Grundstück, das er geschenkt bekommen hatte, als er eine heilige Zeremonie für junge Hindus (Upanayana) bei ihrem adoptierten Sohn vorgenommen hatte.

Aber das Leben war nicht so einfach für den achtzehnjährigen Sathya, der bereits gelehrter war als die Brahmanen, die um ihn herum lebten. Er war nur ein Junge armer

Eltern und stammte dazu noch aus der Kriegerkaste, die der Kaste der Brahmanen untergeordnet ist. So mancher Brahmane fing an, ihn mit neidischen Augen zu betrachten, und es kam unvermeidlich zu einigen unerfreulichen Zwischenfällen:

Einmal wurde Sathya von einer jungen Brahmanenfrau in ihr Haus hereingebeten, als er vorbeiging, und bekam hausgemachte Süßigkeiten angeboten. Er aß sie höflich, spuckte sie vor dem Haus aber wieder aus, denn sie waren vergiftet. Die junge Giftmischerin bereute später ihre Tat und bat Sathya um Verzeihung. Es wird erzählt, daß Sathya geantwortet haben soll: »Bangaru! Manchidi, manchidi.« (Mein Goldstück, es ist ja alles gut.) Die Frau wurde daraufhin zu einer glühenden Anhängerin, und als er nach einigen Jahren noch einmal Essen aus ihren Händen entgegennehmen sollte, hänselte er sie: Er wolle nur Essen ohne Spezialzutaten haben.

Ein anderes Ereignis geschah in einer dunklen Nacht, als die Hütte von Sathya, während er schlief, von außen verriegelt und mit Kerosin übergossen wurde. Dann wurde sie angezündet. Ein Regenguß löschte glücklicherweise das Feuer. Einen ähnlichen Versuch gab es noch einmal; Sathya wußte, wer die Missetäter waren.

Auch Sathyas älterer Bruder, der in Uravakonda einige Zeit Vaterstelle an ihm vertreten hatte, konnte sich nicht mit der Veränderung des jungen Sathya abfinden und machte Schwierigkeiten. Er schickte seinem jüngeren Bruder öffentlich einen Brief, den er absichtlich nicht zugeklebt hatte, so daß ihn jeder lesen konnte, und forderte ihn darin auf, Erklärungen über seine

Lebensweise abzugeben. Sathya antwortete auf die-
sen Brief schriftlich, und das Schriftstück ist heute noch
vorhanden. Es hat historischen Wert und wird in einem
Archiv aufgehoben. Zum ersten Mal hören wir von ihm
selbst ausgesprochen, daß er gekommen sei, um die
Welt zu verändern: Nur um diese Aufgabe durchzufüh-
ren, sei er geboren worden. Verleumderische Eifer-
süchteleien würde es immer geben; er selbst aber
bliebe unberührt davon. Er erklärte in dem Brief noch
einmal seine Unabhängigkeit von der Familie, von der
Dorfgemeinschaft und von der ganzen Welt.

Als Sathya von Uravakonda in seinen Geburtsort Puttaparthi zurückkehrte, ahnte niemand, was er in Zukunft
wirklich vorhatte. Nur er wußte bereits, daß er dort ein
Zentrum gründen wollte, von dem aus er seine große
Aufgabe leiten würde. Bald schon verwandelte sich seine
erste kleine Hütte in einen heiligen Ort, in einen Ashram,
zu dem alle Menschen kommen konnten, die es ernst mit
Gott meinten. Man nannte ihn den »Alten Tempel«, den
Paatha-Mandir, und es ist interessant, ihn sich in Erinnerung zu rufen.

Im Ashram

Der Paatha-Mandir – der alte Tempel

Als Sathya Sai Baba in den vierziger Jahren seinen ersten
Ashram, einen Ort für Gottsuchende, gründete, war Puttaparthi immer noch ein kleines Dorf, in dem nicht mehr
als tausend Menschen lebten, und man konnte es nur
schwer erreichen. Es fuhr zwar ein Zug von Bangalore
nach Penukonda, von wo aus man mit einem Bus bis nach
Bukkapatnam fahren konnte, aber von Bukkapatnam aus
mußte man bis Puttaparthi in einem Ochsenkarren fahren. Wenn das Flußbett des Chithravathi mit Wasser
gefüllt war, blieb einem nichts anderes übrig, als den
letzten Teil der Reise durch die Fluten des Flusses zu
waten. Man brauchte mindestens eineinhalb Tage, um die
hundert Meilen von Bangalore bis Puttaparthi zurückzu-
legen. In Puttaparthi selbst gab es damals kein Restau-
rant, in dem man seinen Hunger und seinen Durst in der
Hitze stillen konnte. Es gab auch kein Hotel, in dem man
sich ausruhen und übernachten konnte.

Der Weg nach Puttaparthi war zudem noch gefährlich.
Kurz vor dem Chithravathi-Fluß lag ein Tal, in dem es
viele Schlangen gab, und im Dickicht lebten wilde Tiere.
Als Sathya zum Beispiel eines Abends mit einigen Anhängern, die bei ihm im Ashram wohnten, fröhlich am Fluß-
ufer spielte, kamen plötzlich drei Geparden aus dem
Dickicht und tranken neben ihnen aus dem Wasser. Sie
verschwanden so lautlos, wie sie gekommen waren. Sie
hatten niemanden angegriffen, und niemand hatte sich
vor ihnen gefürchtet – der »Wunderjunge« war ja bei
ihnen.

Ein anderes Mal spielte ein Tiger dieser Gegend eine Rolle, und diese Geschichte wurde berühmt:

Eines Tages kam ein Fremder ins Dorf. Er brauchte Hilfe, denn er war mit einem Jeep im Flußbett steckengeblieben. Sathya, der genau wußte, warum der Fremde in Schwierigkeiten geraten war, ließ ihn zu sich kommen und bot ihm seine Hilfe an. Er ging mit ihm zurück zum Fluß, wo ein junger Engländer ungeduldig auf seinen Fahrer wartete. Sathya grüßte ihn freundlich, deutete dann aber ärgerlich auf den Rücksitz des Jeeps, auf dem eine tote Tigerin lag. Er rügte den Engländer und forderte ihn auf, sofort an die Stelle zurückzufahren, wo er die Tigerin erlegt hatte. Dort seien ihre neugeborenen Jungen, die verzweifelt nach ihrer Mutter riefen. Er solle die Jungen in einen Zoo bringen. Als Sathya das gesagt hatte, berührte er den im Sand steckengebliebenen Wagen, und er konnte mühelos weiterfahren. Der Engländer, der ziemlich verdutzt dreingeschaut hatte, holte tatsächlich die Tigerjungen und brachte sie in einen Zoo. Er ging von da an nur noch mit einem Feldstecher auf die Jagd. Das Fell der Tigerin ließ er präparieren und schenkte es dem Wunderjungen. Noch heute liegt es im Tempel Sai Babas vor seinem offiziellen Stuhl und erinnert an die alten Tage von Puttaparthi im Paatha-Mandir.

Obwohl eine Reise nach Puttaparthi damals sehr mühsam und gefährlich war, traten doch viele Männer und Frauen mutig mit ihren Kindern die Fahrt dorthin an. Sie brauchten aber Unterkünfte, und so entstanden um den Paatha-Mandir herum einfache Hütten. Wasserversorgung gab es auch nicht, zudem mußten die Familien, die im Gegensatz zu Subbammas Zeit jetzt mehrere Tage bleiben wollten, sich selbst versorgen. Diese Unbequemlichkeit nahmen sie aber gerne auf sich, denn Sathya war 24 Stunden lang bei ihnen, und das entschädigte sie für alles. So entstand im Laufe der Zeit eine kleine Anhängerschaft, die Sathya regelmäßig besuchte oder sogar ständig bei ihm lebte.

Fünf Jahre lang, bis 1945, stand nur ein einzelner Raum mit je einer Veranda auf beiden Seiten zur Verfügung, der als Tempel diente. Dann entschlossen sich Sathyas Anhänger, den kleinen Bau zu vergrößern, denn die Besucherzahl nahm immer mehr zu. Sie vergrößerten den Raum, so daß eine Gebetshalle entstand, die ungefähr dreißig Leute faßte, und fügten noch offene Schuppen an, die einfach mit Tüchern abgedeckt wurden, so daß noch mehr Menschen unterkommen konnten. Es entstand auch ein Innenhof mit einem Trinkwasserbrunnen, in dem sich die vielen Besucher niederlassen konnten. Der Dieselgenerator, der auch dort stand und bei festlichen Anlässen alle mit Strom versorgte, störte sie nicht. Hier im Hof errichteten sie ihre Feuerstellen, kochten ihr Essen und schlugen zusammen mit Sathya am Abend unter freiem Himmel ihr Nachtlager auf, die Männer auf der einen Seite, die Frauen auf der anderen. Es war ein wundervolles Erlebnis für diese glücklichen Menschen in jenen Tagen im Paatha-Mandir. Sie erzählen noch heute, daß sie nie wußten, ob Sathya wirklich schlief oder nicht. Die Paatha-Mandir-Gemeinschaft, die sich im Laufe der Zeit bildete, setzte sich aus den unterschiedlichsten Menschengruppen zusammen. Einige Besucher kamen nur aus Neugier und wollten den Wunderjungen sehen, andere wiederum wollten ihm ihre Verehrung und Zuneigung zeigen. Eine Gruppe aber kristallisierte sich besonders heraus und kam regelmäßig für ein paar Tage oder Wochen. Sie wollte sich in allernächster Nähe von Sathya aufhalten und von ihm mehr über Gott erfahren. Diese Familien bildeten eine unzertrennliche Gemeinschaft. Jeden Tag wurden sie von Sathya besucht, für den sie immer die traditionellen Betelblätter mit Zutaten (Thamboolam) bereithielten. Der spirituelle Sathya zeigte sich ihnen oft von der menschlichen Seite. Er half ihnen bei ihren täglichen Arbeiten wie Wasserholen, Kochen und Kinderhüten und leistete ihnen bei ihren Mahlzeiten Gesellschaft. Er kümmerte sich liebevoll um jeden einzelnen und gab auf diese Weise so manchen guten Rat. Abends nahm er alle auf lange Spaziergänge mit und verbrachte mit ihnen frohe Stunden auf den Feldern und an den Ufern des Flusses. Die Rathnakaram-Familie gehörte allmählich auch zu dieser Gemeinschaft. Sie spielte jetzt aber eine andere Rolle. Die Eltern von Sathya wurden nicht mehr mit »Vater« und »Mutter« angeredet, sondern der Vater war nun der »Griha Abbayi«, was auf telugu »der junge Mann im Haus« heißt, und die Mutter war die »Griha Ammayi«, was »die junge Frau im Haus« heißt. Der Griha Abbayi führte im Ashram einen kleinen Einkaufsladen und versorgte die Ashrambewohner mit dem Notwendigsten. Die Mutter hingegen stellte so etwas wie eine Ashrammutter dar. Auch der Großvater, der inzwischen die Hundert überschritten hatte, gesellte sich zu ihnen. Er war es eigentlich, der als erster der Familie Sathya von ganzem Herzen seine Verehrung zeigte. Auch von Sathyas Vater weiß man, daß er bald die Veränderung seines Sohnes akzeptierte. In einem Brief, den er einmal von Madanapalli aus schrieb, wo er seinen jüngsten Sohn im Krankenhaus besuchte, stand: »Von Pedda Venkamaraju an Bhagavan Shri Sathya Sai Baba, in Verehrung.«

Wahrscheinlich entwickelte sich in jenen Paatha-Mandir-Tagen die Art und Weise, wie die »Bhajans«, heilige Gesänge der Hindus, von Sai Baba heute noch abgehalten werden. Es gibt einen Vorsänger, und die anderen wiederholen seinen Gesang. Diese Lieder sind von reiner Art und verbreiten eine gute Schwingung. Es wird gesagt, daß sie sogar den Menschen und die Umgebung reinigen würden. Am Ende eines jeden Bhajansingens, das Sathya selbst leitete, wurde der Feuersegen (Ārathi) mit einer Kampferflamme zelebriert, und einmal in der Woche bekamen alle Anwesenden einen speziellen Segen. Gemäß einem südindischen heiligen Brauch wurden die Füße von Sathya, der auf einem erhöhten Stuhl saß, auf eine Silberplatte gestellt, mit Wasser gewaschen und mit Kumkum und Sandelholzpaste versehen; und während alle Anwesenden die 108 Namen des Herren sangen, wurden Sathyas Füße mit frischen Blüten bedeckt. Es war ein Geschenk für die Gläubigen, Sathyas Füße berühren zu dürfen. Anschließend nahm Sathya diejenigen, die mit Problemen gekommen waren, nach nebenan in sein kleines Privatzimmer, das nur durch einen Vorhang abgetrennt war, und half vielen, aus ihren Problemen und Schwierigkeiten herauszukommen.

Viele Wunder geschahen in jenen Paatha-Mandir-Tagen. In seinem Zimmer heilte Sathya auf wunderbare Weise Krankheiten und nahm, so unglaublich es klingen mag, mit Instrumenten, die er einfach aus der Luft holte, Operationen vor. Er heiterte die Menschen, die mit Not und Kummer zu ihm kamen, auch oft mit lustigen Geschichten und Späßen auf. Zum Beispiel ließ er einmal zur Freude aller eine Uhr rückwärts laufen.

Niemand betrachtete Sathya weiterhin als einen einfachen Teenager. Man nannte ihn nun Sathya Sai im Unterschied zu Shirdi Sai, seiner früheren Inkarnation. Er bezeichnete sich selbst meist als »Swami«, und seine Anhänger redeten ihn gerne mit »Swamivaru« an, was auf telugu liebevoll »verehrter Herr« heißt. Er war nicht länger das Kind, das mit zerrissenen Kleidern herumlief. Er trug jetzt ein Tuch um die Hüften, so wie es in Indien von den Männern offiziell getragen wird, und darüber ein Hemd mit halblangem Arm. Mit der Zeit veränderte sich diese Kleidung in ein bodenlanges, orangefarbenes Gewand, das dem Kaftan Shirdi Babas ähnelte. Das ungebärdige Haar trug Sathya damals auf der linken Seite gescheitelt, bis er schließlich die Versuche, es zu bändigen, aufgab. Auf alten Fotografien kann man sehen, daß er hin und wieder Holzschuhe trug, wie es bei frommen Männern üblich war; er trug aber auch Sandalen wie die Erwachsenen.

Sathya war eine charmante, liebenswerte Erscheinung. Er war immer heiter, hilfsbereit und zu Späßen aufgelegt, so daß einige Besucher, die nach Puttaparthi kamen, ihn gern zu sich nach Hause einluden. Sie wollten ihm auf diese Weise ihre Zuneigung zeigen, und sie hatten ihn dann ganz für sich allein. Es war ein Vergnügen, ihn bei sich im Haus zu haben. Man liebte ihn und fühlte sich wohl in seiner Gegenwart. Diese Reisen waren aber nur von kurzer Dauer. Sathya kehrte immer wieder schnell in den Paatha-Mandir zurück.

Die Zusammenkünfte mit Sathya im Paatha-Mandir waren voller Leben, und die Festtage waren sehr erlebnisreich und anregend. Nagamani Poornayya aus Bangalore, die Sathya in jener Zeit häufig besuchte, hinterließ handgeschriebene Berichte, die uns eine kleine Vorstellung davon geben:

Ein Vater kam in den Mandir und kündigte das Fest seines Sohnes an. In einem feierlichen Ritual sollten seine ersten Haare abgeschnitten werden. Wir Frauen gingen von dem Dorforchester begleitet durch die Straßen und luden alle ein. Swami selbst schnitt die ersten Haare, den Rest rasierte der Barbier. Dann wurde der Junge gebadet und hübsch angezogen. Swami nahm den kleinen Jungen auf seinen Schoß, hielt seine Hand und führte die erste Schreibübung. Als die heilige Zeremonie beendet war, servierten wir Swami eine Mahlzeit und feierten anschließend alle miteinander ein prächtiges Fest und aßen viele Süßigkeiten.

Jemand kam herüber, weil er das Upanayana, das heilige Ritual für Hindujungen, in Swamis Gegenwart ausgeführt haben wollte. Swami willigte ein. Ich war zu jener Zeit auch da. Swamivaru ließ die Musikkapelle kommen, und einige von uns gingen von der Musik begleitet ins Dorf. Wir luden die Leute zu diesem Fest ein, das dann stattfinden sollte, wenn der Zeitpunkt dafür am günstigsten war. Zu eben diesem glücksbringenden Zeitpunkt weihte der Priester den Jungen in das hohe Gebet aus den heiligen Schriften ein, in das Gayatri-Mantra, und legte ihm das heilige Band um. Der Junge und seine Eltern berührten dann in Ehrerbietung die Lotusfüße von Swami. Zuerst wurde Swami das Essen serviert, das von uns zubereitet worden war, dann nahmen auch wir am Fest teil.

Fünf Jahre lebte der junge Sathya Sai Baba in seinem ersten Tempel, dem Paatha-Mandir. Dann wurde dieser zu klein. Im Jahr 1950 konnte er bereits in einen neuen ziehen. Seine Anhänger hatten ihm den Prashânti-Mandir gebaut, den Tempel allerhöchsten Friedens. Um ihn herum entstand ein neuer Ashram, Prashânti Nilayam, was »Ort allerhöchsten Friedens« heißt. Der alte Tempel, der heute noch steht, wurde in eine Hochzeitshalle umgewandelt und im Angedenken an Sai Babas Vater »Pedda-Venkamaraju-Halle« genannt. Sie steht noch heute, und Sai Baba segnet in ihr die Paare, die den Bund fürs Leben unter seiner Schirmherrschaft schließen wollen.

Der Prashânti-Mandir – der neue Tempel

Der neue Tempel, der Prashânti-Mandir, war innerhalb von zwei Jahren gebaut worden, und Sathya Sai Baba hatte die Arbeiten persönlich überwacht. Am 23. November 1950, an Babas 25. Geburtstag, war es endlich soweit, und er konnte festlich eingeweiht werden. Seine Anhänger trugen ihn an diesem Tag auf einer reich geschmückten Sänfte vom alten Tempel in den neuen, und die Dorfbewohner und viele Besucher säumten die Straße. Als Baba von seiner Sänfte herabstieg, warf er Jasminblüten und Rosenblätter unter die Menge, was großes Staunen hervorrief. Viele Blüten und Blätter hatten sich in silberne Gedächtnismünzen verwandelt, auf der einen Seite die Gestalt Sai Babas und auf der anderen die Inschrift: »Warum fürchtet ihr euch, wenn ich doch hier bin?« Es schien, als ob Sathya Sai Baba an diesem Tag eine neue spirituelle Ära ankündigen wollte.

Die Ashrambewohner folgten ihm in den neuen Tempel. Sie errichteten zunächst nur Wohnstätten, die provisorisch waren, aber im Laufe der Zeit bauten sie sie in stabile Wohnungen um, und etwa hundert Anhänger aus dem Paatha-Mandir zogen ein. Für die Besucher wurde eine Halle gebaut, so daß auch sie unterkommen konnten.

Im neuen Tempel, der wunderschön mit Bildern von Heiligen geschmückt worden war, behielt Sathya Sai Baba die Gewohnheiten bei, die er im alten Tempel gehabt hatte. Jeden Morgen und Abend sang er mit seinen Anhängern Bhajans und ließ anschließend den Feuersegen (Ãrathi) zelebrieren, zu dem gleichzeitig eine Glocke geläutet wurde. Danach erlaubte er den Gläubigen, seine Füße zu berühren (Pada Namaskâra), was in Indien ein tiefempfundener Brauch ist, Liebe und Hingabe auszudrücken. Aber auch wenn Baba nicht anwesend war, wurden Bhajans gesungen, und die Gläubigen feierten das heilige Ritual. Da ereignete sich einmal etwas Besonderes. Sathya Sai Baba war mit seinen Anhängern nach Madras gefahren, und nur ein Mann, der die täglichen Rituale ausführen sollte, war im Ashram zurückgeblieben. Als er nun den Feuersegen zum Stuhl von Baba hin zelebrieren wollte, fiel ihm plötzlich ein, daß ja am anderen Ende des Tempels die Glocke geläutet werden mußte. Er war ratlos, doch da begann die Glocke auch schon von selbst zu läuten, und Sathya Sai Baba sagte in Madras: »In Puttaparthi habe ich gerade beides gemacht, den Feuersegen entgegengenommen und die Glocke geläutet.«

Zwischen Sathya Sai Baba und den Familien seiner Anhänger (Devotees) aus dem alten Tempel änderte sich nichts an der engen Beziehung, die sie früher hatten. Er kümmerte sich weiterhin liebevoll um sie, erheiterte sie oft und vollbrachte viele Wunder. Diese wurden allerdings erst Jahre später in der Öffentlichkeit bekannt. Hier ein Beispiel von vielen:

Einmal gingen die Frauen des Ashrams wieder zum Fluß, um ihr tägliches Bad zu nehmen. Sie gingen, obwohl Sathya sie vor dem reißenden Wasser nach

Prashânti-Mandir

den Regenfällen gewarnt hatte. Da geschah auch gleich das Unglück. Eine der Frauen verlor im Fluß ihre Hochzeitskette (Mangalasūtra), die der reißende Strom sofort mit sich riß. Es war schrecklich für sie, denn der Verlust einer Mangalasūtra ist für jede verheiratete Frau in Indien ein böses Omen. Verzweifelt rannte sie zum Tempel und wollte Baba um Hilfe bitten. Es wurden aber gerade Bhajans gesungen, und anschließend ging Baba gleich hinauf in sein Zimmer. Da stellte sie sich einfach unter seinen Balkon und jammerte laut. Baba kam heraus und hörte ihr zu, aber er rügte sie, denn sie hatte seine Warnung nicht befolgt. Als sie weiter so traurig zu ihm hinaufblickte, sah sie plötzlich, wie er vor ihren Augen eine Mangalasūtra mit einer kreisförmigen Handbewegung aus der Luft holte. Er warf sie zu ihr hinunter, und sie erkannte ihre eigene, die sie doch verloren hatte. Sie war sprachlos und die anderen Frauen auch.

Religiöse Feste konnten jetzt im Prashânti-Mandir in einem größeren Rahmen gefeiert werden, als es im Paatha-Mandir möglich gewesen war. So kamen jetzt zu den großen Festen wie dem Shivarathri-Fest, dem Dasara-Fest und zu Sai Babas Geburtstag immer größere Menschenmengen. Anfangs, als nur Anhänger aus Indien Sathya Sai besuchten, nahm er an großen Festen noch das traditionelle Ölbad, das er sehr liebte, und wurde in Prozessionen durch das Dorf geführt; später aber, als mehr und mehr Ausländer kamen, änderte er die alten indischen Sitten und organisierte Veranstaltungen, die für die ganze Welt verständlich waren. Seine Aufgabe war es, nicht nur die kleine Anhängerschar im Ashram geistig zu verändern, sondern die ganze Welt.

Einige Jahre nach dem Umzug in den Prashânti-Mandir begann er, spirituelle Erziehungsprogramme in großem Rahmen zu organisieren. Am 21. Oktober 1961 erklärte er zum Beispiel in einer Rede vor einer großen Menschenmenge, daß er gekommen sei, um Rechtschaffenheit (Dharma) in der Welt wiederherzustellen. Seine große Aufgabe werde in drei Etappen verlaufen. In den ersten sechzehn Jahren seines Lebens werde er hauptsächlich Wunder (Lîlâs) für einzelne Menschen vollbringen. In den nächsten sechzehn Jahren werde er noch mehr Wunder vollbringen. Er werde nun aber mehr mit Gruppen arbeiten. Danach werde er sich nur noch einem Ziel widmen, dem Ziel der ganz großen geistigen Umwandlung.

Im Jahr 1958, in seinem 33. Lebensjahr, ließ er die Zeitschrift *Sanâtana Sârathi*, was »ewiger Wagenlenker« heißt, drucken, die jeden Monat in englischer Sprache und in telugu erschien. Die Druckmaschine stand einfach hinter dem Mandir. Drei Jahre später, im Jahr 1961, ließ er seine erste offizielle Biographie *Satyam Sivam Sundarâm* (»Wahrheit, Güte, Schönheit«) veröffentlichen. Das Buch war schon früher fertig, aber Sai Baba sagte: »Wenn ihr schon jetzt ein Buch über mich veröffentlicht, dann werden die Menschen nicht glauben, was darin steht. Sie werden es für ein Märchen halten. Wartet, bis die Welt bereit ist, es zu verstehen.«

Sorgfältig bereitete er die Menschen in Indien auf seine große Aufgabe vor. Auf vielen Rundfahrten und Reisen, die ihn im ganzen Land herumführten, bemühte er sich, die vielen Zuhörer zu überzeugen, daß nur ein Leben, das ehrbar geführt wurde, Sinn habe. Vertrauen zu Gott sei das Wichtigste. Umfangreiche Erziehungsprogramme wurden von ihm entworfen und in den Städten auf großen Veranstaltungen durchgeführt. Auf seinen Rundfahrten besuchte er unzählige Dörfer und hielt Bhajanveranstaltungen ab. Auf diese Weise erreichte er auch die Landbevölkerung und die vielen Behinderten, die Kranken und Alten, die nicht zu den großen Versammlungen in den Städten kommen konnten.

Sathya Sai Baba besuchte ebenso die großen Pilgerorte seines Landes und gab ihnen neues Ansehen. Er besuchte Yogis (auf Gott ausgerichtete Männer) in ihren Ashrams und segnete sie. Er ließ Rishis (weise Männer), die zurückgezogen in ihren Höhlen lebten, zu sich kommen und segnete sie ebenfalls. Er besuchte 1957 Rishikesh und Kashmir, 1961 Ayodhya, Dashi und Badrinath, 1958 Kerala und 1960 Tamil Nadu und mehrere Orte in Andhra Pradesh. 1968 brachte er das erste Mal seine Botschaft ins Ausland. Er reiste nach Kenia, Uganda und Tansania in Ostafrika.

Den Ashram Prashânti Nilayam ließ Sai Baba in den ersten zwanzig Jahren unverändert in seiner Bauweise stehen. Der einzige Neubau war ein Krankenhaus, das von freiwilligen Helfern gebaut wurde. Erst später kam es zu baulichen Veränderungen, die bald ein gewaltiges Ausmaß annahmen und eine richtige Stadtgemeinde entstehen ließen. Als Dr. Rao im Jahr 1969, neunzehn Jahre nach der Einweihung des Prashânti-Mandirs, Puttaparthi das erste Mal besuchte, bekam er im Ashram folgendes zu sehen: Der Tempel war im Gegensatz zu heute nur ein einfaches Gebäude, und wenn man Sai Baba sehen wollte, dann brauchte man sich nur davor hinzusetzen. Im Laufe des Tages konnte man ihn häufig auf der Veranda erscheinen sehen. Auf der Südseite, im Osten und Norden des Tempels standen mehr als ein Dutzend Wohneinheiten für die Familien, die längere Zeit im Ashram leben wollten. Im Westen des Tempels stand die Halle für Sai Babas Elefanten Sai Gîtâ. Im Norden erstreckte sich ein großer Platz mit einer überdachten Bühne, auf der Baba seine großen Reden hielt. Alle Besucher, die damals in den Ashram kamen, was besonders zu großen Festen der Fall war, mußten sich selbst versorgen. Das ganze Ashramgelände stand ihnen zur Verfügung. Es gab wohl genügend fließendes Wasser, aber keine Toiletten. Wie in jedem abgelegenen Dorf Indiens mußte man in die umliegenden Felder gehen. In einem kleinen Laden konnte man allerdings das Nötigste einkaufen, und bescheidene Anfänge für eine Kantine wurden auch schon gemacht. Eine Post und eine Bank befanden sich in einem Zimmer, die Post in der einen Ecke und die Bank in der anderen.

Nach Dr. Raos Besuch im Jahr 1969 veränderte sich der Ashram baulich sehr stark. Zuerst wurde die überdachte Bühne eingerissen und der gesamte abschüssige Grund im Nordwesten des Tempels mit Sand aufgeschüttet. Es sollte eine große Halle gebaut werden, die 15 000 Menschen aufnehmen konnte. Man sah bei den Bauarbeiten unzählige Frauen wie ein lebendes Förderband in einer Reihe stehen und Sandkörbe von Hand zu Hand weitergeben. 1972 konnte die große Pûrnachandra-Halle, die die vielen Besucher bei großen Festen aufnehmen sollte, zur Freude aller eingeweiht werden.

Danach wurde die Vorderfront der neuen großen Halle und die des Tempels in liebevoller Kleinarbeit mit traditioneller Ornamentik versehen und beide Gebäude mit Kuppeln gekrönt. Man erweiterte die vordere Veranda im ersten Stock des Tempels und versah sie mit wunderschönen Türen aus schwerem Silber, auf denen die Symbole der fünf Weltreligionen eingehämmert sind. Der östliche und der westliche Teil des Tempels bekamen zusätzliche Räume, so daß sich der rechteckige Bau architektonisch in einen ellipsenförmigen verwandelte. Um dem Ashram das Aussehen eines Pilgerortes zu geben, wie sie in Südindien zu sehen sind, wurde ein großes prunkvolles Eingangstor gebaut und zwischen dem Eingangstor und dem Mandir noch ein feierlicher Willkommensbogen.

Bei all diesen Bauarbeiten halfen junge Männer, die sich geistig zu Baba hingezogen fühlten und bereit waren, im Ashram jede Arbeit zu verrichten. Aber nicht alle waren schwere körperliche Arbeit gewöhnt. Einer von ihnen erzählte Dr. Rao einmal, wie Sai Baba sich in dieser Zeit sehr liebevoll um sie gekümmert habe. Er war jeden Tag mehrere Male zu ihnen gekommen und hatte sich erkundigt, wie es ihnen gehe; wenn es heiß war, ließ er ihnen Trinkwasser bringen, das er mit einer bloßen Handbewegung wunderbar in ein süßes Getränk verwandelte. Er reichte es jedem einzelnen persönlich. Als sie einmal bis zwei Uhr nachts arbeiten mußten, weil ein Fliesenboden fertiggelegt werden sollte, reichte Swami ihnen sogar das Essen selbst. Er schaute ihnen tief in die Augen, und die Müdigkeit war verschwunden.

Schließlich stand ein vollkommen neuer Mandir da, der von vielen neuen Bauten umgeben war. Die schöne Vorderfront des Prashânti-Mandir, die eindrucksvolle Einfahrt durch das Eingangstor und den Willkommensbogen, die große Pûrnachandra-Halle mit der Säule der fünf Weltreligionen davor und viele neue dreistöckige Wohngebäude verwandelten den einst kleinen Ashram in einen wunderschönen Pilgerort.

Alles war im Jahr 1975 für Sathya Sai Babas fünfzigsten Geburtstag bereit, und eine beispiellose Zahl von Besuchern reiste nach Prashânti Nilayam. Der Ashram konnte sie alle aufnehmen. Doch waren so viele gekommen, daß Baba nicht mehr zwischen ihnen umhergehen konnte, um ihnen seinen Segen zu geben. Da entschloß er sich, von einem Hubschrauber aus seine vielen Anhänger aus der Luft zu grüßen und zu segnen.

Im Tempel

Der Tempel, der in jedem Ashram den Mittelpunkt des Geschehens darstellt, wurde unter der persönlichen Leitung von Sai Baba ausgestattet. In der rechteckigen Gebetshalle, die sich von Osten nach Westen erstreckt, können ungefähr fünfhundert Männer und Frauen auf dem Boden Platz nehmen. Der Hauptaltar befindet sich auf der Westseite, und die heilige Gruppe von Arjuna und Krishna, die Hauptfiguren aus der heiligen Bhagavad Gîtâ, ist im Osten zu finden. Von hier aus hat man einen guten Überblick über den ganzen Tempelinnenraum, auf dessen himmelblaue Seitenwände mit den rosa Blumenmustern und den cremefarbenen Statuetten. Vier große Säulen an den Seiten tragen die Decke und bilden den Rahmen für große Holztüren und bodennahe Fenster. Von den vielen Ziergiebeln schauen die zehn Inkarnationen Gottes aus der indischen Mythologie, die Avatare, auf die Gläubigen herab.

An der Westwand wird der Hauptaltar und darüber die heilige Gruppe von Râma, Sîtâ, Lakshman und Hanuman, die in dem Epos Râmâyana eine große Rolle spielen, von zwei hohen Säulen eingerahmt, die die fünf Symbole der Weltreligionen tragen. Der Altar selbst besteht aus einer Silberstatue von Shirdi Sai Baba, die rechts und links von lebensgroßen Farbporträts der beiden Babas eingerahmt wird. Die Silberstatue zeigt Shirdi Baba auf einem Sockel, der sich aus den Windungen einer Kobra formt, die wie zum Schutze ihre siebenzüngige Haube über ihn hält. Die ganze Komposition wird von einer Lotusblüte getragen, über den beiden Farbporträts der Babas erheben sich goldene OM-Zeichen, die zusammen mit dem Lichteinfall und den vier brennenden Messinglampen am Boden die Heiligkeit des Ortes unterstreichen.

Vor dem Altar, von den Gläubigen aus gesehen auf der linken Seite, befindet sich eine Marmorstatue von Shirdi Sai Baba in Lebensgröße, die immer mit besonders schönen Girlanden geschmückt ist. Daneben steht ein kleiner Altar, der den Gottheiten geweiht ist, denen jeden Morgen in einem Ritual gehuldigt wird. Und direkt vor dem Altar steht eine marmorne Ganesha-Figur, die ebenfalls wunderschön mit frischen Blumen behängt wird. Auf der rechten Seite vor den Männerreihen befindet sich ein großer Lehnstuhl, der nur für Baba da ist, und vor ihm liegt das Tigerfell aus der Paatha-Mandir-Zeit. Ebenso wird die Tür daneben nur von Baba benutzt.

Jeden Morgen und Abend, kurz vor Beginn der Bhajanzeit, zündet der Tempelpriester die Lampen an, öffnet die Eingangstüre für Sai Baba und erneuert den Blumenschmuck. Baba pflegt meist erst im Tempel zu erscheinen, wenn das Bhajansingen schon in vollem Gange ist, in jedem Fall aber noch bevor der Feuersegen (Arati) stattgefunden hat. Alle Augen sind auf ihn gerichtet, wenn er sich auf seinen Stuhl setzt, sich eine Weile an dem Gesang erfreut und für den Feuersegen aufsteht. Er geht hinaus, während noch gesungen wird. Die Gegenwart von Baba im Tempel kann für jeden von uns ein tiefgreifendes Erlebnis sein. Bei den meisten jedenfalls geschieht etwas Unerklärliches. Viele sind innerlich zutiefst bewegt, und die Tränen rinnen einfach über die Wangen. Beim Hinausgehen kann man versuchen, sie zu verbergen, aber die roten Augen lassen erkennen, daß soeben ein innerer Wandel stattgefunden hat, bei dem Baba der Wegweiser war.

Ein typischer Tag am Mandir

Der Tag in Prashânti Nilayam beginnt schon sehr früh. Ist man Besucher und nur aus Neugier in den Ashram gekommen und liebt frühe Morgenspaziergänge, dann kann man schon um vier Uhr morgens vor den Toren im Dunkeln den Mädchen aus den Nachbardörfern begegnen, die gekommen sind, um Milch, Blumen und Gemüse zu verkaufen. Und um fünf Uhr kann man in den kleinen ländlichen Restaurants Kaffee oder Tee trinken, die bereits mit frischer Milch serviert werden; und man ist zu dieser frühen Stunde nicht einmal der einzige Gast.

Wenn man sich aber streng an die Regeln des Ashrams hält, dann begibt man sich um vier Uhr morgens zum Mandir und geht betend neben den anderen Gläubigen um ihn herum. Man wartet anschließend geduldig auf Einlaß, bis die Tempelglocke zwölfmal läutet. Dann werden die Tempeltüren geöffnet, und die frommen Frühaufsteher können sich auf dem makellosen Mosaikboden niederlassen. Im Tempelinneren herrscht äußerste Ruhe und Disziplin. Wenn jemand störend wirkt, muß er hinausgehen; die ruhige Atmosphäre muß erhalten bleiben. In kurzer Zeit werden die Eingangstüren geschlossen und die Lichter ausgeschaltet. Nur die vier Öllampen am Altar brennen weiter und verbreiten ein stilles Licht. Nach dem letzten Glockenschlag beginnt das morgendliche OM-Singen (Omkar). Fünfhundert Gläubige singen gemeinsam im Tempel das heilige OM und enden mit dem Friedensruf

»Shânti-shânti-shânti!« Danach wird von einer kleinen Gruppe, die von einem Harmonium begleitet wird, das Morgengebet (Suprabhâtam) gesungen. Dem Morgengebet folgt Stille, und die Tempeltüren bleiben für einige Minuten geschlossen. Die Gläubigen werden sanft, aber bestimmt dazu gebracht, ausschließlich an Gott zu denken. Erst wenn die Lichter angeschaltet werden, stehen die Frauen und Männer auf und gehen gestärkt für den neuen Tag hinaus.

Nach dem heiligen Morgengesang im Tempel bilden sich in Windeseile vor dem Gebäude drei Gruppen, die singend um den Mandir herum durch den Ashram gehen. Die erste Gruppe rezitiert heilige Gesänge aus den Veden, ihr folgt in einiger Entfernung eine Gruppe Frauen und dann eine Gruppe Männer, die Bhajans singen. Sie alle gehen langsam in einem großen Bogen durch den Ashram und reinigen mit ihren frommen Liedern die Atmosphäre für den kommenden Tag.

Es ist wunderschön, um diese Zeit einfach still in der Nähe des Mandirs zu verweilen. Es ist dann so, als ob die Vögel in den Bäumen den Gesang der Menschen übernehmen wollten. Hunderte von farbigen Mynaha, die auf den Neembäumen und Kokospalmen geruht haben, huschen im Zwielicht von Zweig zu Zweig und fangen mit ihrem Gezwitscher an, das später in einen ohrenbetäubenden Lärm übergeht. Im Winter kann man viele weiße Reiher sehen, die die Nacht auf silbrigen Eukalyptusbäumen verbracht haben und nun im Morgenflug in wunderschönen Formationen in den Himmel aufsteigen.

Jetzt ist die Zeit für die Frauen gekommen, die zwei Stunden lang den Hof des Mandir für Babas Erscheinen, den Darshan, vorbereiten. Sie heben kleine Steine auf, fegen den Boden und formen kleine Muster, die berühmten

Muggulu, aus farbigem Pulver und vielen Blütenblättern. Niemand darf sie dabei stören.

Während der Tempelhof so liebevoll für Babas Darshan vorbereitet wird, schmückt der Tempelpriester die Gottheit Ganesha am Eingang des Ashrams mit Blumen und stimmt ihn mit Gebeten (Mantren) für den Tag gütig. Während Baba seinen Darshan gibt, geht der Tempelpriester in den Mandir und hält vor dem Schrein der Gottheiten eine Andacht, die eine Stunde dauert. Das Ritual wird bis in das kleinste Detail minuziös ausgeführt und ununterbrochen von Hymnen in Sanskrit begleitet. Es ist erlaubt, während dieser Andacht nach dem Darshan im Tempel zu sitzen und zuzuhören. Etwa eine Stunde danach, dann, wenn auch Baba seine Interviewstunde beendet hat, beginnt das morgendliche Bhajansingen, das mit Babas Gegenwart gesegnet ist und mit dem Ārati endet. Manchmal gibt es im Tempelbezirk anschließend noch einen Studienkreis oder einen Vortrag, der von einem älteren Ashrambewohner oder auch von einem Gast gehalten wird. Nach diesem täglichen Morgenprogramm werden die Tempeltüren geschlossen und erst am Nachmittag wieder für die Sanskritschüler zum zweiten Bhajansingen und der Meditation für die Ausländer geöffnet. Alle Aktivitäten im Ashram enden noch vor neun Uhr abends. Dann wird das bernsteinfarbene Licht auf der mittleren Kuppel des Tempels ausgelöscht, und alle Ashrambewohner begeben sich zur Ruhe. Sathya Sai Baba hat sich bis zum nächsten Morgen zurückgezogen.

In Prashânti Nilayam

Die neue Stadtgemeinde

Am 6. August 1967 wurde der Ashram Prashânti Nilayam von der indischen Regierung Andhra Pradeshs zu einer selbständigen Gemeinde erklärt, was Sathya Sai Baba die Möglichkeit bot, viele Pläne unter seiner dynamischen Führung zu realisieren. Ein pensionierter Ingenieur aus Bangalore, Herr S.P. Jogarao, wurde von Baba gerufen und half, die vielen Bauprojekte durchzuführen.

Herr Jogarao, der mit seiner großen Familie in Bangalore lebt, besitzt eine eigene Beratungsfirma für Hoch- und Tiefbau. Seine Ehefrau brachte ihn 1970 das erste Mal zu Baba. Sie konnte ihn aber erst durch einen energischen Anruf dazu bringen, sie zu einer Einladung bei den Nachbarn zu begleiten, die Baba gerade besuchte. Bei dieser Abendgesellschaft war Herr Jogarao so sehr von Sai Baba beeindruckt, daß er seitdem nur noch ein Anliegen hat, und das ist Baba. Als Baba ihn nach Prashânti Nilayam rief, um seine Baupläne durchzuführen, gestand er gleich, daß er von Gebeten und spirituellen Übungen nicht viel halte. Ihm sei es lieber, seinen Mitmenschen zu helfen und Gott auf diese Weise zu dienen, was er auch wirklich in der Praxis bewies. Alle kennen Herrn Jogarao als einen hilfsbereiten und fröhlichen Kameraden, der alle Probleme mutig angeht und mit viel Humor löst.

Unter der Leitung von Herrn Jogarao, der die Wünsche von Sai Baba entgegennahm, entstand die neue Prashânti-Nilayam-Stadt. Wenn man heute oben auf dem Vidyagiri-Hügel steht, hat man einen guten Überblick über die gesamte Anlage. Zuerst fällt das Auge auf das große Eingangstor, das mit seinen sieben goldenen Miniaturspitzen und den vielen kleinen farbigen Statuetten weithin sichtbar ist. Dieses Eingangstor ist wie in anderen großen Tempeln Südindiens der spirituelle Eingang des Ashrams. Es trägt das heilige Zeichen OM des Hinduismus, das Kreuz des Christentums und den Halbmond des Islams? Die massiven Holztüren sind von vier Uhr morgens bis neun Uhr abends geöffnet und werden nur geschlossen, wenn Baba verreist ist.

Vom Eingangstor aus führt ein Weg, den man nur zu Fuß betreten darf, zum Willkommensbogen, auf dem zwei Engel die Zeichen der fünf Weltreligionen tragen. Der Weg ist festlich von Kokospalmen und Ziersteinen gesäumt. Auf einem steht geschrieben: »Nur in der Tiefe der Stille kann man die Stimme Gottes hören.«

Am Willkommensbogen ist man vom Mandir nur noch durch ein Rondell getrennt, in dessen Mitte eine kleine Säule mit einer Lotusblüte steht. Man kann den Mandir jetzt in seiner ganzen Schönheit sehen. Die reich verzierte Vorderfront zeigt vorgeschichtlich anmutende Tiere, Vögel und Statuetten. Man muß Glück haben, wenn man jemanden finden will, der die Figuren erklären kann. Für den Laien wirkt das Ganze wie eine hübsche Komposition aus Himmelblau, Gelb und Rosa, die zusammen mit den goldenen Kuppeln auf dem Dach und der schimmernden Silbertür auf dem Balkon den Eindruck von etwas Überirdischem vermittelt.

Viele Jahre herrschte immer wieder eine rege Bautätigkeit in Prashânti Nilayam. Wer zum Beispiel im Jahr 1984 kam, der traf auch wieder einmal eine solche bienenstockähnliche Tätigkeit an, als der Tempelhof zum Schutz vor Sonne und Regen mit baldachinartigen Strukturen um-

Eingangstor

Rechte Seite oben:
Auffahrt zum Mandir.

Rechte Seite unten:
Tempel von Sai Baba.

säumt und die Tempelfassade mit Skulpturen und Avatar-statuetten ausgestattet wurde.

Das ständige Anwachsen der Pilgerzahlen in jenen Jahren vergrößerte die Unterbringungsprobleme immer mehr, und laufend mußten neue Wohnungen gebaut werden. 1972 wurden für siebzig Familien Wohneinheiten errichtet, die westlich des Mandirs lagen. Jede Wohnung (zirka 15 Quadratmeter) bestand aus einem Wohnschlafraum, aus einer kleinen Küche und einem Bad mit Toilette. Es gab elektrische Anschlüsse und fließendes Wasser. Die Häuserblocks mit diesen Wohnungen bestanden aus drei Stockwerken und hatten offene Veranden. Man nannte sie West-Prashânti I. 1983 wurden Ost-Prashânti mit fünfzig Wohnungen, dann Süd-Prashânti mit hundert Wohnungen und anschließend nacheinander West-Prashânti II, III, IV und V gebaut. Eine hohe Mauer, die heute noch den Ashram nach Osten hin gegen die Straße abgrenzt, wurde im Jahr 1973 errichtet. Die Mauer und der ganze östliche Wohntrakt von Prashânti Nilayam wirken wie eine Schallmauer gegen die lärmende Geschäftsstraße des Dorfes. Schließlich entstanden für Ausländer, die sich in ihren Gewohnheiten von den Indern unterscheiden, dreistöckige Rundgebäude mit je fünfzig Wohnungen. Außerdem wurden Unterkünfte für Hilfsbedürftige geschaffen, die im Ashram Arbeit und Essen erhalten. Auch eine Halle wurde gebaut, in der Bewohner der umliegenden Dörfer im Sinne einer Hilfe zur Selbsthilfe weitergebildet wurden. Im Jahr 1987 war die Zahl der Wohnungen für Selbstversorger bereits auf mehr als tausend angewachsen. Aber die Besucherzahl wuchs weiter. Und so entstanden für die großen Menschenmengen, die regelmäßig an Festtagen zu Sathya Sai Baba kamen, große Hallen, »Sheds« genannt. 1988 waren es 31 an der Zahl. Sie stehen alle nebeneinander am nördlichen Rand der Anlage, jede von ihnen kann ungefähr 200 Menschen aufnehmen. Sie haben Toiletten, Duschen und Waschbecken.

Für die neue Stadtgemeinde wurden dringend große Wassermengen benötigt, und Baba ließ unter seiner persönlichen Aufsicht eine gute Wasserversorgungsanlage mit einem entsprechenden Abflußsystem installieren. An Stellen, die Baba selbst angab, wurde im Flußbett des Chithravathi nach Wasser gebohrt, das zu einem Reservoir auf dem höchsten Hügel am Fluß gepumpt wurde. Das Reservoir kann 200 000 Liter aufnehmen. Von hier aus wird seit 1974 ununterbrochen gutes Trinkwasser zur Stadtgemeinde geleitet. Mit Strom wird der Ashram von Puttaparthi aus versorgt, aber er reicht nicht aus, und so gibt es für Notfälle drei Generatoren, die manchmal sechzehn Stunden lang die Wasserversorgung in Gang halten müssen. Sie versorgen außerdem den Mandir, die Verwaltungsbüros und die Kantinen, wenn es nötig ist. Die Kantine mußte ebenfalls vergrößert werden. Eine gutorganisierte moderne neue Kantine bot etwa 600 Besuchern Sitzgelegenheiten auf der Männerseite und fast ebenso vielen auf der Frauenseite. Ihr gegenüber entstand eine Bäckerei, die den ausländischen Geschmack zufriedenstellen soll, die Büros für die Verwaltungsarbeit und eine Buchhandlung, in der man Baba-Literatur in mehreren Sprachen kaufen kann. Es entstand auch ein Einkaufszentrum, in dem Lebensmittel und alle Utensilien, die man zum täglichen Leben braucht, gekauft werden können. Gekrönt wurde das Einkaufszentrum durch einen Eisstand.

In all diesen Jahren wurde auch die »Mathaika Stupa« geschaffen, die große Säule mit den Symbolen der fünf Weltreligionen und der Lotusblüte an ihrer Spitze. Sie

Ganesha-Tempel im Ashram.

Rechte Seite oben:
Wohnhaus für Besucher im Ashram.

Rechte Seite unten:
Es wird gebaut.

steht auf dem Platz vor der großen Pûrnachandra-Halle, die bei hohen Anlässen eine wichtige Funktion hat.

Außerhalb des Ashrams ist es mit der Stille vorbei. Die Straße, die sich vom Tempelkomplex bis zum Vidyagiri-Bogen am Eingang des Dorfes hinzieht, ist sehr lebhaft. Schon vor Tagesanbruch wird sie bevölkert und zeigt ein reges Treiben. Ihre Geschäfte unterscheiden sich aber von denen des Ashrams, und für die Ausländer ist es oft sehr schwierig, wenn sie mit den Verkäufern um den Preis handeln müssen. Man sieht Geschäfte mit hübschen Waren aus ganz Indien und Stoffgeschäfte, die alle einen Schneider haben, der anbietet, innerhalb eines Tages ein Kleid zu nähen. Der schwunghafteste Handel aber wird mit Baba-Andenken betrieben. Fotografien und Anhänger, Ringe, Aufkleber, Tonbandkassetten und Kalender, alles wird angeboten. Es ist wie an allen Pilgerorten der Welt: Man nennt ein Souvenir, und schon hat man es vor sich liegen. Diese Geschäftsstraße, die bis vor kurzem noch ein staubiger Weg war, der nach Puttaparthi führte, trägt heute den bedeutenden Namen Yenumulapalli-Hauptstraße.

Die hohe Mauer, die die Stadtgemeinde Prashânti Nilayam nach außen hin zum Dorf Yenumulapalli abtrennt, das an Puttaparthi anschließt, kann wie eine steuerrechtliche Trennungslinie betrachtet werden. Das Dorf Yenumulapalli, was »Dorf der Büffel« heißt, entwickelte sich in den letzten 25 Jahren im Südosten Puttaparthis und wurde zu einem Trabantendörfchen von Prashânti Nilayam. Als sich der Ashram weiter in den Süden ausdehnen wollte, konnten die Grundstücke nur teuer erstanden werden. Die Preise stiegen entsprechend der wachsenden Nachfrage, und viele wurden auf Kosten von Prashânti Nilayam wohlhabend. Das Wachstum der Stadtgemeinde ließ das Baugewerbe aufblühen und gab so manchem Dorfbewohner Verdienstmöglichkeiten, die er früher nicht hatte. Einmal sagte ein ungelernter Arbeiter zu Dr. Rao: »Wir haben Baba. Baba versicherte uns, daß wir immer Arbeit haben werden, jedenfalls so lange, wie der Chithravathi Sand hat.«

Man kann in Prashânti Nilayam drei Gebiete erkennen, die sich unter Sathya Sai Babas Führung herauskristallisierten. Es sind der Tempelbereich für die spirituellen Ansprüche, der Bereich der Stadtgemeinde für die physischen Bedürfnisse und der Universitätsbereich für das Bildungsprogramm.

Eine Führung durch Puttaparthi

Wer zum ersten Mal in den Ashram von Prashânti Nilayam kommt, wird sicher auch das Dorf Puttaparthi, in dem Sathya Sai Baba geboren wurde, kennenlernen wollen. Die Schlangen von damals, nach denen Puttaparthi benannt wurde, sind aber nicht mehr da; sie kommen nur noch vereinzelt in den Feldern vor. Sie werden als heilig angesehen und müssen, wenn sie getötet werden, feierlich hinter dem Mausoleum der Rathnakaram-Familie bestattet werden.

Die Zahl der Menschen, die in Puttaparthi leben, und ihr Wohlstand haben in den letzten zwanzig Jahren sehr zugenommen. Bei der Volkszählung von 1971 hatte Puttaparthi 1373 Einwohner, 1981 aber waren es schon 5000. Das bedeutet ein Wachstum von zirka 200 Prozent in zehn Jahren. Auch die Bauweise verbesserte sich, und die neuen Häuser bilden neben den alten strohgedeckten Lehmhütten einen großen Kontrast. Die Lehmhütte von Sai Babas Familie stand lange Zeit verfallen da, und niemand kannte Babas Geburtsstätte. Erst in den siebziger Jahren wurde an ihrer Stelle ein Shiva-Tempel errichtet, und der heilige Ort bekam ein würdiges Aussehen. Täglich wird in dem kleinen Tempel eine Andacht gefeiert, die man besuchen kann. Das Haus des Karanam, in dem Sai Baba in seiner Jugend einige Jahre bei Subbamma lebte, und die Dorfschule, in der Sathya sein Alphabet lernte, kann man auch besuchen. Die Schule wurde in den letzten Jahren vollkommen erneuert.

Wenn man einen halben Kilometer in Richtung Prashânti Nilayam auf das große Eingangstor zugeht, dann kommt man an den kleinen alten Tempeln von Puttaparthi, dem Gopalaswamy-, dem Sathyabama- und dem Hanuman-Tempel vorbei. Man darf sie betreten und den Segen ihrer Gottheiten erbitten. Am Eingangstor des Ashrams angekommen, wird man vielleicht einen Besucher auf der Mauer sitzen und eine Zigarette rauchen sehen. Innerhalb des Ashrams ist das Rauchen verboten. Ebenso ist Alkohol nicht erlaubt, trotzdem wird neben dem Gopalaswamy-Tempel in Puttaparthi selbstgebrannter Schnaps verkauft.

Geht man nun weiter die Yenumulapalli-Hauptstraße an der Außenmauer von Prashânti Nilayam entlang, dann kommt man an die Abzweigung, die nach links zum Mausoleum von Babas Eltern führt und weiter geradeaus an die Kreuzung, von der aus man nach links am berühmten Tamarindenbaum vorbei zum Chithravathi-Fluß und nach rechts durch das Ganesha-Tor zurück in den Ashram gehen kann. Gleich hinter dem Eingang wird man von einer Reihe großer Steine begrüßt, auf denen gewun-

*Wunsch-
erfüllungsbaum.*

*Unten:
Meditationsraum.*

dene Schlangen dargestellt sind. Sie stehen zwischen zwei Bäumen, dem Aswatha- und dem Neembaum, und erinnern an den Eid des Hippokrates. Sie bedeuten jedoch den Menschen, die sie mit Girlanden schmücken und betend um sie herumgehen, etwas anderes. Ein gelehrter Brahmane gab mir folgende Erklärung: Der Aswathabaum symbolisiert im Pflanzenreich das männliche Prinzip und der Neembaum das weibliche Prinzip; und die Schlange steht für Subrahmanya, den Gott, der die spirituelle Entwicklung überwacht. Und so stellen die Betenden hier mit tiefem inneren Gehorsam die Entwicklung aller Lebewesen dem hohen göttlichen Beschluß anheim.

Wenn man auf der Yenumulapalli-Hauptstraße, statt in den Ashram zurückzugehen, geradeaus durch den Willkommensbogen des Dorfes hindurch zum Vidyagiri-Bezirk geht, dann erreicht man zuerst das Sathya-Sai-Krankenhaus und dann die Schulen von Sai Baba. Die Gebäude des »Sathya Sai Higher Schooling«, der »Easwaramma High School«, des Jungeninternats und des »Sathya Sai Institute for Higher Learning« sind alle architektonische Schmuckstücke. Das große Stadion befindet sich hinter ihnen auf der rechten Seite; und am Ende liegt Babas Rinderfarm, die den Ashram mit Milch versorgt.

Es ist ein langer und erlebnisreicher Spaziergang von Sai Babas Geburtsstätte in Puttaparthi bis zur Rinderfarm in Vidyagiri, aber der Rundgang ist nicht vollständig, wenn man nicht auf den Hügel steigt, der hinter den Schulgebäuden liegt. Von hier hat man einen herrlichen Blick auf die Umgebung, auf den Ashram, das große weite Tal und die Hügel, die alles schützend einschließen. Auf dem Hügel selbst steht das große Universitätsverwaltungsgebäude, das wie ein Märchenschloß in den Himmel hineinragt und weithin sichtbar ist. Vor vielen Jahren, als Sathya noch im Paatha-Mandir lebte, deutete er einmal zum Hügel und sagte, daß er dort ein schönes Gebäude errichten werde. Man hielt das damals für das Luftschloß eines phantasiebegabten Jungen. Vierzig Jahre später aber baute Sai Baba wirklich ein schloßähnliches Lehrinstitut, in dem er das jahrhundertealte Unterrichtssystem Indiens in eine moderne Form bringen will. Daneben errichtete er ein Museum, in dem die großen Weltreligionen verewigt sind.

Die ersten Ashrambewohner

Immer wieder tauchen Fragen auf, wenn man von einem Ashram und seinen Bewohnern hört: Was ist eigentlich ein Ashram, oder wie wird jemand in den Ashram aufgenommen? Was geschieht in einem Ashram, und wie lange kann man dort leben? Was ist ein Ashrambewohner? Es ist sicher leichter, solche Fragen zu stellen, als sie zu beantworten.

Ein Ashram ist ein Ort, an dem sich Menschen zusammenfinden, die Gott suchen und sich auf ihn konzentrieren wollen. In Prashânti Nilayam zum Beispiel entscheidet nur Sai Baba, wann jemand kommen darf und wieder gehen muß. Niemand hat ein Dauerrecht, dort zu wohnen. Feste Regeln gibt es auch nicht, aber jeder lernt in kurzer Zeit, was erlaubt ist und was nicht; und wenn man sich nicht an die ungeschriebenen Gesetze hält, dann kommt man früher oder später in Schwierigkeiten. Es kam schon vor, daß jemand innerhalb von 24 Stunden den Ashram verlassen mußte; keiner wußte, warum, nicht einmal derjenige, der auf Babas Anordnung diese unerfreuliche Nachricht überbrachte. Nur Baba wußte es und der arme Betroffene natürlich auch, allerdings erst, als es schon zu spät war. Man darf bei Baba, der streng auf Disziplin achtet, nichts für selbstverständlich halten.

Es soll nun versucht werden, ganz allgemein über die Menschen vom Ashram Prashânti Nilayam zu berichten. Die Dauerbewohner des Ashrams unterscheiden sich von den Besuchern, aber es ist nicht gleich zu erkennen. Sie wollen ihr Leben für immer in Babas Nähe verbringen und betrachten Prashânti Nilayam als ihr eigentliches Zuhause. Sie hatten alle ein Erlebnis mit Sai Baba, das sie in ihren Grundfesten so sehr erschütterte, daß sie nur noch für ihn leben wollen. Sie kommen aus aller Welt, meist sind es jedoch Inder. Manche leben schon zwei Jahrzehnte in Babas Nähe; es gibt aber auch welche, die noch länger hier wohnen. Sie gehören den unterschiedlichsten Religionen an. Bei Sai Baba sind alle gleich.

Die Ashrambewohner, die die Stadtgemeinde Prashânti Nilayam leiten, arbeiten alle unentgeltlich. Wenn sich jemand zu einer Aufgabe berufen fühlt, dann führt er sie aus. Die Kantine, die Einkaufsläden, das Krankenhaus, die Unterkunftsorganisation, die Verwaltungsarbeit usw. werden auf diese Weise geführt. Man weiß manchmal nicht genau, wer wofür zuständig ist. Aber die Arbeit geht reibungslos. Man weiß auch meistens nicht, welchen Beruf der Ashrambewohner hatte, bevor er hierherkam. Er kann aus einem königlichem Hause oder vom hohen Gerichtshof kommen, ein Wissenschaftler oder einfach nur ein ungebildeter Bürger sein. Sie alle tun ihre Arbeit, so gut sie können, ständig begleitet von »Sai Ram« in ihrem neuen Dasein.

»Sai Ram« scheint überhaupt die ganze Atmosphäre zu

durchdringen. Selten trifft man jemanden, der einen mit »How are you?« oder mit »Good morning« grüßt. Wenn man seine Essensmarken kauft, hört man: »Sai Ram, was möchten Sie heute haben?« Wenn der Briefträger Post aushändigen will, dann ruft er »Sai Ram« hinter dem Entsprechenden her. Und am Tisch in der Kantine ruft »Sai Ram«, wer das Essen serviert haben möchte. Wenn jemand etwas abwesend den Tempelhof betritt und die Schuhe noch an den Füßen hat, dann rufen die Aufseher in lautem Flüsterton »Sai Ram! Sai Ram!«, und in ihrer Stimme kann man deutlich hören: »Was um alles in der Welt machst du denn da?« Wenn jemand einem anderen aus Versehen auf die Zehen tritt, platzt es aus ihnen heraus: »Sai Ram!« – »Sai Ram!« Der eine um Entschuldigung bittend, der andere, weil er Schmerzen hat. Ähnlich geht es mit den Sai-Liedern, die täglich im Mandir gesungen werden. Man hört sie überall, im Ashram, in den Wohnungen und auf der Straße. Und wenn ein Ashrambewohner aus dem Haus kommt und vom Mandir das Lied hört, das zum Schluß während des Segens gesungen wird, dann hält er inne und singt von der Ferne andächtig mit. In solch einer Atmosphäre, die ganz von Baba durchdrungen ist, ist es schwierig, einen Ashrambewohner von einem Besucher zu unterscheiden. Es gibt keine sichtbaren Zeichen wie zum Beispiel ein besonderes Gewand; aber sie kleiden sich wohl eher unauffällig und tragen helle Farben.

Die ersten Bewohner des Ashrams waren eine besondere Gruppe für sich. Man kann über diese Familien in Büchern, die über Baba geschrieben wurden, nachlesen. Da gibt es zum Beispiel die Radhakrishna-Familie von Kuppam, die Seshagiriraos aus Bangalore, die Venkatamunis aus Madras und die Krishnamurtis aus Hyderabad. Sie alle hatten ein ganz persönliches Verhältnis zu Sai Baba, und er half ihnen auf ihrem spirituellen Weg.

Baba sagt, daß er ununterbrochen mit uns arbeitet und daß sein Trainingsprogramm für jeden einzelnen von uns ganz individuell abgestimmt sei. Er hilft uns im Hindernisrennen des Lebens und gibt uns immer wieder die Chance, ihn zu sehen oder geistig mit ihm in Verbindung zu treten. Jedesmal wenn er uns anschaut, anlächelt oder uns auf die Schulter klopft, wissen wir, daß wir zu ihm gehören und gut aufgehoben sind.

Manchmal bekommen wir von Baba aber auch Hindernisse in den Weg gelegt, vielleicht weil er uns testen will. Es kann dann so aussehen, als ob er sich von uns zurückgezogen hat. Beim Darshan geht er an uns vorbei und schaut uns nicht einmal an, ja er ignoriert uns einfach, auch dann, wenn er mit unserem Nachbarn gesprochen hat. Er läßt uns einfach mit einem Gefühl des Verlassenseins sitzen. Wir wissen zwar, daß wir zu ihm gehören, haben aber gleichzeitig das Gefühl, als ob er sehr weit von uns entfernt ist. Man kann es auch so ausdrücken: Manchmal glaubt man, mit ihm über den Wolken zu schweben, dann aber steht man plötzlich allein am Fuß eines Vulkans, mutterseelenallein. Das ist quälend. Der Grad der Enttäuschung mag uns zeigen, wo wir auf der spirituellen Leiter stehen, die wir erklimmen sollen. Vielleicht ist das auch Babas Art, uns dazu zu bringen, uns nach Gott zu sehnen. Sai Baba kennt die spirituelle Reife seiner Anhänger und entscheidet selbst, wie lange jeder in seiner Nähe bleiben muß oder wann er allein weitergehen kann. Bekannte Beispiele aus den fünfziger Jahren sind Raja Reddy und Suri Bhagavantham. Beide lebten viele Jahre bei Sathya Sai Baba. Raja Reddy war ein junger Student mit hohen geistigen Interessen und stammte aus einer aristokratischen Familie. Er konzentrierte sich ganz auf Sai Baba und half als erster, die Zeitschrift *Sanâtana Sârathi* herauszubringen. Besonders in der Leitung der Bhajangruppen zeichnete er sich aus. Bhagavantham dagegen war ein Physiker von internationalem Ruf. Er begleitete Sai Baba auf seinen Reisen durch Indien und übersetzte seine Reden simultan vom Telugu in die englische Sprache. Jetzt sieht man Raja Reddy nur noch bei großen Festen in Prashânti Nilayam und Bhagavantham noch seltener. Alteingesessene Ashrambewohner, die noch immer in Prashânti Nilayam leben, sind dagegen Soorayya und Seetharamayya. Soorayya ist ein Junggeselle und leitete viele Jahr lang zuverlässig Prashânti Nilayam. Er war so etwas wie eine drahtlose Verbindung zwischen Baba und der Außenwelt. Und Seetharamayya war der Arzt des Krankenhauses. Auch Dasavatharam lebt heute noch dort. Er war der einzige Sohn reicher Eltern und arbeitete viele Jahre lang offiziell an der Seite von Sai Baba. Er zog sich aus dem offiziellen Leben um Baba herum zurück und arbeitet still in der Kantine. Und Narayanayya, der seinen Dienst im Verteidigungsministerium aufgab und für immer zu Baba kam, war lange ein gewissenhafter Verwalter der Bücher und sorgte morgens während des OM-Singens als strenger Aufseher für Ruhe. Er starb, bevor dieses Buch in deutscher Sprache erscheinen konnte.

In den achtziger Jahren änderte sich das Bild von Prashânti Nilayam dramatisch. Die Universitätsarbeit und die enorme bauliche Vergrößerung verwandelten das vertraute Leben von einst in ein unpersönliches, so wie wir es von unseren Städten her kennen. Die alten Ashrambewohner müssen sich heute mit ihren nostalgischen Erinnerungen zufriedengeben. Es gab aber zwei Persönlichkeiten, die die Kluft zwischen dem Alten und dem

Neuen lange Zeit überbrücken konnten. Es sind dies Kutumbarao und Kasturi, die beide lange Zeit eine große Rolle in Prashânti Nilayam spielten.

Kutumbarao, ein Rechtsanwalt, war Mitglied der staatlichen Richterschaft. Obwohl er Baba seit 1957 kannte, entschloß er sich doch erst 1967, mit seiner Familie nach Prashânti Nilayam zu ziehen und ihm zu dienen. Er bekam seinen Ruf von Baba in einem Traum und gab daraufhin seine Stellung als Richter auf. Sein Name war in Prashânti Nilayam für jeden ein Begriff. Er trug typisch indische Kleidung, und man hätte ihn außerhalb des Ashrams leicht für einen Freiheitskämpfer von Andhra Pradesh halten können. Nur die Gandhimütze fehlte. Kutumbarao hatte ein fotografisches Erinnerungsvermögen und eine himmlische Geduld. Er durfte zu jeder Zeit bei Baba ein und aus gehen, denn als Sekretär der »Shri-Sathya-Sai-Gesellschaft« verband er Angelegenheiten des Ashrams mit den Angelegenheiten der Außenwelt. Er diente beiden in gleicher Weise. Er diente Sai Baba, der ein rasiermesserscharfer Disziplinarverfechter ist, und er diente dem ewigen Strom von Besuchern, die in jeder Weise menschliche Geduld auf die Probe stellen. Tag für Tag, Jahr für Jahr arbeitete er von vier Uhr morgens bis elf Uhr abends. Einfach in seiner Lebensweise und gelassen im Ertragen der Dinge, war Kutumbarao ein Beispiel für alle. Kutumbarao weilt nicht mehr unter den Lebenden.

Kasturi wurde Heiligabend im Jahr 1897 in einer bescheidenen Brahmanenfamilie geboren. Früh schon lernte er die Härte des Lebens kennen, denn sein Vater starb an Pocken, als er noch ein Kind war, und seine Mutter konnte nur mit großer Mühe den Lebensunterhalt für die Familie herbeischaffen. Er heiratete früh, wurde Lehrer, dann Rechtsberater und arbeitete später mit Hingabe und Erfolg in der Ramakrishna-Mission. Er war sehr sprachbegabt und hochintelligent. Zu Beginn von Kasturis Leben mit Baba standen zwei Ereignisse. Als sein Sohn starb, zeigte Baba, dem er noch nicht persönlich begegnet war, seine Anteilnahme in einer Weise, die ihn zutiefst berührte. Dann machte Baba noch eine mysteriöse Voraussage über seinen zukünftigen Schwiegersohn, den er sich so sehr für seine Tochter wünschte. Kasturi zögerte lange, bis er sich entschied, Baba das erste Mal zu besuchen. Erst als die Hochzeit seines ersten Sohnes im Paatha-Mandir gefeiert werden sollte, war es soweit. Baba kam ihm entgegen. Er ging selbst auf ihn zu und machte den Vorschlag, daß Kasturi nach Puttaparthi ziehen und die Biographie von Baba schreiben solle. Kasturi war überrascht, und die Entscheidung war nicht leicht. Schließlich sagte er zu, und Prashânti Nilayam wurde sein neues Zuhause. Er gab sein Leben in der Öffentlichkeit auf und beendete seine Programme für das »All India Radio« in Bangalore. Mehr als ein Vierteljahrhundert widmete er seitdem der Aufgabe, mit Baba zu leben und zu arbeiten, was ihn durch Höhen und Tiefen wirbelte. Er erzählte später in seiner eigenen Lebensbeschreibung, wie hart es ist, vom Feuer getestet zu werden, und was es bedeutet, nach eigenen schweren Schicksalsschlägen im weltlichen Leben nun auch noch im Quartier von Baba bestehen zu müssen. Baba gab Kasturi jede Gelegenheit, sich in seiner Nähe aufzuhalten, damit er Material für eine Sai-Baba-Biographie sammeln konnte. Er hatte immer Zutritt zu seinem Zimmer und war außerdem so etwas wie ein inoffizieller Sekretär. Die Reden, die Baba auf telugu hielt, übersetzte Kasturi simultan in die englische Sprache, und mit seiner leutseligen Art stellte er eine gute Verbindung zwischen Baba und der Öffentlichkeit dar. Er war ein unglaublich fähiger Geschichtenerzähler und konnte seine spirituellen Erlebnisse sowohl einem Anfänger als auch einem Fortgeschrittenen gut verständlich machen. Er war ein ausgezeichneter Karikaturist und ein großer Jongleur im Umgang mit Worten. Kasturi trug Babas Botschaft in die englischsprechende Welt hinaus. Er starb im August 1987.

Von den frühen Bewohnern des Ashram Prashânti Nilayam war Sarada Devi, die als »Shirdi Ma« bekannt war, wohl eine der ältesten. Sarada Devi zeigte eine Besonderheit: Von allen Ashrambewohnern war sie die einzige, die in ihrem Leben beide Babas kannte, in jungen Jahren Shirdi Sai Baba und in ihrem Alter Sathya Sai Baba.

Sarada Devi stammte aus einer adligen und frommen Brahmanenfamilie, den Manthripragadas, die bei sich zu Hause ein »heiliges Feuer« hüteten. Die Familie war mit vielen Kindern gesegnet, aber merkwürdigerweise nur mit Söhnen. Saradas Großvater, ein reicher Gutsverwalter des Nizam von Hyderabad, hatte sieben Söhne, und jeder dieser Söhne hatte wiederum sieben Söhne, aber kein Mädchen. Da bat die Familie Shirdi Baba, den sie sehr verehrten, ihnen doch ein Mädchen zu schenken. Tatsächlich wurde ein Jahr später endlich ein Mädchen in die Familie geboren, die auf Shirdi Babas Vorschlag den Namen Sarada bekam.

Sarada aber hatte schon von Anfang an kein leichtes Leben. Ihre Mutter starb bei der Geburt, und ihr Vater wurde ein Sannyasi. Sie hatte zwar bei ihrem gebildeten Onkel auf dem schönen Landgut eine glückliche Kindheit, aber dann traf sie ein Schicksalsschlag nach dem anderen. Ihre Kinder starben, ihr Mann verließ sie wegen einer anderen Frau und nahm ihr großes Vermögen mit, das sie in die Ehe gebracht hatte. Alle ihre Versuche, sich sozial zu betätigen, mißglückten. Oft ging sie zu Shirdi Baba und holte sich Trost. Da sagte er einmal zu ihr, als sie wieder so traurig über ihr Schicksal zu ihm gekommen war, daß er in Andhra Pradesh wiedergeboren würde und daß sie dann immer bei ihm leben dürfe. Das tröstete Sarada sehr, aber sie konnte es sich doch nicht so recht vorstellen.

Als sie viele Jahre danach schließlich dem jungen Sathya begegnete, war sie sich der Bedeutung dieser Begegnung auch nicht bewußt. Dieser charmante Junge mit dem ungebärdigen Haar erinnerte sie in keiner Weise an ihren geliebten Shirdi Baba. Als Sathya nach dem Bhajansingen aber auf sie zuging und sie mit ihrem Kosenamen »Goree« anredete, so wie Shirdi Baba es immer getan hatte, da war sie verwirrt. Als er dann auch noch die sechzehn Rupien zurückforderte, die sie seit 1917 Shirdi Baba schuldete, da war sie sprachlos. Mühsam erholte sie sich von ihrem Staunen, dann aber waren ihre Zweifel verschwunden, und sie berührte zum ersten Mal die Füße von Sathya Sai Baba, dem wiedergeborenen Shirdi Sai Baba.

Wenn Besucher zu Sarada Devi in den Ashram kamen und von ihr aus erster Hand die Geschichte der beiden Babas hören wollten, dann verteilte sie immer heiliges Kumkum, das sie aus einem Gefäß nahm, das Baba ihr einmal geschenkt hatte. Das Gefäß wurde nie leer. Sarada Devi starb Weihnachten 1986. Swami hatte sie darauf vorbereitet.

Teil II

Sai Baba – der Heilige

3

Die Sai-Baba-Dreieinigkeit

Ich gebe dir, was du dir wünschst, damit du dir eines Tages das wünschst, was ich dir geben möchte.   Shirdi Sai Baba

Wenn du mich annimmst und ja sagst, dann sage ich auch ja, ja und noch einmal ja. Wenn du mich aber ablehnst und nein sagst, dann sage auch ich nein.

Ich fordere euch auf, zu mir zu kommen und eigene Erfahrungen zu machen; seht und urteilt dann selbst, und holt euch, was ihr braucht. Taucht erst in die Tiefe, bevor ihr euch über sie äußert; eßt erst und sagt dann, wie es euch schmeckt.

Habt Vertrauen, so nutzt ihr mich am besten. Erwartet nicht von mir, daß ich euch nur Materielles gebe. Ich möchte, daß ihr euch nach mir sehnt, dann kann ich euch belohnen.

Sathya Sai Baba

Heilige

Zauberkunststücke, wie wir sie alle kennen, können erlernt werden, und man kann sie bis zur Perfektion ausbauen. Esoterische Zauberei, die auf einer mystischen Technik beruht, kann ebenso erlernt werden. Sie ist aber Schwarze Magie und deswegen negativen Kräften gleichzusetzen. Übersinnliche Wahrnehmungen dagegen, auch PSI genannt, wie Hellsehen, Vorhersage und Hypnose, könnte man als besondere Einfälle der Natur betrachten. Man kann sie auch erwerben, meist sind sie jedoch angeboren. Unter Wundern wiederum wird noch einmal etwas ganz anderes verstanden. Meist werden nicht erklärbare Phänomene für Wunder gehalten, und wir staunen sehr. Wenn man sie aber mit dem Zeitgeschehen in Verbindung bringt, lassen sie sich meist erklären. Zu der Zeit, als der Wagen noch mit Ochsenkraft gezogen wurde, wäre ein Auto zum Beispiel ein Wunder gewesen, und einen Flug zum Mond hätte man im letzten Jahrhundert für unmöglich gehalten. Das Wunder von heute ist vielleicht morgen schon kein Wunder mehr. Es ist der Zeitfaktor, der den Stand von Wissenschaft und Technik bestimmt. Die Wissenschaft aber schreitet fort. Weitere unbekannte Gebiete tun sich auf, und so mancher Wissenschaftler kommt zu der Überzeugung, daß es letztendlich eine unbekannte Größe gibt, von der alles abhängt und gelenkt wird.

Durch bestimmte Techniken, die erlernbar sind, wie auch durch Erlangung großer Reinheit auf dem spirituellen Weg kann der Mensch wunderbewirkende Kräfte erlangen. Sie werden auf Sanskrit »Siddhis« genannt. Man teilt sie in acht Kategorien ein. Mit »Mahima« hat man zum Beispiel die Fähigkeit, Wunder zu vollbringen. Mit »Anima« hat man die Kraft, die eigene Gestalt zu verkleinern, und mit »Garima« die Kraft, die eigene Gestalt in eine größere und schwerere zu verwandeln. »Lagima« befähigt einen, so leicht wie ein Vogel zu werden, und »Praapthi« bewirkt, daß man sich alles Materielle, das man möchte, beschaffen kann. Mit »Prakaamyam« oder »Sankalpa Siddhi« kann man sich alles im geistigen Bereich beschaffen, was man möchte, und mit »Etsathvam« hat man die

Fähigkeit, das Innenleben anderer geistig zu beeinflussen. Wenn man eine oder mehrere solcher Kräfte erwerben möchte, was durchaus möglich ist, muß man Rituale mit bestimmten Formeln lernen. Die übernatürlichen oder wunderbewirkenden Kräfte, die Siddhis, die auf diese Weise erworben werden, sind jedoch nicht von Dauer. Außerdem können sie gefährlich werden, denn bei Mißbrauch richten sie sich gegen einen selbst.

Menschen, die Gott suchen und den spirituellen Weg gehen, erlangen, wenn sie einen gewissen Grad der Reinheit erreicht haben, auch Siddhis. Sie entstehen aber als ein Nebeneffekt und sind nicht das Hauptziel eines Gottsuchenden. Diese Menschen sind sich meist ihrer besonderen Fähigkeit nicht einmal bewußt, die sie durch ihre spirituellen Übungen erlangen. Das ist gut so, denn ein unnötiger Gebrauch von Siddhis würde ihren spirituellen Fortschritt verhindern. Ramana Maharshi, der im Vollbesitz von Siddhis war, sagte einmal zu diesem Thema: »Allein die Gedanken eines wirklichen Jnâni, eines Weisen, bewirken, daß göttliche Aktivität in Erscheinung tritt.« Gebete werden beantwortet, Krankheiten geheilt und Gefahren abgewendet. Wunderkräfte werden sichtbar, doch nicht zur Schau gestellt.

Eine Gottesbeziehung kann man in jeder Kultur dieser Welt finden, und spirituelle Menschen, die sich durch eine besondere Gottesbeziehung auszeichnen, werden als »Heilige« bezeichnet. Die Ansicht, wer heilig ist oder nicht, kann aber sehr unterschiedlich sein. Das beste Beispiel liefert uns die etablierte Kirche des Christentums. In der römisch-katholischen Kirche wird ein Heiliger nur anerkannt, wenn er die Gelübde wie Armut, Keuschheit und Gehorsam abgelegt hat. Er muß mindestens zwei Wunder bewirkt haben. Er muß im Glauben an die Lehren der römisch-katholischen Kirche gestorben sein, und der Papst muß ihn heiliggesprochen haben. Die Christen außerhalb der katholischen Kirche aber betrachten Menschen auch als heilig, wenn sie als Märtyrer gestorben sind oder aus politischen Gründen ihr Leben geopfert haben. Es kommt also auf die Definition an.

Ebenso wie das Wort »heilig« unterschiedlich verstanden wird, gibt es verschiedene Auslegungen von spirituellen Begriffen, die von Indien kommen. Als Indien im 20. Jahrhundert eine Führungsrolle im spirituellen Geschehen der westlichen Welt übernahm, war das für viele Menschen wie eine Revolution, und in Revolutionen entstehen zunächst immer erst Verwirrungen. Leichtgläubige Aspiranten von religiösen Gemeinschaften, wie sie in materiell ausgerichteten Ländern leicht entstehen, fühlten sich bei ihrer Suche nach Höherem von Indien angezogen. Durch ihren Eifer und ihre Hingabe aber machten sie aus ihrem geistigen Lehrer, dem Guru, gleich einen großen Seher oder Heiligen. Und um die vielen Gottsuchenden zufriedenzustellen, wuchsen selbstgeschneiderte »spirituelle Größen«, falsche Gurus, aus dem Boden. Sie waren auf Export ausgerichtet und verstanden es, die ausländischen religiösen Gruppen zu beeindrucken, und machten oft viel Geld. Solche »Mantra-for-money«-Gurus hatten einen schlechten Einfluß auf den wirklichen Sucher indischer Spiritualität und schädigten den Ruf der wirklichen Gurus. Sie veränderten auch den Sinn von Worten von hoher Bedeutung. Zum Beispiel hat das Wort »Liebe« eine göttliche und universelle Bedeutung; ein solcher Guru aber benutzte das Wort »Liebe« im Sinne von »Liebe machen«.

An dieser Stelle sollten noch einige Begriffe erklärt werden, die ihren Ursprung in Indien haben:

Ein Brahmane ist in der indischen Gesellschaft ein gebildeter und hochstehender Mensch. Er ist entweder ein gelehrter Mann, ein Acharya, oder einer, der Antworten auf religiöse Fragen geben kann. Er ist ein Priester oder ein Guru. Entsprechend dem alten indischen Lehrsystem ist unser eigentlicher Lehrer die Schule des Lebens, und in diesem Lehrsystem spielen geistige Führer eine große Rolle.

Es gibt in diesem System vier Stadien, die im Leben nacheinander durchschritten werden müssen. Das erste ist die Zeit des Lernens, der Schülerschaft (Brahmacarya), das zweite Stadium ist der Stand des Familienvaters (Grihasthâshrama). Das dritte ist die Zeit der Zurückgezogenheit (Vânaprastha), und das letzte ist der Weg der Entsagung (Sannyasi). Am Anfang ist man immer ein Schüler. Wenn man dann ein Familienvater geworden ist, kann man durchaus schon ein Weiser werden, aber nur, wenn man klug und nach den Vorschriften Gottes gelebt hat. Danach lebt man ein Leben, das sozusagen ein Vorstadium vor dem letzten ist. Und als Sannyasi kann man der Welt ganz entsagen und sich selbst verwirklichen. Der echte Sannyasi verläßt auch seine Frau, allerdings nur mit ihrem Einverständnis, und lebt ein Leben in spiritueller Strenge und Enthaltsamkeit.

Wenn man den Stand eines Familienvorstandes erreicht hat, kann man jederzeit von einem Guru als spiritueller Schüler aufgenommen werden. Man kann einem Guru dienen und von ihm lernen. Man wird seinen Lehrer meist mit »Swami« anreden, was »hoher« oder »heiliger Herr« heißt.

Ein echter Sannyasi lebt innerlich und äußerlich nach vorgeschriebenen Regeln. Es gibt aber auch Ausnahmen. Manchmal wird ein spiritueller Schüler von seinem Guru, wenn er die Würde des Sannyasi erreicht hat, auch in die Welt hinausgeschickt. Das geschieht dann, wenn ein bestimmter Auftrag erfüllt werden soll. Srila Prabhupada, der Gründer der ISKCON (International Society for Krishna Consciousness), ist dafür ein Beispiel. Von seinem Guru beauftragt, ging er in den Westen, landete in New York mit nur fünf Dollar in der Tasche und fing an, die Botschaft der göttlichen Liebe von Gott Krishna zu verbreiten. Er gründete eine weltweite Krishnabewegung, die vorwiegend außerhalb Indiens bekannt ist.

Der wandernde Bettler, der in Indien oft in Orange gekleidet umherzieht und um Almosen oder Essen bittet, ist kein Sannyasi oder Guru. Er ist ein Wander- oder Bettelmönch, ein Sadhu, so etwas wie ein frommer Anfänger auf Probezeit.

Wenn ein Guru durch physische und geistige Disziplin und durch Meditation besondere Kräfte erlangt hat, bezeichnet man ihn als einen Yogi. Wenn er durch ein Leben der Entsagung einen höheren spirituellen Grad erreicht hat, dann ist er ein Rishi. Wenn er sich durch Weisheit und Selbstverwirklichung auszeichnet, dann ist er ein Jnâni, der entsprechend seinem spirituellen Grad auch als Maha Purusha, Mahatma, Maha Yogi oder Maharshi bezeichnet wird. Wenn er ganz in der Einheit mit Gott lebt, dann ist er ein Siddha Purusha, Paramahamsa, ein Avadhûta oder ein wahrer Heiliger. Solche Heilige gibt es sehr selten.

In einer Veröffentlichung über indische Heilige, die in Prashânti Nilayam herausgegeben wurde, wird ein wahrer Heiliger so definiert: Ein wahrer Heiliger ist ein Jnâni, ein Weiser, und gleichzeitig ein Parabhakta, ein allumfassend Liebender.

Man könnte einen Jnâni mit einem Lehrer vergleichen, der

die Stadt, die er auf einer Landkarte zeigen will, erst dann zeigt, wenn er sie schon gesehen hat. Er gibt seine Erfahrungen, die er mit Gott gemacht hat, sozusagen aus erster Hand weiter. Und ein Parabhakta ist ein Gläubiger, der zu einer bestimmten Gottesvorstellung mit der Zeit eine so tiefe und reine Liebe entwickelt hat, daß er Gott auf diese Weise nahekam. Ramakrishna, ein wahrer Heiliger Indiens, ist ein Beispiel dafür. Sein Gottesbild war die indische Gottheit Kali-Ma. Zuerst war er ein einfacher Gläubiger, der sich im Gebet auf Kali-Ma konzentrierte. Allmählich aber fing er an, sie zu lieben. Durch diese Liebe, die sich mit der Zeit immer mehr vertiefte, erkannte er schließlich, daß Gott jenseits aller Gottesvorstellungen existiert. Er machte die Erfahrung, daß Gott allgegenwärtig ist, einfach überall, und eine reine und starke Liebe erfüllte ihn, die in seine Umgebung ausstrahlte. Er wurde ein Parabhakta, ein allumfassend Liebender.

Ein Mensch, der Gott mit der Natur gleichsetzt, der gleichzeitig ein Jnâni und ein Parabhakta ist, ist ein wahrer Heiliger. Er hat die wirkliche Gotteserfahrung, die Erfahrung der Einheit mit Gott. Solche Heilige wirken auch noch nach ihrem Tod für das Wohl der nachfolgenden Generation. An vielen Orten in der Welt kann man Beweise dafür finden: an islamischen Grabmälern und an heiligen Stätten von Hindus und Christen. An solchen Orten, die meist Wallfahrtsorte sind, können Wunder geschehen, persönliche Wünsche erfüllt und Krankheiten geheilt werden; es werden auch Fragen in Träumen beantwortet.

Ein typisches Beispiel für solch einen wahren Heiligen ist in Indien Kabir Das, der wahrscheinlich ein Wegbereiter für Shirdi Sai Baba, die vorige Inkarnation des jetzigen Sathya Sai Baba, war. Kabirs Geburt ist legendär. Es wird erzählt, daß er als Sohn des Weisen Sukha und seiner Frau Davarambha geboren wurde. Er soll aber von einem kinderlosen islamischen Ehepaar an einem Fluß gefunden und aufgezogen worden sein. Er lebte mit seiner Frau und zwei Kindern in Benares und verdiente seinen Lebensunterhalt als ungelernter Weber. Schon früh zeigte sich seine spirituelle Veranlagung. Er wurde ein Schüler des Hindu-Heiligen Râmânanda und später des Sufi-Heiligen Sheikh Takki. Er war Hindu und Moslem zugleich. Ständig war er sich der Gegenwart Gottes bewußt und gab seine Erfahrungen und sein Wissen an andere weiter. Übertriebene Riten waren ihm ein Greuel, was ihm die orthodoxen Hindus und Moslems übelnahmen, aber Kabir zeigte ihnen seinen Standpunkt deutlich. Er war ein geistiger Führer für den gewöhnlichen Bürger und hatte viele Anhänger. Noch heute hat er Anhänger, die sich die »Kabir pantis« nennen. Er predigte den Glauben der universellen Liebe und sang Lieder, die von dieser göttlichen Liebe erzählen. Die religiösen Lieder, die Bhajans von Kabir, die immer noch gesungen werden, zählen unter den Hindugesängen zu den erlesensten.

Kabir hat Wunder vollbracht. Das größte geschah bei seinem Tod im Jahr 1518. Während sich die Hindu- und Moslemanhänger um seinen toten Körper stritten, verwandelte sich dieser in einen Berg aus Blüten. Da nahmen die Hindus die eine Hälfte und bestatteten sie ihrer Sitte nach im Feuer; die andere Hälfte nahmen die Moslems und verehren sie heute noch im Schrein von Maghar. Sie sollen ihre Blumen auch noch an anderen Orten verteilt haben, von denen einer der sein könnte, den Shirdi Sai Baba im 19. Jahrhundert aufsuchte und zu seinem Hauptsitz wählte.

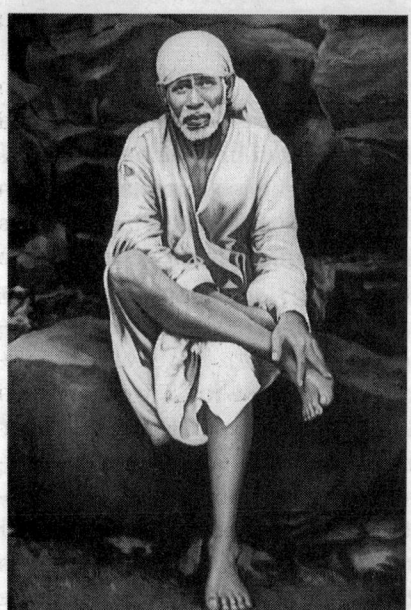

Shirdi Sai Baba in seiner typischen Sitzhaltung.

Sathya Sai.   *Shirdi Sai.*

Shirdi Sai Baba

Auch Shirdi Sai Baba war ein wahrer Heiliger und wurde schon zu Lebzeiten als solcher verehrt. Seine Geburt und seine ersten Lebensjahre sind ebenso legendär. Alle Biographien wurden erst nach seinem Tod geschrieben. Für dieses Buch wurde die Biographie von Narasimhaswamy verwendet, denn sie schien vollständiger als die anderen zu sein. Sathya Sai Baba bezeichnete aber viele Beschreibungen als übertrieben.

Wahrscheinlich wurde Shirdi Sai Baba 1836 in einer orthodoxen Hindufamilie geboren, die sich wie auch später die Eltern von Sathya Sai Baba Bharadvâja Gothra zugehörig fühlte. Sein Vater war Gangabhavadia, ein Fährmann, der mit seiner Frau Devagiriamma bescheiden und gottesfürchtig in dem Dorf Parthi am Nebenfluß des Godavari lebte. Sie hatten keine Kinder, obwohl sie sich welche wünschten. Eines Nachts, als ein besonders starker Sturm tobte, sollte ihr Leben eine besondere Wende nehmen.

In ebendieser Nacht mußte Gangabhavadia überstürzt sein Haus verlassen, denn die Boote auf dem Fluß waren von stürmischen Winden abgetrieben worden. Da wurde seine Frau, die allein zu Haus geblieben war, von einem alten Mann überrascht, der trotz der späten Stunde noch um Einlaß bat. Er suchte Schutz vor dem Sturm. Devagiriamma ließ ihn herein, und nachdem sie ihm etwas zu essen angeboten hatte, bereitete sie ihm ein Nachtlager auf der vorderen Veranda. Der alte Mann aber brachte sie in Bedrängnis. Er jammerte über Beinbeschwerden und wollte mitten in der Nacht seine Beine massiert bekommen. In ihrer Not rannte Davagiriamma durch die Hintertür aus dem Haus und suchte jemanden, der diese Arbeit tun könnte. Aber sie fand niemanden. Verzweifelt ging sie zurück und setzte sich vor ihren Altar und bat die Göttin Pârvatî um Hilfe. Es dauerte nicht lang, und ein junges Mädchen erschien an der Hintertür. Davagiriamma war überglücklich. Sie führte das Mädchen zu dem alten Mann und ging wieder zu ihrem Altar, um sich zu bedanken. Wieder wurde an die Tür geklopft, aber dieses Mal war es eine noch größere Überraschung. Das göttliche Paar Shiva und Pârvati stand vor ihr. Sie gaben sich als der alte Mann und das junge Mädchen zu erkennen und waren gekommen, um der geprüften Davagiriamma eine Gunst zu gewähren. Sie überlegte nicht lange und wünschte sich die so lang ersehnten Kinder. Da versprach ihr Pârvatî zwei Kinder, und Shiva sagte, daß er selbst als das dritte Kind zu ihr kommen würde. Davagiriamma war überwältigt. Daraufhin verschwand das göttliche Paar.

Als Gangabhavadia am Morgen nach Hause kam und von seiner Frau diese Geschichte erfuhr, bezeichnete er sie als Phantasiegebilde einer stürmischen Nacht. Als aber tatsächlich zwei Kinder geboren wurden, die ihnen so lange versagt geblieben waren, begann er die Geschichte ernst zu nehmen. Und während seine Frau ein drittes Kind erwartete, entstand in ihm eine so große Sehnsucht nach Gott Shiva, daß er der Welt entsagen wollte. Er entschloß sich, in die Wälder zu gehen, und obwohl seine Frau hochschwanger war, ging sie mit ihm. Ihre beiden Kinder schickte sie zu ihrer Mutter, und das dritte Kind, das sie unterwegs zur Welt brachte, legte sie unter einen Banyanbaum und übergab es der Gnade Gottes. Dann gingen sie gemeinsam ihren frommen Weg.

Es war gerade Ramadan-Zeit, und ein altes Moslemehepaar, das mit seiner Kutsche von den nächtlichen Gebeten in der Moschee nach Hause fuhr, sah das Baby unter dem Baum liegen. Sie nahmen das Kind zu sich und entschlossen sich, es bei sich zu behalten, da sie kinderlos waren. Sie zogen das Baby, das ein kleiner Junge war, mit Liebe auf. Der Junge lernte schon früh die Sprachen Marathi und Urdu, las im Koran und sang heilige Lieder von Kabir und Lieder der Sufis. Seine göttliche Herkunft wurde schon früh sichtbar, und sie nannten ihn »Baba«. Die Besonderheit seines Wesens zeigte sich einmal, als er mit seinem Schulkameraden Rahool Murmeln spielte. Bei diesem Spiel gewann Baba alle Murmeln, und Rahool, der nicht verlieren wollte, rannte in das Gebetszimmer seiner Mutter, holte ihr heiliges Lingam (ein Steinsymbol des Gottes Shiva), der einer großen Murmel ähnlich sah, und versuchte sein Glück noch einmal. Aber Baba gewann wieder und nahm das Lingam an sich. Als die Mutter von Rahool ihr heiliges Lingam bei dem fremden Jungen entdeckte, forderte sie ihn ärgerlich auf, es ihr sofort zurückzugeben. Baba aber verschluckte es einfach. Rahools Mutter war entsetzt, und als sie in seinen Mund schauen wollte, da bekam sie statt eines Lingams etwas Unglaubliches zu sehen. Sie sah den Kosmos. Sie sah, was vor vielen tausend Jahren Yashoda, die Mutter von Krishna, in seinem Mund gesehen hatte, als er noch ein Baby war, und was Subbamma Karanam einige Jahrzehnte später in Sathyas Mund sehen würde. Es wird erzählt, daß Shirdi Sai Baba später immer wieder dieses Lingam aus seinem Körper herausholte, mit ihm eine Andacht hielt, und danach wieder in seinen Körper zurücknahm. Shirdi Sai Baba, der als junger Fakir in einer Moschee auf Hinduart ein Lingam verehrte und in einem Hindutempel den Koran las, mag die Hindus und die Moslems im Dorf damals recht verwirrt haben.

Im Jahr 1842, als Baba erst sieben Jahre alt war, starb sein Adoptivvater, und seine Adoptivmutter, die auch schon alt geworden war, brachte ihn zu Gopalrao, einem Yogi im nahegelegenen Selu. Gopalrao hatte viele Schüler. Es war bekannt, daß er häufig eine geistige Verbindung mit seinem Gott Venkateshvara hatte und Wunder vollbringen konnte. Sein neuer Schüler Baba nannte ihn deswegen liebevoll »Venkusa«.

Gopalrao, der ein hoher Yogi war, träumte in der Nacht vor Babas Ankunft etwas Bedeutendes. Er wurde in seinem Traum auf die Göttlichkeit des Jungen hingewiesen und entschloß sich deswegen, sich besonders um ihn zu kümmern. Unter seiner Führung lernte Baba Sanskrit und wurde mit den heiligen Schriften fest vertraut. Da sein Schüler aber lieber durch die Praxis als aus Büchern lernte, ging Gopalrao oft mit ihm allein in den Wald und lehrte ihn dort. Darüber ärgerten sich die anderen Schüler, und je mehr die Spiritualität des Moslemschülers wuchs, desto mehr wuchs auch die Eifersucht seiner Kameraden. Als Gopalrao wieder einmal seinen Lieblingsschüler im Wald unterrichtete, da geschah etwas Entsetzliches. Ein Stein, der dem Schüler Gopalraos galt, traf aus Versehen den Guru selbst und verletzte ihn tödlich. Gopalrao, der sein Ende kommen spürte, entschloß sich, seinem Lieblingsschüler seine Yogikräfte zu übertragen. Als er es getan hatte, schickte er ihn fort. So begann Shirdi Babas eigener spiritueller Weg.

Baba zog wie ein Wandermönch (Sadhu) durchs Land und lebte von dem, was man ihm gab. Sein erstes Ziel war der Ort Shirdi, wo er möglicherweise das Grabmal von Kabir fand. Er ging noch einmal zu seinem Geburtsort Parthi, dann nach Manwath, wo er mit seinen Adoptiveltern gelebt hatte, und ein letztes Mal nach Selu, dem Ort seines geliebten Venkusa. 1857 trat er in Aurangabad für einige Zeit in die Armee ein, und als er sie verließ, kam er wieder nach Shirdi, wo er für immer blieb.

Shirdi war ein kleines Dorf im Ahmednagar-Bezirk, das zu Bombay gehört. Es lag ungefähr sechs Meilen von der nächsten Bahnstation Kopergaon entfernt, die auf der Poona-Manmad-Linie lag. Man sah Baba damals in Shirdi meist unter einem Baum am Rand des Waldes sitzen und etwas vor sich hin murmeln. Er saß auch oft in seiner typischen Sitzhaltung, mit dem rechten Fuß auf dem linken Knie, auf einem Felsen oder bei einem Neembaum. Unter diesem Baum fand man später eine Steinplatte, die einen unterirdischen Raum mit irdenen Lampen und anderen Insignien bedeckte, die auf das Grab eines Moslemheiligen hindeuteten. Man nimmt an, daß es wirklich eines der Grabmäler Kabirs aus dem 16. Jahrhundert war. Baba war in Shirdi von Anfang an ein Rätsel. Niemand kannte seine Herkunft. Manche hielten ihn für einen Hindu, manche für einen Moslem. Seine Ohrläppchen waren durchstochen, wie es bei den Hindus Sitte ist; in seiner Wohnung brannte ein heiliges Feuer, und er betete auf Hinduart, wenn er allein war. Er war nicht wie ein Moslem beschnitten. Er kleidete sich aber wie ein Fakir und betete zu den ungewöhnlichsten Zeiten und in den ungewöhnlichsten Stellungen das islamische Gebet, das Namaz. Auch erklärte er Abdul, seinem vertrauten Schüler, den Koran und lebte in der Halle einer baufälligen Moschee. Shirdi Baba war exzentrisch. Oft ging er nach Takia, einen Ort, wo Moslemreisende zu übernachten pflegten, und sang Lieder von Kabir oder solche in persischer und arabischer Sprache. Er tanzte in Ekstase mit Fußkettchen an seinen Füßen, so wie es die Sufis taten. Sein Essen ließ er sich schenken und hob es in einem Topf am Eingang seiner Wohnung auf. Es machte ihm nichts aus, wenn Hunde und Krähen oder sein Putzmädchen davon nahmen. Er rauchte Chilum, eine tönerne Pfeife, und teilte sie freigebig mit anderen. Seinem leprakranken Diener erlaubte er, seine Räume zu betreten, was in Indien nicht üblich war und was er keineswegs jedem zugestand. Er war gebildet, sah in seinem bodenlangen, abgetragenen Kaftan aber nicht so aus. Manche nannten ihn »Pagal«, den verrückten Fakir, andere wiederum sahen in ihm einen unabhängigen Yogi. Einer seiner Biographen erzählt etwas Erstaunliches. Baba soll einmal Khanda-Yoga, eine hohe Yogaart, ausgeübt haben. Er habe einen Teil seiner Lunge herausgenommen, gewaschen und dann wieder zurückgetan.

Shirdi Baba, der von 1858 bis 1883 als Wandermönch herumzog und nur gelegentlich nach Shirdi kam, war lange bei den meisten im Ort unbekannt. Die einzigen, die ihn kannten, waren Mahlsapathi, sein erster vertrauter Anhänger, und alle, denen er durch irgendein Wunder Gutes getan hatte. Außerdem kannten ihn die einfachen Hausfrauen, die täglich von ihm auf seinen Runden besucht wurden.

Ein besonderer Meilenstein in Shirdi Babas Leben war sein »Eingehen in Gott« (Nirvikalpa Samadhi), das geschah, als er fünfzig Jahre alt war. Es ereignete sich im Dezember 1886. Eines Tages sagte Shirdi Baba zu Malsapathy, daß er zu Allah gehen werde. Er gab ihnen den Auftrag, man solle seinen Körper während dieser Zeit sorgsam hüten, und wenn er am vierten Tage noch nicht zurückgekehrt sei, dann solle man ihn beerdigen, aber nicht verbrennen. Seine Anhänger kannten ihn gut genug, um zu wissen, daß er ernst meinte, was er sagte. Unter ihren Augen legte Baba sich nieder, gab sein Bewußtsein in Meditation auf und atmete nicht mehr. Viele Dorfbewohner der Umgebung kamen und hielten Wache. Unermüdlich sangen sie seine Lieblingsbhajans. Sie waren voller Erwartung. Da geschah das Wunderbare. Baba kam am vierten Tag ins Leben zurück. Er sagte aber, daß er nur zurückgekommen sei, weil er seine Aufgabe auf der Erde noch nicht vollendet habe und es nun tun müsse. Von da ab bezeichnete man ihn als einen Sainath Maharaj, was »großer König« bedeutet, und verehrte ihn noch mehr. Shirdi Baba wurde schnell über Indiens Grenzen hinaus bekannt.

Nach seinem »Eingehen in Gott« änderte sich in seiner ungewöhnlichen Verhaltensweise nichts. Shirdi Baba blieb der gleiche exzentrische Baba, der er vorher war, nur mußte er jetzt nicht mehr betteln; man brachte ihm Essen und Geldspenden in Hülle und Fülle. Beides gab er großzügig weiter. Er behielt Geschenke nie für sich, sondern teilte jeden Abend die Gaben des Tages gerecht an die Bedürftigen aus. Hin und wieder kochte er auch selbst etwas und verteilte seine heilige Speise (Prasâd) an alle Anwesenden. Den Kochtopf stellte er auf offenes Feuer und rührte darin mit seinen bloßen Händen das Essen um. Man staunte, aber man konnte an Babas Händen, auch wenn man noch so sehr hinschaute, keine Brandblasen entdecken.

Shirdi Babas Zornausbrüche waren bekannt. Als er zum Beispiel einmal bei einem Fest der Hindus verspottet wurde, daß er doch ein Moslem sei, wurde er wild. Er riß seine Kleider vom Leibe und zeigte den Menschen, daß er nicht wie die Moslems beschnitten war. Ein anderes Mal, als er wieder einmal nachts auf seinem Brett in der Luft schwebte und ihn ein neugieriger Anhänger beobachtete – denn man wollte gerne wissen, wie Shirdi Baba, der Super-Yogi, das machte –, da verprügelte er den Neugierigen und brach dann sein Brett in Stücke. Shirdi Baba zeigte seinen Unmut immer deutlich, ganz gleich, ob ihm die Menschen nahestanden oder nicht. Er sagte seine Meinung immer deutlich und nahm kein Blatt vor den Mund.

Mit der Zeit kamen mehr und mehr Menschen zu Shirdi Baba. Sie kamen aus Neugier, weil sie von seinen übernatürlichen Kräften gehört hatten und weil sie hofften, daß er ihre Probleme lösen würde. Viele waren krank, und Shirdi Baba gab ihnen im Namen Gottes heilige Asche und heilte sie dann. Baba konnte den Problemen seiner Besucher auf den Grund gehen. Er konnte Gedanken lesen und war hellsichtig. Er konnte alle, die mit persönlichen, finanziellen und familiären Problemen zu ihm kamen, zufrieden und glücklich wieder nach Hause schicken. Manchmal erschien er ihnen auch in Träumen und führte sie auf den richtigen Weg. Shirdi Baba wurde oft an zwei Orten gleichzeitig gesehen, meist dann, wenn er einem Anhänger in schrecklicher Gefahr beistehen mußte.

Er gründete keinen Orden, obwohl er eine große Anhängerzahl hatte. Er hatte auch keine Schüler. Es ist aber bekannt, daß Baba denen, die ihm nahestanden, einfache Wunderkräfte vermittelte, wie zum Beispiel das Materialisieren von heiliger Asche (Vibhuti). Er verteilte auch besonders kraftvolle Gebete (Mantren), um böse Geister zu vertreiben. Mit Erfolg trieb er selbst solche bei Kranken aus. Insgesamt betrachtete man Baba als einen Mystiker, der mit Symbolen arbeitete.

Um die Jahrhundertwende war Shirdi Baba so bekannt, daß bessere Unterkünfte für die große Besucherzahl geschaffen werden mußten. Man erneuerte auch seinen Wohnsitz und verschönerte die Umgebung. Seine Wohnstatt war von Anfang an die alte Moschee, die Dwarka Mayi, was »Mutter mit den vielen Türen« heißt. Als Baba einzog, war sie ein verfallenes Gebäude, das aus drei Lehmwänden bestand und ein undichtes Dach hatte. Sonne, Regen und Wind hatten freien Zugang. Nun bekam die verfallene Moschee ein respektables Aussehen. Es wurde auch ein Gästehaus gebaut, wo Shirdi nach seinem Tod aufgebahrt wurde.

Feste wurden fröhlich gefeiert. Die Menschen sollen sich freuen, sagte Baba und wurde in seinen letzten Lebensjahren zur Freude aller auf einer geschmückten Sänfte in Prozessionen herumgetragen. Manchmal saß er auch in einem Silberwagen, der von einem Pferd gezogen wurde. Elefanten und Bhajangruppen gingen neben ihm her.

Seit 1889 hatte Baba einen ständigen Begleiter, einen jungen Mann, der Abdul hieß. Abdul war spirituell fortgeschritten und betrachtete Baba als seinen Guru. Er kümmerte sich um seine persönlichen Belange und sorgte für Sauberkeit und Ordnung. In einem Garten, dem Lendi-Garten, unterhielt er ein heiliges Feuer, das ununterbrochen brannte, so wie Baba es bestimmte. Abdul war auch dafür verantwortlich, daß die Öllampen in Dwarka Mayi nicht ausgingen. Nach Babas Tod ging er weiterhin diesen Pflichten nach. Täglich schrieb er die Ausführungen auf, die Baba über den Koran hielt. Man kann sie heute als Buch erstehen, ebenso wie die Biographie über Shirdi Baba, die Narasimhaswamy zusammengetragen hat.

Von Anfang an hat Shirdi Baba versucht, den Menschen gute Verhaltensweisen beizubringen. »Subha Marga« pflegte er sie zu nennen. Wenn er zu einer Hausfrau ging, die genug Essen in ihrer Küche hatte, und sie bat, ihm etwas abzugeben, sie ihn aber fortschickte und sagte, es sei nichts da, dann bestrafte er sie für diese Lüge. Wenn sie aber sagte, daß sie ihr Essen nicht mit ihm teilen wollte, dann war das die Wahrheit, die er akzeptierte. Baba ermutigte die Menschen ununterbrochen, die Wahrheit zu sagen.

Es war für ihn nicht so einfach, seine Anhänger im spirituellen Bereich auf den richtigen Weg zu führen. »Ich gebe ihnen, was sie sich wünschen, damit sie mich später besser verstehen können und annehmen, was ich ihnen wirklich geben möchte«, sagte Shirdi Baba immer wieder. Bei seiner geistigen Führung paßte er sich immer den individuellen Bedürfnissen seiner Anhänger an und näherte sich ihnen meist erst auf einem persönlichen Gebiet. Oft zeigte er auch symbolisch, was er vermitteln wollte.

Gegen Ende seines Lebens erklärte Baba, daß er die Aufgabe seines Lebens nicht vollenden könne. Zu einer Anhängerin sagte er einmal: »Mutter, ich werde heute arg gequält – einige wollen eine Frau, andere wollen Reichtum, oder sie wollen Söhne; aber was ich ihnen geben kann, das will keiner. Ich warte und warte. Ich werde eines Tages plötzlich verschwinden; ich bin es überdrüssig.«

Shirdi Sai Baba, der die Vergangenheit, Gegenwart und Zukunft der anderen kannte, hat über sich nie etwas bekanntgegeben. Nur gegen Ende seines Lebens sagte er einmal: »Allah entfernt bald die Lampe, die er angezündet hat.« Als die Nacht seines Todes am 15. Oktober 1918 während des Dasara-Festes herannahte, bestimmte er zwei Brahmanen, die an seiner Seite wachen sollten. Einem von ihnen gab er die Anweisung: »Begrabe mich und gehe dann fort.« Shirdi Baba, der zu Ramadan, an einem heiligen Tag der Moslems, geboren wurde, verließ seinen Körper zu Vijayadasami, einem Tag, der den Hindus heilig ist. Er starb mit 91 Jahren zu Brahmamuhûrta, um

3.30 Uhr morgens, zu einer Zeit, die acht Jahre später die Geburtsstunde seiner nächsten Inkarnation werden sollte.

Shirdi Baba hatte seinen Anhängern immer wieder versichert, daß er auch dann, wenn er seinen physischen Körper verlassen habe, mit seiner Gnade immer bei ihnen sein werde. Ein Engländer namens Osborne erzählte die Geschichte von einer römisch-katholischen Nonne, der Baba noch vierzig Jahre nach seinem Tod geholfen hat:

Die Nonne, die offiziell vom Papst von ihren Gelübden dispensiert worden war, war verzweifelt, als die Zeit kam, das Kloster zu verlassen. Sie besaß keinen Pfennig. Da erschien plötzlich ein islamischer Fakir aus dem Nichts in ihrer Klosterzelle. Er half ihr aus den Schwierigkeiten heraus und prophezeite ihr obendrein eine glänzende Zukunft in Kalkutta. Dann verschwand er genauso mysteriös, wie er gekommen war. Erst viele Jahre später erfuhr die ehemalige Nonne, wer der alte Fakir gewesen war. Auf einem Bild von Shirdi Baba, das Osborne ihr einmal zeigte, erkannte sie ihn wieder.

Shirdi Baba hatte zwei Menschen seine Wiedergeburt prophezeit, Sarada Devi und Maharashtra. Er sagte ihnen, er würde in Andhra Pradesh wiedergeboren, genau acht Jahre nachdem er seinen Körper verlassen habe.

Offenbarung

Sai Baba zu verstehen war von Anfang an ein Problem für seine gesamte Umgebung. Mit der Zeit aber gab er Erklärungen und Zeichen, die wie Bausteine zusammengefügt werden konnten. Reinkarnation bedeutet Wiedergeburt einer Seele, und Sathya Sai Baba behauptete schon in seiner Jugend, daß er eine Reinkarnation von Shirdi Sai Baba sei; die ungewöhnliche Behauptung des Jungen wurde lange nicht ernst genommen, besonders nicht von seiner Familie. Zudem war Shirdi Sai Baba in Puttaparthi fast unbekannt, und die Leute konnten sich nichts unter ihm vorstellen. Als Sathya aber zwölf Jahre alt geworden war und immer noch das gleiche behauptete, wurde seine Umgebung allmählich neugierig. Man wollte Beweise sehen.

Sathya gab sie ihnen. Viel ließ er sich einfallen. Er führte zum Beispiel seine Eltern eines Tages in das Haus seiner Wahlmutter Subbamma und verwandelte für sie und Subbamma ein Zimmer für eine Weile in den Ort, in dem Shirdi gelebt hatte. Sie konnten sein Grab mit den Räucherstäbchen sehen. Und sie sahen einen Jüngling in einer Ecke sitzen, der im Koran las. Sie kamen aus dem Staunen nicht heraus. Ein anderes Mal warf er bei einer Prozession, mit der er durch das Dorf zog, Blumen in die Menge, die sich vor den Augen aller in Süßigkeiten und in Medaillons verwandelten. Auf der einen Seite konnte man Shirdi Sai Baba und auf der anderen Sathya Sai Baba erkennen. Viele Ungläubige konnte er mit diesem Wunder überzeugen. Noch überzeugender wurde er, als er an den Altären glühender Anhänger Shirdis Wunder geschehen ließ. Da glaubte allmählich einer nach dem anderen, daß er der wiedergeborene Shirdi Sai Baba war. Auf diese Weise überzeugte er auch den gelehrten älteren Bruder des Tempelpriesters von Prashânti Nilayam, der lange behauptete, daß der junge Sathya einfach ein Betrüger sei. Sathya Sai Baba erklärte immer wieder seiner Familie, daß er nur mit seinem Körper zu ihnen gehörte. Sie konnten es nur schwer verstehen. Es fiel ihnen aber auf, daß er nie zum Gebet niedersaß oder frommen Ritualen beiwohnte. Den Namen Sai Baba trug er, weil er die universelle Mutter und den universellen Vater in einer Person vereinigte. Sai bedeutet »göttliche Mutter« und Baba »göttlicher Vater«. Über seine Lebensdauer sagte er, daß er ungefähr das Alter von 95 Jahren erreichen werde. Einige Jahre nach seinem Tode werde er in einer dritten Inkarnation in Gunaparthi im Mandya-Bezirk von Karnataka als »Prema Sai« wiedergeboren. Am 28. November 1983 war er einmal in besonders guter Stimmung, und als seine Anhänger ihn nach dem Grund fragten, machte er eine Enthüllung: Prema Sais Vater war an diesem Tag geboren worden.

Bei einer Versammlung im Juli 1984 erklärte Baba der Öffentlichkeit endlich das Drei-in-eins-Phänomen der Sai-Baba-Dreieinigkeit, von dem so oft gesprochen wurde und das allen ein Rätsel war. Wer war Shirdi Sai Baba, wer war Sathya Sai Baba, und wer würde Prema Sai Baba sein? Baba klärte diese Fragen, als er sagte, daß der zuerst Geborene, nämlich Shirdi Sai, mehr Shiva darstelle, der zweite, Sathya Sai, Shiva und Shakti zugleich sei und der Drittgeborene, Prema Sai, nur noch aus Shakti bestehen würde. (Shiva steht für das männliche Prinzip und Shakti für das weibliche.) Alle drei Inkarnationen würden in entlegenen Dörfern geboren, die am Zusammenfluß kleiner Flüsse liegen. Shirdi Sai wurde tatsächlich im kleinen Parthi am Godavari-Fluß in Maharashtra geboren. Sathya

*Darshan
mit
Sai Baba.*

Sai im entlegenen Puttaparthi am Chithravathi-Fluß in Andhra Pradesh, und Prema Sai wird wohl in Gunaparthi an den Ufern des Tungabhadra in Karnataka geboren werden. Baba sagte auch, daß sich die Welt in der Zeit von Prema Sai in einem besseren Zustand befinden werde. Äußerlich sehen Shirdi Sai und Sathya Sai sehr verschieden aus. Es bleibt der Nachwelt überlassen, festzustellen, wie unterschiedlich von diesen beiden Prema Sai aussehen wird.

Als Dr. Hislop aus Amerika Sai Baba einmal nach Prema Sai fragte, materialisierte Baba einen Panchaloha-Ring, der auf einem bräunlichen Stein das unvollständige Profil von Prema Sai zeigte. Es soll ein friedliches und gleichzeitig majestätisch wirkendes Gesicht mit Bart und schulterlangem Haar sein.

Mit Sathya Sai Baba

Ein typischer Tag

Einen Tag mit Sai Baba zu verbringen ist für viele ein großer Wunsch, und so mancher sehnsüchtige Anhänger muß oft lange warten, bis er ihn sich erfüllen kann. Wenn es dann soweit ist, wird es ein unvergeßliches Erlebnis. Jeder, der zu Sai Baba kommt, möchte mehr über ihn erfahren, bevor er sich entschließen kann, sich endlich doch ganz sich selbst zuzuwenden. Man ist neugierig, wie Baba lebt und wie sein Tag abläuft. Neulinge möchten wissen, wem sie sich da anvertrauen und wie sie ihn überhaupt anreden sollen.

Sai Baba, der in jungen Jahren nur Sathya hieß und erst nach seiner Verkündigung in Uravakonda mit dem Namen Sathya Sai Baba angeredet wird, bezeichnet sich selbst gern als Swami, was in Indien eine gebräuchliche Anrede für spirituelle Lehrer ist. Wenn er seinen Segen gibt, dann sagt er zum Beispiel: »Swami anugrahamunnadi.« (»Swami segnet dich.«) Gleich zu Beginn der Prashânti-Mandir-Zeit bezog er ein Zimmer im oberen Teil des Gebäudes, in dem er auch heute noch lebt. Es ist ein einfacher Raum mit nur einem Bett darin. Der einzige Luxus ist eine Klimaanlage, die die heißeste Zeit des Jahres überbrücken soll. Baba ist jeden Morgen schon vor sieben Uhr bereit, seine ersten Besucher zu empfangen. Alle, die im Ashram und in den Organisationen wichtige Funktionen haben, kommen und nehmen Instruktionen für den Tag entgegen. Danach, zwischen sieben und acht Uhr, kann man sehen, wie Baba auf die Veranda kommt und Studenten begrüßt, bevor er sich der großen Menge im Tempelhof zuwendet. Alle schauen ihm erwartungsvoll entgegen, wenn er seine morgendliche Runde beginnt, die ungefähr fünfzehn Minuten dauert. Meist geht er zuerst zu den Frauen und dann zu den Männern. Anschließend nimmt er die, die er dafür ausgesucht hat, zu einer besonderen Beratung mit in sein Empfangszimmer. Seit vielen Jahren werden diese persönlichen Begegnungen mit Baba auf amerikanische Art »Interviews« genannt. Nach dem Interview wohnt Baba im Tempel den Bhajans bei und geht nach dem Feuersegen (Ârati) hinauf in sein Privatzimmer. Jetzt ist die Zeit für seine Mahlzeit gekommen, die gleichzeitig sein Mittagessen ist. Meist fährt er danach oder am frühen Nachmittag zu seinen Schulen, zu Universitätsversammlungen oder zu Bauplätzen, oft auch zu den Kühen des Ashrams in seiner Rinderfarm (Gokulam).

Sai Baba ist ein strenger Vegetarier; er ißt nicht einmal Milchprodukte. Es gibt eine humorvolle Bemerkung, die sagt, daß Baba Milch und Butter in seinem früheren Leben als Krishna-Avatar in so großen Mengen zu sich genommen habe, daß er sie nun nicht mehr mag. Seine Gerichte werden von seiner Familie in Puttaparthi mit Sorgfalt zubereitet und in den Mandir gebracht. Die Mahlzeiten sind bescheiden. Noch heute bevorzugt Baba »Sangutti«, das er von seinen Kindertagen her gewohnt ist. Sangutti sieht wie Haferbrei aus und wird aus dem Getreide Ragi hergestellt, das in der Gegend wächst. Es wird zusammen mit Reis und Blattgemüse serviert. Als Baba einmal nach seinen Eßgewohnheiten gefragt wurde, sagte er: »Ich habe nicht, so wie ihr, den Wunsch zu essen.« Man schätzt seine Essensmenge auf 300 Kalorien pro Tag. Das ist nur ein Bruchteil von dem, was ein Mensch von seiner Größe in seinem Alter braucht. Babas Gesundheit ist ausgezeichnet. Baba, der schon immer ein bescheidener Esser war, ist dagegen ein großzügiger Gastgeber, was die, die jemals an seinem Tisch speisten, bezeugen können. Ein Abendessen mit Baba ist ein Erlebnis. Es ist so, als ob er gleichzeitig drei Rollen übernähme. Als Mutter gibt er den Kindern zu essen, als Vater stellt er persönliche Fragen und öffnet die Herzen, und als Freund hat er ein geduldiges Ohr für jeden und gibt gute Ratschläge.

In den Mittagsstunden hat Baba seine Bürozeit. Er arbeitet ganz allein. Sein einfaches Arbeitszimmer hat nur einen Schreibtisch und einen Stuhl. Kein Telefon, keine Akten und Nachschlagewerke sind zu sehen. Es gibt auch keinen Sekretär, der stenographiert oder Schreibmaschine schreibt. Nicht einmal ein Bürojunge ist da, der die vielen tausend Briefe öffnet, die ihm täglich aus der ganzen Welt geschickt werden. Nagarajarao, der viele Jahre lang Postbeamter und Briefträger in dem Ein-Mann-Postamt war, erinnert sich heute noch daran, wie er in den fünfziger Jahren Baba täglich vierzig bis fünfzig Briefe brachte. Er mußte sie persönlich übergeben. Das war zu einer Zeit, als Baba noch nicht bekannt war. Später mußte noch ein zweiter Postbeamter die Post tragen. Heute ist der Berg der Briefe so groß, daß Baba nicht die Zeit hat, auch nur einen kleinen Teil dieses Berges zu öffnen und zu lesen.

Jeder fragt sich, was wohl mit den vielen Briefen geschieht, die Baba bekommt. Als ein Anhänger ihn einmal fragte, wo er die Zeit hernähme, die ungeheure Korrespondenz zu erledigen, ließ Baba ihn aus dem Berg irgendeinen Umschlag nehmen. Bevor er ihn öffnen konnte, sagte er ihm den Inhalt. Der Brief enthielt einen Geldschein und Dankesworte, die eine alte Frau schickte. Babas Verbindung zu seinen Anhängern ist unvorstellbar gut. Manchmal antwortet er auf Briefe so schnell, daß man es gar nicht glauben kann. Bashiruddin, ein Anhänger, fragte ihn einmal, wie das möglich sei. Baba sagte, daß er den Inhalt von wichtigen Briefen und Telegrammen sofort durch die Wichtigkeit ihrer Gedanken erkennen könne. »In dem Augenblick, in dem der Gedanke entsteht, erreicht er mich, und die nötige Führung wird geschickt.« Baba bewies es durch ein Beispiel. Er nannte den Inhalt eines Briefes, der gerade in einem weit entfernten Ort geschrieben wurde. Tatsächlich traf er am nächsten Tag mit der Post in Prashânti Nilayam ein.

Ein anderer Anhänger von Baba, Al Drucker aus Amerika, erzählte einmal eine eindrucksvolle Begebenheit. Er schwankte, ob er die lange Reise von Amerika nach Puttaparthi machen sollte oder nicht, und gab schließlich telefonisch ein Telegramm an Baba auf, in dem er um

Anweisung bat. Als der Telefonist dabei war, die Meldung nach Übersee zu schicken, wurde er durch das Senden eines wichtigen Telegramms unterbrochen. Es kam von Baba mit der Aufforderung, Al Drucker solle sofort nach Indien kommen.

Baba schreibt Briefe selbst, entweder in Telugu oder in Englisch. Mit einigen Anhängern, seinen Devotees, gibt es eine ständige Korrespondenz. Diese Briefe werden in Indien und im Ausland als wertvolle Erinnerung aufgehoben und liebevoll gehütet. Baba ist ein ausgezeichneter Schreiber, und seine Briefe auf Telugu sind literarische Schmuckstücke. In den alten Zeitschriften des Ashrams kann man solche Niederschriften von Baba lesen, die als Vahinis (»geistiger Strom«) veröffentlicht wurden.

Nachmittags vor dem Darshan trifft Baba noch einmal mit Anhängern aus dem Ashram und seinen Organisationen zusammen. Man ißt Obst oder trinkt einen Saft. Baba ißt gern Wassermelonen. Gegen vier Uhr gibt er den zweiten Darshan, anschließend die zweite Interviewstunde und kommt zu den Bhajans, die immer mit dem Feuersegen (Ārati) enden. Nach dem Abendessen ist die tägliche Arbeit von Baba, die nach außen hin sichtbar ist, beendet. Baba zieht sich in sein Privatzimmer zurück, wo er nur in dringenden Fällen gestört werden darf – und das nur von denen, die er dazu bestimmt hat. Ein Devotee schläft immer in seiner Nähe, meist in einem Nebenzimmer. Das Licht, das auf der mittleren Kuppel des Mandirs brennt, wird Punkt neun Uhr abends ausgeschaltet. Es ist dies das Zeichen, daß Baba sich zurückgezogen hat und alle Ashrambewohner das gleiche tun sollen. Stille kehrt ein. Sathya Sai Baba arbeitet sehr viel. Er sagt: »Ihr seht mich immer tätig. Der Grund ist, daß ich immer etwas für euer Wohl tun muß. Außerdem muß ich ein Beispiel für euch

Darshan – Sai Baba hält
materialisiertes Vibhūti in seiner Hand …

… und verteilt es.

sein und will euch begeistern, denn das hier ist ein Übungsplatz für alle. Diejenigen, die anordnen, müssen auch selbst das tun, was sie von anderen verlangen. Ich bin so arbeitsam, damit ihr lernt, jede Minute in eine goldene Chance zu verwandeln. Nur so könnt ihr euch zum Gottsein erheben.«

Viele fragen, ob Baba nachts wohl schlafe. Im Paatha-Mandir, als er noch mit seinen Anhängern gemeinsam nächtigte, fand man den jungen Sathya auf seinem Lager immer mit offenen Augen daliegen. Und diejenigen, die Baba bei sich im Hause zu Gast hatten, stimmen darin überein, daß er immer einen sehr leichten Schlaf hatte. Auf Reisen war er immer der letzte, der zu Bett ging, und der erste, der aufstand. Im Prashânti-Mandir ging er manchmal nachts umher und richtete plötzlich seine Taschenlampe auf Schlafende oder warf mit kleinen Steinchen auf die, die schnarchten. Niemand hat Baba jemals am Tage schlafen gesehen. Im Grunde ist es aber so: Wir wissen nichts Genaues über Babas Schlafgewohnheiten, und er sagt es uns auch nicht. Wenn Baba nachts einen kosmischen Fernflug macht, dann kommt er morgens jedenfalls rechtzeitig wieder in den Tempel zurück, denn wer morgens im Gebet für einige Minuten unter seinem Fenster am Krishnafresko stehenbleibt, der kann ein schwaches Licht sehen, das in Babas Zimmer angemacht wird. Ein neuer Tag hat dann in Prashânti Nilayam begonnen, ein Tag mit Baba.

Für die Begegnung mit Sathya Sai Baba, den Darshan, wird
äußerste Disziplin verlangt. Überhaupt wird bei allen
Aktivitäten, die sich um Baba herum abspielen, Ordnung,
Stille und Konzentration von ihm gefordert. Die große
Menschenmenge, die zum Darshan in den Tempelhof
möchte, wird in Reihen aufgeteilt, und die freiwilligen
Helfer, die Sevâ Dals, sind für Ruhe und Ordnung verant-
wortlich.

Babas Schüler, Studenten und die, die eine Aufgabe im
Ashram haben, dürfen auf der Veranda sitzen. Sie sind
alle in makelloses Weiß gekleidet. Es dürfen auch Gäste,
die dazu aufgefordert werden, auf der Veranda Platz nehmen. Alle anderen sitzen im Tempelhof, der säuberlich
gefegt und mit Blumenornamenten, den Muggulus, geschmückt ist. Alle Männer und Frauen, die in langen
Reihen geduldig vor dem Tempelhof warten, dürfen erst
eine halbe Stunde bevor Baba kommt, hineingehen. Die
Reihenfolge wird durch ein Los bestimmt. Unter dem
Willkommensbogen am Eingang lassen sich ältere Herren
nieder, die meist eine leitende Aufgabe in Babas Bildungs-
wesen haben, Kranke und alte Menschen bekommen einen Platz zugewiesen, der extra für sie reserviert ist,
ebenso Gruppen, die sich angemeldet haben. Die große
Menge aber muß sich selbst vor dem Mandir einen Platz
suchen und versucht sich so zu setzen, daß sie Baba gut
sehen kann.

Die Menschen kommen aus aller Welt. Sie wollen Baba
sehen und haben keine Mühe gescheut, den weiten Weg
auf sich zu nehmen. Man sieht einfache Dorfbewohner,
kultivierte Städter und Sannyasis, Frauen, Männer und
Kinder – alle sitzen auf dem Boden und warten auf Sai

Baba. Die Darshanreihen zu beobachten, in denen miteingesessene Ashrambewohner und neue Besucher zusammensitzen, ist interessant. Ein Neuankömmling wird meist umherschauen oder die eindrucksvolle Architektur des Tempels bewundern. Nicht alle sind daran gewöhnt, mit gekreuzten Beinen auf dem Boden zu sitzen; sie müssen öfter ihre Stellung wechseln. Die meisten aber sitzen andächtig in Meditationshaltung oder lesen in einem religiösen Buch; manche schreiben auch nur endlos OM SAI RAM in ein Büchlein. Man kann auch Persönlichkeiten entdecken, die aus Büchern über Baba bekannt sind, wie zum Beispiel einen Herrn Löwenberg aus Südafrika, Herrn Craxi aus Italien oder Howard Murphet aus Australien. Diese alten Devotees sitzen meist auf der Veranda. Jeder ist willkommen und kann ohne Anmeldung zu Babas Darshan kommen. Das wurde auch einmal dem Yogi Mahesh von der transzendentalen Meditation gesagt, als er zwei Boten zu Sathya Sai Baba schickte, um ein Treffen in Bangalore zu arrangieren.

Tiefes Schweigen herrscht am Mandir, während Tausende auf Baba warten. Große Spannung und Erwartung sind zu spüren. Alle Gemüter sind ganz auf Baba konzentriert. Dann kommt der Moment, wenn sich die Köpfe auf der Veranda heben, die Tür sich öffnet und Baba erscheint. Der lang ersehnte Augenblick ist endlich da. Unerklärliches erfaßt die Menge, und viele schließen ihre Hände zu einem Gruß, zum Namaskâra.

Die ersten, denen Baba sich zuwendet, sind seine Schüler und Studenten auf der Veranda. Von der Ferne kann man sehen, wie er langsam von einem zum anderen geht. Er stellt freundlich Fragen und hört den Antworten aufmerksam zu. Hin und wieder weist er einen zurecht. Wenn ein Schüler Geburtstag hat, dann darf er in der ersten Reihe

sitzen und bekommt Babas Segen. Baba nimmt eine Handvoll Süßigkeiten aus einem Teller, den der Schüler bereit-
hält, und wirft sie unter die Kameraden, die sie eifrigst
auffangen. Dann wird dem Geburtstagskind Pada Namaskâra erlaubt, es darf die Füße Babas berühren und ist
überglücklich.

Wenn Baba sich anschließend der wartenden Menge zuwendet, verweilt er meist einige Sekunden auf der Veranda und überfliegt die Menge mit seinen Augen. Alle spüren
die große Wirkung, die von ihm ausgeht. In kurzer Zeit
entsteht eine Verbindung, die man nicht in Worten ausdrücken kann. Während alle Augen nun gebannt auf Baba
gerichtet sind, geht er langsam auf die wartende Menge
zu. Manchmal hält er seine rechte Handfläche nach oben
oder schreibt mit seinem Zeigefinger Zeichen in die Luft.
Niemand weiß, was damit gemeint ist; man weiß aber,
daß jede Bewegung Babas in seinem Darshan eine wichtige Bedeutung hat.

Sein schlichtes orangefarbenes Gewand, das einem Kaftan ähnelt, bedeckt seine schönen Füße, die aber zur
Freude seiner Devotees manchmal doch sichtbar werden.
Sie dürfen berührt werden, wenn Baba es erlaubt. Den
meisten fällt zuerst seine ungewöhnliche Frisur auf.
Schon in jungen Jahren hatte er Mühe, sein wildes Haar
zu bändigen. Es ist aber Babas Gesicht, das am meisten
fasziniert. Sein Ausdruck verändert sich unaufhörlich;
man könnte Bände darüber schreiben. Seine leuchtenden
Augen schauen sehr eindrucksvoll. Ihr Ausdruck ist mal
freundlich, mal mitfühlend oder zärtlich, dann wieder
fragend, durchdringend oder auch züchtigend; es gibt
keine Grenzen. Mal schaut er viele gleichzeitig an, dann
wieder in schneller Folge alle nacheinander. Wenn Baba
uns zulächelt, dann kann es sein, als ob wir hoch über den

Wolken schweben, wenn er uns aber ernst anschaut, dann ist uns, als ob wir in die Mangel genommen werden, und wir fühlen uns entsetzlich und fangen an nachzudenken, warum.

Baba gibt meist eine Viertelstunde, niemals jedoch länger als eine halbe Stunde Darshan. Es ist erstaunlich, was sich bei vielen Menschen in so kurzer Zeit abspielt. Man kann es an ihren Gesichtern erkennen. In den vorderen Reihen ereignet sich meist besonders viel, denn Baba nimmt dort Briefe entgegen, und man kann Fragen stellen. Die Nähe von Baba in der ersten Reihe kann aber auch so gewaltig empfunden werden, daß man es kaum aushält. Baba macht um denjenigen meist einen Bogen. Es ist bekannt, daß er den Inhalt der Briefe, die er entgegennimmt, kennt. Er schaut sie an und nimmt nur die wichtigsten. Manchmal nimmt er einen Brief nicht, aber die Antwort folgt sofort. Eines Morgens zum Beispiel versuchte Dr. Rao mit Mühe, einen Brief, der eine wichtige persönliche Bitte enthielt, hinzureichen, als Baba ihm zuvorkam. Er forderte ihn auf, zum Interview zu gehen. Den Brief hatte er nur angeschaut, nicht genommen. Es kann aber auch geschehen, daß er einen Brief nimmt und gleich wieder zurückwirft. Baba weiß, warum, und der Betroffene natürlich auch. Einmal war ein Lotterieschein in einem solchen Umschlag, und Baba sollte ihn segnen. Manchmal stellt Baba Fragen, während er einen Brief entgegennimmt, oder er materialisiert heilige Asche (Vibhûti) und streicht es dem Besucher auf die Stirn. Nur Baba weiß, warum. Vibhûtireste, die noch in seiner Hand sind, teilt er an andere aus oder wischt sie an einem Taschentuch ab, das ihm hingehalten wird. Das Tüchlein ist dann ein wertvolles Andenken. Auf der Männerseite, zu der Baba geht, nachdem er bei den Frauen war, folgt ihm immer ein

Devotee, der die Briefe, die Baba entgegengenommen hat, trägt. Sie sind zu einem großen Stapel angewachsen. Er sorgt auch dafür, daß die Übereifrigen, die Babas Füße berühren und nach vorne stürmen wollen, auf ihren Plätzen bleiben.

Nicht selten macht Baba im Darshan Späße und erreicht dadurch, daß die Ängstlichen ihre Hemmungen verlieren. Er sorgt dafür, daß sie ihre Spannung einfach weglachen und ihre Aufregung ganz vergessen. Er ist mitfühlend und verstehend, und wenn er gebeten wird, Zeremonien nach alter indischer Sitte bei kleinen Kindern durchzuführen, dann tut er es. Er schneidet dem Kind eine Haarsträhne ab oder gibt ihm einen Löffel voll von der dargebotenen Süßigkeit, oder er gibt den Kindern einen Namen. Oft schreibt er auf eine Tafel, die ihm das Kind selbst oder seine Mutter hinhält, das heilige OM-Zeichen.

Zu einem jungen Universitätsprofessor aus Kanada sagte Baba einmal: »Deine Vorlesung war gut, sehr gut.« Der Professor war freudig überrascht, aber auch sehr erstaunt. Baba war doch gar nicht dabeigewesen. – Zu einer Frau, die allzuhäufig zum Darshan kam, sagte er: »Du hast ein krankes Kind zu Hause. Warum kommst du so oft hierher? Ich bin doch bei dir.« – Einmal saß eine junge Frau aus China in der ersten Reihe. Baba war ihr vor zwei Monaten in einem Traum erschienen und hatte ihr erlaubt, nach Prashânti Nilayam zu kommen. Er kam direkt auf sie zu und schaute ihr tief in die Augen. Sie war so beeindruckt, daß sie vergaß, ihm das kleine Päckchen zu geben, das sie mitgebracht hatte. Baba aber drehte sich unaufgefordert um und nahm es ihr ab. Es enthielt einen Kamm für besonders ungebärdiges Haar.

Einmal, im Jahr 1983, deutete Baba in der Menge auf einen bärtigen Mann in schwarzer Kleidung. Es war ein indischer Pilger, der vierzig Tage fastete und sich auf dem Weg zu dem berühmten Schrein von Sabarimalai in Kerala befand. Baba winkte ihn von der letzten Reihe zu sich heran und legte ihm die Hand auf den Kopf und segnete ihn. Er segnete auch die anderen Pilger, die verstreut in der Menge saßen. Sie waren tief beeindruckt, denn sie hatten nicht damit gerechnet, von Baba soviel Zuwendung zu bekommen.

Für die Kranken in den Darshanreihen hat Baba immer ein ermutigendes Wort. »Es wird bald wieder gut. Es ist nur das Karma der Vergangenheit.« Zu einer alten Dame sagte er einmal: »Du mußt dir weiter die Injektionen geben lassen.« Für ein gelähmtes Kind, das ein Vater in der letzten Reihe auf den Armen hielt, machte er Vibhûti, strich es auf die Stirn des Kindes und tröstete den Vater: »Es wird bald wieder gesund. Mach dir keine Sorgen.« Das Kind wurde gesund.

Die Glücklichsten im Darshan sind immer die, die von Baba zu einem persönlichen Treffen, zu einem Interview, gerufen werden. Oft sind es kleine Gruppen, die von weit her aus dem Ausland kommen. Manchmal richtet Baba seine Augen auch auf eine bestimmte Person, die mitten in der Menge sitzt, winkt sie heraus und schickt sie zum Tempel. Sie ist dann sehr glücklich. Alle möchten gern zu diesen Interviews gehen. Aber von den Tausenden, die in den Darshanreihen sitzen, können nur wenige diesen Wunsch erfüllt bekommen. Baba wählt aus und hat seine Gründe. Es gibt aber eine Ausnahme. Ehepartner dürfen ohne ausdrückliche Aufforderung Babas mit hineingehen. Selten wird ein Besucher schon am ersten oder zweiten Tag seines Aufenthaltes zu einem Interview gerufen.

Wenn sich die Tür hinter Baba geschlossen hat, dann ist

der Darshan vorüber. Die Menschen stehen auf und gehen schweigend hinaus. Meist suchen sie sich einen stillen Platz und wollen eine Weile mit dem Erlebten allein sein; und so mancher überlegt sich, ob Baba nur ein Mensch, ein Heiliger oder auch Gott ist. Viele tiefe Prozesse werden durch eine Begegnung mit Baba ausgelöst, die oft erst viel später erkannt werden, manchmal sogar erst nach Jahren. Als im Tempelhof noch Sand lag, wollten viele Inder Babas Fußabdrücke, die auf dem weichen Boden noch deutlich zu sehen waren, berühren. Manche nahmen auch ein bißchen Sand von dem Fleckchen Erde mit, auf dem ihr Swami einige Sekunden verweilt hatte. Manche wollen sogar die Abdrücke von Sankhu, der heiligen Muschel, und Chakra, dem Rad von Gott Vishnu, gesehen haben, die Baba an seinen Fußsohlen haben soll. Venkatamuni, einer seiner ältesten Devotees, behauptet fest, sie gesehen zu haben, als er mit Baba im Chithravathi beim Schwimmen war; auch andere behaupten es. Als Baba nämlich für einen Andachtsraum einen silbernen Abdruck seiner Füße stiftete, sollen Sankhu und Shakra darauf abgebildet worden sein. Vielleicht aber sind nur einige wenige liebende Anhänger (Bhakthas) fähig, sie zu sehen. Nur wenige durften ja auch das Geburtsmal auf Babas linker Brust sehen, das der Sitz der Göttin Lakshmi sein soll.

Die Interviews

Das Zimmer, in dem Sai Baba seine Besucher zu einem Interview empfängt, ist klein. Es liegt an der Westseite der Veranda und kann etwa dreißig Leute aufnehmen. Wie viele Interviews dort stattgefunden haben, ist kaum zu zählen, ebenso nicht, wie viele geistige Verwandlungen sich bei den hilfesuchenden Besuchern, die zu Baba kommen, vollzogen haben. Diejenigen, die zu einem Interview gerufen wurden, müssen auf der Veranda vor dem Zimmer geduldig Platz nehmen und warten, bis Baba seine Darshanrunde beendet hat. Wenn er endlich kommt, überprüft er die Gruppe noch einmal und läßt sie dann eintreten. Baba geht als letzter hinein. Leise schließt sich die schwere Tür und wird erst nach einer Stunde wieder geöffnet. Was sich drinnen abspielt, wissen nur diejenigen, die dabei waren. Andere erfahren es erst, wenn die, die bei Baba waren, darüber sprechen wollen; und das kann lange dauern. Auf jeden Fall erlebt jeder etwas ganz Persönliches, und es ist nur für ihn bestimmt.

Meist gehen Gruppen hinein, die aus zwanzig, höchstens aber aus dreißig Leuten bestehen. Sie sind bunt zusammengewürfelt, und eine reiche Dame in Seide gekleidet kann neben einer armen Dorfbewohnerin zu sitzen kommen. Ein Südamerikaner kann neben einem Chinesen aus dem alten Malaysia sitzen oder ein Christenpaar aus Europa neben einem Buddhisten aus Sri Lanka. Alle sitzen sie gemeinsam vor Baba auf dem Boden. In solchen Interviews spricht Baba meist erst kurz mit allen und nimmt dann diejenigen, die zusammengehören, zu Einzelgesprächen in das Nebenzimmer, das nur durch einen Vorhang abgetrennt ist.

1976 war Dr. Rao in einer solchen Gruppe und hatte sein erstes Interview:

Ich war mit meiner Frau, die gesundheitliche Probleme hatte, nach Puttaparthi gekommen und hatte das Glück, am dritten Tag beim Darshan in der ersten

138

Reihe zu sitzen. Baba blieb vor mir stehen und zeigte mir, daß ich zum Interview gehen solle. Ich stand auf, war aber so aufgeregt, daß ich vergaß, meiner Frau zuzuwinken, daß sie mir folgen solle. Sie kam von allein. Ich erinnere mich, daß ich sehr aufgelöst war und meine Tränen nicht kontrollieren konnte. Sie liefen einfach über meine Wangen. Wie ein Roboter ging ich mit der Gruppe, die den Anweisungen Babas folgte, und stellte mich in eine Ecke des Zimmers. Meine Frau war fassungslos; noch nie hatte sie mich so in Tränen aufgelöst gesehen. Sai Baba redete mich auf hindi an: »Wo kommst du her?« Ich konnte nur etwas zittrig antworten. Meine Frau und ich durften auch in das innere Zimmer gehen, und Baba kümmerte sich lange um meine Frau, der es gesundheitlich gar nicht gutging. Ich selbst war nicht fähig, mich an diesem Gespräch zu beteiligen. Ich konnte nur stumm daneben stehen. Meine benebelten Augen beobachteten statt dessen Babas Muttermal auf seiner linken Wange. Erst als Baba seine Hände begütigend auf meine Schulter legte, kam ich wieder zu mir und brachte es fertig, auf seine Füße zu deuten. Da erlaubte er uns beiden das Pada Namaskâra: Wir durften seine Füße berühren. Das Interview endete, als Baba uns einige Päckchen Vibhûti schenkte.

Mein Tränenerlebnis war ungewöhnlich, und es beschäftigte mich sehr. Andere Devotees, die ich traf, erzählten mir, daß es ihnen auch so ergangen sei, und sie nannten meine Tränen »Bhakti-Tränen«, Tränen der Liebe.

Einheitliche Gruppen, die gemeinsam aus fernen Ländern gekommen sind, oder Hochzeitsgruppen aus Indien ruft

Baba meist zu einem Sammelinterview. Bei einer solchen Hochzeitsgruppe war Dr. Rao wieder einmal dabei:

Sai Baba saß auf seinem Stuhl und das Brautpaar vor ihm auf dem Boden. Etwa dreißig Männer, Frauen und Kinder waren anwesend. Gleich zu Anfang mußten wir herzlich lachen und entspannten uns. Es ist erstaunlich, wie Baba sich verwandelt, wenn der Darshan vorbei ist. Wir hatten das Gefühl, als ob wir mit einem Familienfreund zusammen seien. Zu mir sagte er: »Du bist älter als ich, aber ich kenne dich von Geburt an, besonders aber beobachte ich dich, seitdem du mit deiner Karriere in Coonoor begonnen hast …« In kürzester Zeit zeigte er allen, daß er sie durch und durch kannte. Zu einer Frau, die ihre Zweifel an Swami hatte, sagte er: »Ich mag dir wie ein normaler Mensch vorkommen; aber Swami erinnert sich an alles. Er spricht keine Unwahrheit. Du hast wohl die Geschichte mit dem Brief vergessen …?« Zu der Mutter eines recht verwöhnten Teenagers sagte er: »Du verwöhnst deinen Sohn. Warum gibst du dem Jungen immer zehn Rupien, wenn er sie haben will? Erzählst du dem Vater davon …?« Alle hörten Baba aufmerksam zu, und er half uns mit vielen guten Ratschlägen, das Leben aus einer anderen Perspektive zu sehen. Baba krönte das Interview, als er der Braut Surekha ein goldenes Medaillon materialisierte und dem Bräutigam Vasant einen tadellos sitzenden Ring mit einem großen grünen Edelstein.

Manchmal sind die Gruppen, die ein Interview haben möchten, so groß, daß sie keinen Platz in Babas Zimmer finden können. Dann gibt Baba Anweisung, daß sie sich im Tempel versammeln sollen. Es kann sich um eine Ausländergruppe handeln, die er besonders begrüßen möchte, oder um Lehrer seiner Schulen oder um eine Gruppe, die einen besonderen Auftrag hatte. Meist sind es seine Schüler und Studenten. Bei solchen Gelegenheiten hält Baba fast immer eine Rede, die auf die jeweilige Gruppe, auf ihre Aufgabe oder Probleme ausgerichtet ist.

An Festtagen

Als Sai Baba sich unabhängig gemacht hatte und in seinem ersten Ashram lebte, fing er an, religiöse Feste in großem Rahmen feiern zu lassen. In Prashânti Nilayam waren die Möglichkeiten noch besser, und größere Menschenmengen konnten an den Festen teilnehmen. Die Veranstaltungen erstreckten sich meist über eine Woche, und ihre Beliebtheit stieg von Jahr zu Jahr. Die Besucher kamen nicht nur aus Indien, sie kamen schon sehr bald aus der ganzen Welt. Heute sind das Mahashivaratri-Fest (das Gott Shiva geweiht ist), das Dasara-Fest (das Siegesfest des Guten über das Böse), Babas Geburtstag und Weihnachten die beliebtesten Feste in Prashânti Nilayam. Das Festprogramm, das früher nur religiös ausgerichtet war, veränderte sich mit der Zeit zu einem Bildungsprogramm, das für die Menschen aus der ganzen Welt Bedeutung hat.

Zu Festzeiten beginnt im Ashram ein besonders reges Treiben. Die Zimmer werden von den Besuchern schon Tage vorher belegt, und eine Gemeinschaftshalle nach der anderen muß geöffnet werden. Meist ist der Ashram so überfüllt, daß die Spätankömmlinge auf den Veranden der Gebäude unterkommen müssen. Die Besucher kommen aus allen Himmelsrichtungen und mit den unterschiedlichsten Fahrgelegenheiten. Zu Festzeiten sind die Straßen nach Puttaparthi überfüllt, und die Gedanken wenden sich Baba besonders zu. Es ist bewundernswert, wie die flutenden Anhängerscharen genug Platz im Schatten der Bäume oder unter freiem Himmel finden. Immer wieder findet ein Neuankömmling noch ein freies Plätzchen. Sie alle haben »Sai Ram« auf ihren Lippen, und ihr einziger Wunsch ist ein Sai-Darshan.

Der Ashram bietet an diesen Tagen ein Bild, das man nicht vergißt. Viele haben ihre Kocher und ihr eigenes Küchenzubehör mitgebracht. Sie wollen unabhängig sein. Die Sonne ist kein Problem und der Regen auch nicht. Wenn nötig, packen sie ihre Sachen einfach zusammen und suchen mit Kindern und Gepäck einen Unterschlupf in den Treppenaufgängen oder auf den schon überfüllten Veranden. Sobald der Regen vorbei ist, kehren sie zu ihrem Leben unter freiem Himmel zurück.

Ordnung und Sicherheit regeln sich von allein; es gibt keine Polizisten, und für die medizinische Hilfe ist ausreichend gesorgt. Ärzte, die in Zelten neben der Pûrnachandra-Halle Dienst tun, stehen den Besuchern vierundzwanzig Stunden lang zur Verfügung. Es ist bewundernswert, daß es trotz der großen Menschenansammlungen in Prashânti Nilayam nie eine Epidemie gab.

Die festliche Geschäftigkeit an den Feiertagen steht in starkem Kontrast zu der sonst ruhigen Atmosphäre im Ashram. Die Schüler des Sathya Sai College und Männer und Frauen aus ganz Indien arbeiten bei solchen Anlässen auf Hochtouren. Sie sind durch ein Halstuch als freiwillige Helfer gekennzeichnet. Eine Arbeit fügt sich harmonisch in die andere, und der Ashram wird mit großer Freude geschmückt. Unzählige Ketten aus bunten elektrischen

Birnchen werden an den Mandir gehängt und farbige Bänder von der Spitze des Tempels zur Außenmauer gezogen. Es wird nicht geruht, bis der Ashram ein festliches Aussehen hat.

Ein Neuankömmling, der in einer der überfüllten Hallen übernachten muß, wird staunen. Schon kurz nach Mitternacht sieht er lange Schlangen vor Waschplätzen und Toiletten stehen. Inder müssen morgens, bevor sie den Tempel betreten, ihren Körper reinigen, und niemand möchte das OM-Singen (Omkar) im Mandir versäumen. Die meisten sitzen schon um drei Uhr morgens vor dem Tempelhof und warten auf Einlaß. Bereits in den allerfrühesten Morgenstunden bewegt sich ein ganzes Meer von Menschen durch die kleine Stadt Prashânti Nilayam.

Die Räder der Sai-Organisation werden bedachtsam und rechtzeitig in Betrieb gesetzt, damit sie den großen Ereignissen gewachsen sind. Die vielen freiwilligen Helfer und die Verantwortlichen für die sanitären Anlagen vollbringen großartige Arbeit. Die Kantinenküche arbeitet rund um die Uhr und versorgt die vielen Besucher mit gutem Essen.

Die Feierlichkeiten an diesen Festtagen finden immer in der großen Pûrnachandra-Halle statt. Sie kann 15 000 Menschen aufnehmen, und wenn alle eng sitzen, bis zu 20 000. Die Halle ist schlicht gehalten und hat eine gute Akustik. Die Bühne kann von allen Plätzen aus gut gesehen werden, und die acht Eingänge auf beiden Seiten sorgen für eine gute Kreuz- und Querventilation und für eine natürliche Beleuchtung. Die großen Lüster vor der Bühne geben der Halle ein festliches Aussehen, ebenso die überdimensionalen Fresken der Weltreligionen neben der Bühne, die das Auge besonders auf sich ziehen.

Wenn Sai Baba auf der Bühne erscheint, dann ist das für

alle ein atemberaubender Augenblick. Es entsteht vollkommene Stille. Baba bleibt immer eine Weile stehen, überschaut die Menge und bewegt seine Hand, wie es so charakteristisch für ihn ist. Dann steigt er meistens von der Bühne herunter und geht durch die Menge, die Hand zum Segen erhoben für die, die draußen bleiben mußten. Bei allen Veranstaltungen stehen auf der Bühne für Baba ein Stuhl und ein Tisch mit einem Glas Wasser bereit.

Nur wenige dürfen auf der Bühne sitzen. Karunyananda, ein alter Hindumönch, ist immer dort. Seit vielen Jahren ist er ein Anhänger Babas. Er darf ihn häufig begleiten und täglich mit ihm zu Abend speisen. Er wurde 1890 geboren, begegnete Baba 1936 das erste Mal und verließ vierzig Jahre später seinen eigenen Ashram, um Baba für immer zu dienen. Zu Beginn der Veranstaltungen zündet Baba oft selbst die hohen Messinglampen an, was ein sehr feierlicher Augenblick ist, und Schüler der vedischen Schule singen Gebete auf sanskrit. Die ersten Reden werden von ehemaligen Schülern gehalten, von älteren Ashrambewohnern oder von Gästen aus dem Ausland. Der Höhepunkt der Feier ist grundsätzlich die Rede von Sai Baba selbst. Er beginnt sie mit einer besonderen Botschaft, die er singend deklariert. Er spricht in der Menge immer in seiner Muttersprache, in telugu, und läßt simultan ins Englische übersetzen. Seinen Vortrag beendet Baba zur Freude aller mit einem Bhajan, den er erst vorsingt, und zwanzigtausend Zuhörer stimmen ein. Man muß es miterlebt haben.

Mahâshivarâtri, die heilige Nacht,
die Gott Shiva geweiht ist

In den Tagen der Paatha-Mandir-Zeit wurden manchmal in der Nähe von Babas Geburtsstätte unvollständige Shiva-Lingams gefunden, die ein Symbol für Gott Shiva darstellen, und Sathya behauptete, daß diese Lingams aus seinem Körper gekommen seien. Man glaubte ihm damals nicht. Als Mâhashivarâtri später im Ashram als großes Fest gefeiert wurde, mußten die Leute ihren Irrtum einsehen. Auf diesem Fest zeigte Baba der Welt, daß er selbst der Schöpfer des Lingams war, und ließ ihn auf wunderbare Weise in seinem Körper entstehen. Mâhashivarâtri fällt dem Telugukalender zufolge auf den vierzehnten Tag des abnehmenden Mondes im zehnten Monat, und in dieser Nacht werden Gott Shiva und das Lingam in ganz Indien verehrt. Das Lingam, das die Form einer Ellipse hat, ist ein heiliges Symbol in der indischen Mythologie, ein Symbol des »einzelnen aus dem Ganzen« oder von »Gott in Zeit und Raum«.

Der erste Darshan von Dr. Rao mit Baba am 23. Februar 1969 traf mit dem Fest von Mâhashivarâtri zusammen, und es zeigte sich, daß es ein Wendepunkt in seinem Leben werden sollte.

An jenem Nachmittag ging ich einfach als neugieriger Besucher in den Ashram. Tausende von Menschen hatten sich bereits vor der überdachten Rednerbühne Sai Babas versammelt. Ich war von dem massenmagnetischen Einfluß Babas auf die Menschen wie betäubt. Männer, Frauen und Kinder verhielten sich während der ganzen Veranstaltung, die Stunden dauerte,

so leise, daß man eine Nadel hätte fallen hören können. Gespannt beobachtete ich die Ereignisse auf der
Bühne. Ich sah Sai Baba neben der Silberstatue von
Shirdi Baba stehen und Kasturi ein Gefäß über die
Statue halten, aus dem Baba in Strömen Vibhûti her-
ausrieseln ließ. Abwechselnd führte er mal mit der
einen und dann wieder mit der anderen Hand kreisförmige Bewegungen im Gefäß aus. Die Menge klatschte
vor Begeisterung Beifall. In kurzer Zeit war die Silberstatue von Shirdi Baba vollkommen mit hellen Vibhûti
übersät. Überall war Vibhûti, auf Babas Gewand, auf
Kasturi und auf dem Boden. Als das Vibhûtibad zu
Ende war, wischte Baba den Kopf der Statue ab, und
mit einer kreisenden Bewegung seiner Hand materialisierte er einen Smaragd und hielt ihn an die Stirn der
Statue. Der Stein blieb von allein haften. Der Dauerre-
gen von Vibhûti, die Schöpfung eines Smaragdes und
die Selbstverständlichkeit, mit der der Stein an Shirdis
Stirn haftenblieb, faszinierten mich sehr.
Abends wurde es noch aufregender. Sai Baba hielt
eine glänzende Rede über die philosophische Bedeu-
tung des Shiva-Lingams, die er aber nach einiger Zeit
abbrechen mußte. Er setzte sich hin, fing an zu schwit-
zen und trank Wasser aus einem Becher, der auf dem
Tisch bereitstand. Man konnte deutlich sehen, daß er
Bauchschmerzen hatte. Es wurden ununterbrochen
Bhajans gesungen, und als ihr andächtiges Tempo den
Höhepunkt erreichte und alle Augen wie gebannt auf
Baba gerichtet waren, kam plötzlich ein ovales blaues
Lingam aus seinem Mund. Baba nahm es in seine
Hände, hielt es zwischen Daumen und Zeigefinger und
zeigte es der Menge. Ich saß so nahe bei Baba, daß
ich sah, wie seine Mundwinkel dabei verletzt wurden.

Einmal fragte ein Anhänger Baba, ob so ein großer Gegenstand bei seinem Weg durch den Körper nicht viel Gewebe verletzen würde. Baba antwortete: »Wenn ich seine Geburt will, dann entsteht er als eine weiche geschmeidige Masse in meinem Körper. Sie ist noch weich, wenn sie zum Hals heraufkommt. Sie wird erst in dem Moment hart, wenn sie aus dem Mund austritt ...«

1971 sagte Baba zu Mâhashivarâtri: »Warum erzeugt Swami an diesem Tag in sich das Lingam? Ich lasse das Lingam in mir entstehen, da es für euch unmöglich ist, die Eigenschaften des Göttlichen zu verstehen, zu messen oder einzuschätzen. Das Entstehen des Lingams ist ein Beispiel für eine göttliche Eigenschaft, und ihr sollt erkennen, daß Göttlichkeit mitten unter euch ist. Dieses Zeugnis lege ich zu eurem Wohlergehen und Segen ab.«

4

Göttliche Wunder im
physischen Bereich

*Dem Mesmerismus, Mirakeln und Magie ist
nicht wirklich Bedeutung beizumessen. Gott
kann alles. Alle Macht liegt in seinen Händen.
Ihr nennt sie Wunder, aber für mich sind sie
nur meine Art. Ihr könnt das Geheimnis, das
für mich gar keines ist, nicht lösen. Es ist ein
Teil des Wunderbaren in mir.
Meine Macht ist unendlich, sie durchdringt
alles und behält immer die Oberhand.*

Sathya Sai Baba

Sai Babas Wunder

Zauberkunststücke können durch Üben erlernt werden; ein frommer Mann, der ein rechtschaffenes Leben führt, kann ein Wahrsager werden, und mit der Kraft
des höheren Bewußtseins kann ein Heiliger, ohne es zu
merken, Wunder bewirken. Aber die Wunder von Sai Baba
haben eine andere Dimension. Seine göttliche Kraft ist
die Quelle, und nur er kennt ihre Wirkungsweise. Seine
Wunder (Lîlâs) könnte man als seine Visitenkarte bezeichnen, und seine Anhänger tun es auch. »Meine Taten
sind Beweise für meine göttliche Kraft, sie sind Zeichen
meiner Göttlichkeit. Ich verschenke Gegenstände nur aus
reiner Liebe und benutze das Materialisieren, um meine

Zuneigung zu euch zu beweisen.« Das Wunderbare ist ein Teil von Sathya Sai Baba, und es ist kaum einzuschätzen. An einem Fest sagte er: »… Für jeden Akt der Gnade, den ich gewähre, gibt es Tausende, von denen ihr nichts wißt.«

Sai Baba materialisiert, dematerialisiert und verändert Gegenstände mit seiner Willenskraft seit vielen Jahren, und wir stehen immer wieder staunend davor. In den sechziger Jahren muß Baba millionenfach Geschenke materialisiert haben: Ringe und Halsketten, Talismane und Amulette, Uhren und Diamanten und kleine Statuen aus Gold und Silber.

Zum Beispiel materialisierte Sai Baba für den bekannten indischen Violinspieler Chowdiah ein goldenes Medaillon. Es hatte aber keine Inschrift. Da nahm Baba es wieder zurück in seine Hand, schloß diese und öffnete sie wieder. Das Medaillon trug den Namen des Spenders, den Namen des Beschenkten und Datum und Ort. Alles war im Bruchteil einer Sekunde eingraviert. Die Daten stimmten, und Chowdiah kam aus dem Staunen nicht heraus. Bei einer anderen Gelegenheit bekam ein Anhänger Babas einen Talisman, den er schon einmal bekommen hatte. Er wunderte sich, aber Baba sagte: »Dein Talisman wurde heute nacht von Dieben gestohlen, die in dein Haus eingebrochen sind.« Der Mann kam nach Hause und mußte feststellen, daß es stimmte. Ebenso materialisierte Baba für seine Operationen seine eigenen Instrumente. Danach wurden sie alle wieder dematerialisiert. Sie verschwanden einfach wieder in der Luft.

Zwei Forscher aus den USA, die Parapsychologen Osis und Haraldsson, kamen 1973 nach Prashânti Nilayam, um die Echtheit und die Methode dieser Baba-Wunder zu untersuchen. Baba war sehr kooperativ. Nach einigen

Jahren aber kamen sie zu dem Ergebnis, daß das Wunderbare in Baba nicht zu erklären ist.

»Jedes Geschenk hat seine eigene Bedeutung, und der Beschenkte soll sich bemühen, sie zu erkennen«, sagt Baba immer wieder. »Sie sind meine Visitenkarte und melden mir blitzartig, wenn eine Person in Gefahr ist und Hilfe braucht. Sie sollen Gesundheit bewirken, und ein Edelstein soll den Beschenkten so mit seinen Strahlen beeinflussen, daß er den richtigen Weg geht. Ich sage euch, alles, was Swami tut, hat einen bestimmten Zweck. Er tut niemals etwas ohne Grund.«

Vibhûti

Außer den Lingams, den Steinsymbolen Gott Shivas, die Baba früher am Mahâshivarâtri-Fest vor aller Augen in seinem Körper entstehen ließ, materialisiert er meist mit seiner Hand und holt die Gegenstände aus der Luft. Am häufigsten materialisiert er Vibhûti (heilige Asche). Im physischen Bereich ist Asche das letzte Stadium im Zyklus von Leben und Tod. Im spirituellen Bereich soll Asche an die Vergänglichkeit des menschlichen Körpers erinnern. Baba sagte dazu: »Vibhûti soll uns daran erinnern, unsere weltlichen Wünsche aufzugeben und Bindungen und Versuchungen in das Feuer der Andacht zu geben, so daß unsere Gedanken und Taten rein werden mögen.« Baba scheint eine unerschöpfliche Quelle von Vibhûti zu haben. Man schätzte einmal die durchschnittliche Tagesmenge auf ein Pfund. Dr. Rao erzählt sein Vibhûti-Erlebnis:

*Sathya Sai Babas Jugendbild, auf dem
immer wieder in großen Mengen Vibhūti,
heilige Asche, entsteht.
Das Bild steht in Srirangapatna,
in Südindien.*

Einmal saß ich beim Darshan in der ersten Reihe, und
Baba fragte mich im Vorbeigehen, wie es mir ginge.
Als er hörte, daß ich gekommen sei, um im Ashram zu
leben, blieb er stehen. Er hielt seine rechte Handfläche
kurz nach unten, machte schnelle kreisförmige Hand-
bewegungen, seine Finger schlossen sich, und schon
rieselte Vibhûti aus seinen Fingerspitzen. Ich starrte
verwundert auf diesen Regen von Gnade. Noch heute
habe ich einen Teelöffel davon und hüte es. Es hat
einen milden Geschmack und duftet ein wenig.

Jedes Vibhûti, das Baba macht, hat eine etwas andere
Farbe, Konsistenz, Geschmack und Wirkungsweise. In der
ganzen Welt wird bei Anhängern von Baba nach dem
Bhajansingen Vibhûti als heilige Speise (Prasâd) verteilt.
Es gibt ein Lied über die Kraft des Vibhûti, und viele
Menschen in der Welt singen es täglich, wenn sie von der
heiligen Asche etwas zu sich nehmen. Sie glauben fest an
seine heilenden Fähigkeiten:

> *Paramam Pavitram Baba Vibhûtim*
> *Paramam Vichitram Lîlâ Vibhûtim*
> *Paramartha Ishtartha Moksha Pradatam*
> *Baba Vibhûtim Idam Ashrayami*

Die Übersetzung lautet: »Die heilige Asche [Vibhûti] von
Baba ist von höchster [Paramam] Heiligkeit [Pavitram].
Das göttliche Spiel [Lîlâ] der heiligen Asche [Vibhûti] ist
mit höchster [Paramam] Mannigfaltigkeit [Vichitram] gesegnet. Das Ziel des Lebens [Paramartha], das Ziel [Art-
ha], wonach ich mich sehne [Istha], ist Befreiung [Mok-
sha], die ich durch Hinwendung vom Vergänglichen zum
Unvergänglichen geschenkt bekomme [Pradatam]. O Sai

152

Baba, diese [Idam] heilige Asche [Vibhūti] ist meine einzige Hilfe [Ashraya].«

In der Literatur gibt es unzählige Geschichten von Baba und seinem Vibhūti. Zum Beispiel materialisierte er einmal Vibhūti für einen Kranken, der weit entfernt wohnte, und schickte es ihm in einem verschlossenen Döschen durch einen Boten. Dem Kranken aber ging es zusehends schlechter, und der Bote konnte ihn nicht schnell genug erreichen. Da versetzte sich Baba in Trance, erschien bei dem Kranken selbst und gab ihm persönlich das Vibhūti. Als der Bote mit dem Gefäß bei dem Kranken ankam, war es leer. Baba muß das Vibhūti wohl unterwegs mitgenommen haben. Ein anderes Mal bekam Baba einen Anruf, daß es einem Devotee sehr schlecht ginge. Baba ordnete an, man solle ihm sofort Vibhūti geben, und im gleichen Augenblick rieselte aus dem Telefonhörer am anderen Ende Vibhūti heraus. Berühmt wurde das kleine Vibhūti-Kästchen von Indra Devi, einer Amerikanerin, die es einmal von Baba bekam. Das Vibhūti besaß heilende Kräfte. Mit diesem Kästchen hatte es noch etwas Besonderes auf sich. Wenn es leer wurde, füllte es sich von allein. Ähnlich wie Indra erging es auch anderen Devotees.

Geschenke, Vermehrungen und Verwandlungen

Eines der ersten Beispiele von Vermehrungen durch Baba stammt aus dem Jahr 1940, als Baba eine seltene Frucht aus Shirdi vervielfachte. Er legte sie einfach in einen Korb und schloß den Deckel. Dann berührte er den Korb mit seiner Hand, und sofort war er zum Erstaunen aller voll mit diesen Früchten. Er verteilte sie nach dem Bhajansingen als geheiligte Speise (Prasâd). Es waren hundert Gäste anwesend, und jeder bekam eine.

Einige Jahre später kamen einmal Devotees aus der Umgebung zu Baba. Sie wollten eine Festdekoration mit Girlanden aus Tulsiblüten machen und hatten zwei Körbe voll davon mitgebracht. Sie reichten aber nicht aus. Da kam Baba ihnen zu Hilfe. Er hob beide Körbe hoch und stellte sie wieder hin. Die leeren Körbe hatten sich bis zum Rand mit Blütenblättern gefüllt.

Jahrelang verteilte Baba zu festlichen Anlässen Süßigkeiten und versorgte seine Besucher mit Essen. Dabei war es nicht ungewöhnlich, daß er in die Küche gehen mußte, wenn das Essen nicht ausreichte. Er zerbrach eine Kokosnuß, sprengte das Wasser in die Töpfe, und das Essen vermehrte sich, bis genügend vorhanden war. Der erste Bericht einer solchen Essensvermehrung stammt (wie bereits berichtet) aus den Jahren, als Sathya bei Subbamma im Hause des Karanams wohnte.

Viele Wunder ließ Sai Baba in der Natur geschehen. Die ersten und häufigsten dieser Art ereigneten sich am Chithravathi. In den vierziger Jahren ging Baba einmal an einem Feiertag mit einer Gruppe aus dem Ashram zum Fluß und materialisierte für sie eine Statue nach der anderen aus dem Sand: eine kleine Statue von Sītâ, eine von Râma, eine von Lakshmana und zuletzt eine Sankhu, eine heilige Muschel. Das gesegnete Wasser aus der Muschel verteilte er an die glücklichen Leute. Die kleinen Statuen stehen heute noch im Nilayam-Tempel und werden täglich verehrt.

Ebenso materialisierte Baba in den sechziger Jahren vor den Augen des ungläubigen Howard Murphet aus Australien im Sand der Horsley-Hügel in Südindien eine Statue von Gott Vishnu und im Jahr 1970 am Meeresstrand während einer Reise in Gujarat eine 30 Zentimeter große Krishna-Figur aus purem Gold.

Berühmt wurde Babas Tamarindenbaum, weil er dort viele Menschen in großes Staunen versetzte. Der Baum steht heute noch in Puttaparthi auf einem Hügel am Chithravathi. In seiner Kindheit hatte Baba hier viel Spaß. Alle Früchte, die gewünscht wurden, pflückte er vom Baum und warf sie den Umstehenden zu. Er macht das heute leider nicht mehr.

Drei weitere Geschichten aus der umfangreichen Literatur, die noch besonders erzählenswert erscheinen, sollen berichtet werden: Einmal warf Baba dem Geologen Rao einen Stein zu und fragte ihn nach seiner Zusammensetzung. Rao antwortete fachgerecht. Baba nahm den Stein zurück, blies darauf, und der Geologe, der alles genau beobachten konnte, sah fassungslos, wie sich der Stein in eine Süßigkeit verwandelte, die die Form von Krishna hatte.

Die nächste Geschichte ereignete sich bei dem Raja von Venkatagiri in den vierziger Jahren, als der junge Baba ihn einmal besuchte. Der Maharaja war ein großer Briefmarkensammler und zeigte ihm voller Stolz seine wertvolle Sammlung. Da ließ Baba lächelnd seine Hand über einen Bogen gleiten, und als der Maharaja hinsah, mußte er feststellen, daß sämtliche Abbildungen mitsamt den Klassenbezeichnungen und den Preisen verschwunden waren. Statt dessen war Baba auf allen Marken abgebildet, und »Shri Sathya Sai« stand darunter. Man kann sich vorstellen, was im Raja von Venkatagiri vor sich ging. Möglicherweise wurde ein langer Lernprozeß, den er vor sich gehabt hätte, von Baba in einen Prozeß von Minuten oder Sekunden verkürzt. Ein anderes Mal brachte eine langjährige Devotee aus Madras Baba ein goldenes Schmuckstück mit dem heiligen Zeichen OM, damit er es segnen möge. »Das OM erinnert mich an den Schwanz eines Affen«, sagte Baba und fragte die Frau, ob sie ein ganz neues Schmuckstück haben wolle oder ob er nur das OM verschönern solle. Die Frau entschied sich für ein neues Schmuckstück. Da nahm Baba das alte in seine Hand, blies darauf, und es wurde ein neues wertvolles Medaillon mit einem Farbporträt Babas daraus. Es trug die Inschrift: »Dies ist eine Belohnung für 23 Jahre unermüdliches Beten.«

Heilige Schätze

»Sai-Institute, die einen Grundstein von Sai Baba besitzen, haben eine glänzende Zukunft«, sagte Sai Baba einmal und materialisierte für sein Institut Githa Bhavan in Eluru im Staate Andhra Pradesh neun Edelsteine und ein Metall, auf dem mystische Zeichen eingraviert waren. Für Dharmakshetra, das Zentrum in Bombay, materialisierte er eine Silberplatte, in die mystische Symbole von Gottheiten eingraviert waren, die über die neun Planeten herrschen, wie es in den vedischen Schriften geschrieben steht. Für den Meditationsplatz unter dem jungen Banyanbaum hinter dem Prashânti-Mandir, den jeder Besucher kennt, materialisierte Baba 1959 aus einer Sandbank des Chithravathi eine schwere Kupferplatte von 30 Zentimeter Durchmesser. Hieroglyphenähnliche Zeichen sind eingraviert. Baba erklärte, daß diese Zeichen eine besonders reinigende Wirkung hätten und daß dieser Baum in kommenden Generationen Gottsuchende besonders anziehen würde – so wie der 2500 Jahre alte Bodhibaum von Gaya in Nordindien.

Sai Baba brachte einige Male uralte heilige Gegenstände zum Vorschein, die für die Nachwelt verloren waren. Einige Beispiele:

Um Bangalore mit Wasser zu versorgen, hatte man einen Staudamm gebaut und den Sangameswara-Tempel, der im Einzugsgebiet lag, überschwemmt. Sai Baba besuchte einmal mit einer Gruppe den Damm. Er stellte sich in die Nähe des versunkenen Tempels, streckte seine Hand aus, in die er Wasser getan hatte, und ließ das Sphatika-Lingam, das Lingam des Tempels, das aus Kristall war, darin erscheinen. An dem Lingam konnte man noch Zeichen sehen, daß er verehrt worden war: Ein frisches Bilvablatt und Sandelholzpaste hingen daran. Baba schenkte ihn einem Sameswara-Verehrer aus der Gruppe.

In gleicher Weise ließ Sai Baba das heilige Lingam des berühmten Vishnutempels in Badrinath und das heilige Lingam des Tempels von Somnath erscheinen, als er mit seinen Devotees in den Himalaya gereist war. Baba besuchte diese Pilgerorte in jungen Jahren und erneuerte feierlich ihre spirituelle Kraft. Nach einer feierlichen Zeremonie ließ er sie alle wieder vor den Augen der Anwesenden in der Tiefe der Tempel verschwinden.

Besonders erwähnenswert ist ein wertvoller Schatz, den Sathya Sai Baba einmal Dr. Hislop aus Amerika schenkte. Er materialisierte Jesus Christus am Kreuz, etwa 2,5 Zentimeter groß (die Abbildung ist in dem Buch *Mein Baba und ich* von Dr. Hislop zu sehen). In allen Einzelheiten ist sichtbar, wie Jesus damals ausgesehen hat. Es sei genau das Holz, an dem Jesus gekreuzigt worden sei, sagte Baba, und Wissenschaftler aus den USA bestätigten, daß das Stückchen Holz 2000 Jahre alt war.

Für die an der indischen Mythologie Interessierten sei noch erwähnt, daß Baba vor seinen Studenten während eines Sommerkurses in Whitefield zwei berühmte uralte Steine materialisierte. Es war der berühmte Kaustubha-Edelstein des Krishna-Avatars aus dem dritten Weltzeitalter (Dvâpara-Yuga) und der ebenso berühmte Kosala-Stein aus dem zweiten Weltzeitalter (Tretâ-Yuga), in dem der Avatar Rama lebte.

5

Göttliche Wunder im biologischen Bereich

Es ist nicht meine Aufgabe, zu heilen, zu trösten oder euch die Schmerzen zu nehmen. Das geschieht nur nebenbei. Meine eigentliche Aufgabe ist es, die Veden [heilige Schriften des Hinduismus] und die Lebensweise, die in ihnen vorgeschrieben wird, in Indien neu zu beleben und in der ganzen Welt zu verbreiten.

Sathya Sai Baba

Gnade, die heilt

Krankheit, Heilung, Glaube und Wunder stehen in Beziehung zueinander. Schon immer haben sich Wunder ereignen müssen, die sich jenseits unseres Verstandes, jenseits von bekannten Naturgesetzen und wissenschaftlichen Erkenntnissen abspielten, damit der Mensch erschüttert wurde und anfing nachzudenken. Und wie die Geschichte uns zeigt, haben sie immer wieder den Menschen Gott nähergebracht. Wunder können bewirken, daß ein Glaube entsteht oder daß er gefestigt wird. Man weiß, daß durch einen Glauben an Gott oder an Heilige oft Wunderheilungen bei hoffnungslosen Krankheiten stattgefunden haben. Wir erleben es immer wieder an den Wallfahrtsorten der Welt.

Jahrzehntelang hat Sathya Sai Baba Krankheiten geheilt und Patienten von ihren Leiden befreit. Die Patienten befanden sich in seiner Nähe oder hielten sich an einem anderen Ort auf. Oft standen sie gerade in einer ärztlichen Behandlung, die ihnen nicht helfen konnte. Die Geschichten der vielen Heilungen, die Sai Baba vor allem in jungen Jahren bei Menschen aus aller Welt bewirkt hat, sind gut dokumentiert und füllen Bände. Seine Methoden sind sehr unterschiedlich, keine gleicht der anderen. Auf jeden Fall aber ist es Gnade, die dem Patienten hilft, und es ist der Glaube an Sathya Sai Baba, der dann wirksam wird.

Medizinische Wunder

Die ersten medizinischen Wunder von Sai Baba geschahen in jungen Jahren im Paatha-Mandir. Die Familie Seshagiri von Bangalore, die zu seinen ersten Anhängern zählte, berichtet heute noch voll Staunen, wie Sathya bei einem Familienmitglied ohne Betäubung einen Leistenbruch operierte. Es blieb keine sichtbare Narbe zurück.

Die erste große Bauchoperation, die Sathya im Paatha-Mandir durchführte, beschrieb Herr Nagamani, der sie miterlebte:

Ein Mann, der einen riesigen Bauch hatte und in einem so schlechten Zustand war, daß er nicht mehr essen und trinken konnte, wurde von seiner Frau, die nicht mehr wußte, was sie tun sollte, nach Puttaparthi gebracht. Sie hoffte, daß der Wunderjunge ihm helfen

würde. Eines Abends, als Sathya von einem fröhlichen
Beisammensein und Bhajansingen am Chithravathi
ins Dorf zurückkam, ging er plötzlich in die Hütte,
in der der Patient lag, und operierte ihn. In Gegen-
wart der sprachlosen Ehefrau materialisierte er Vibhû-
ti und strich es dem Patienten auf die Stirn. Das war
die Narkose. Dann materialisierte er einige Instrumen-
te aus der Luft und schnitt den Bauch auf. Er holte
einen großen Tumor heraus und klebte die beiden
auseinanderklaffenden Wundränder einfach wieder
mit Vibhûti zusammen. Als das geschehen war, ver-
ließ er die Hütte, warf den Tumor über die Mauer und
ließ sich von Herrn Nagamani warmes Wasser über
die blutverschmierten Hände gießen. Dann nahm er
den verdutzten Mann mit in die Hütte und zeigte ihm
die verheilte Operationswunde und den Bauch, der
nun ganz flach war. Zu der Frau sagte er: »Ich bin fertig.
Er hat keine Schmerzen. Bettruhe ist nicht nötig, auch
keine spezielle Diät. Er kann essen, was er will.« Am
nächsten Morgen sah Herr Nagamani, wie der Patient
im Bett saß und mit Vergnügen sein Frühstück aß. Vor
einigen Jahren feierte dieser Mann, der von Udalma-
pet in Südindien stammt, in Prashânti Nilayam seinen
achtzigsten Geburtstag, und Baba gab ihm seinen
Segen.

Ein anderes Mal, als der junge Sai Baba schon im Prashânti Mandir lebte, mußte er sich einmal selbst um einen
Kranken kümmern, der mit starken Bauchschmerzen
(Blinddarm) zu ihm gekommen war. Es gab zu der Zeit
noch keinen Arzt und kein Krankenhaus in Puttaparthi.
Da materialisierte er unter den Augen der Anwesenden
ein chirurgisches Messer und entfernte einfach den Ap-

pendix. Als man die Operationsnarbe anschauen wollte, war sie schon verheilt. Der Patient war beschwerdefrei. Ein anderes Mal sollte bei einem elfjährigen Kind, das in seiner Entwicklung zurückgeblieben war, eine Lumbalpunktion vorgenommen werden. Die Familie war unentschlossen und erzählte Sathya von ihrem Problem. Da nahm er ihnen die Entscheidung ab. Unter den erstaunten Augen des Vaters materialisierte er Vibhūti und anästhesierte damit die Punktionsstelle an der Wirbelsäule des Kindes. Die nötigen Instrumente nahm er aus der Luft, als ob da eine unsichtbare Operationsschwester stünde, und punktierte die Stelle. Den Verband holte er auch aus der Luft und legte ihn sorgfältig an. Danach verschwanden alle Instrumente einfach wieder. Die Familie war erleichtert und erstaunt zugleich.

Vielen Kranken hat Sai Baba im Laufe der Zeit geholfen und ihnen einen starken Glauben an ihre Heilung vermittelt, so auch einmal einem Plantagenbesitzer aus Mysore:

Ein reicher Plantagenbesitzer aus Mysore kam einmal mit hohem Fieber, rheumatischer Arthritis und geschädigten Nieren ins Krankenhaus von Prashānti Nilayam. Er weigerte sich aber, Medizin einzunehmen, die die Ärzte ihm geben wollten. Er wollte nur eine einnehmen, die aus Babas Händen kam. Da materialisierte Baba für ihn eine Flasche mit Flüssigkeit, von der er täglich zwei Tropfen einnehmen sollte. Er bekam außerdem ein Mantra, das er morgens bei seinem Tempelrundgang hersagen sollte. Der Patient wurde gesund. Als er Baba dafür danken wollte, sagte dieser: »Es war dein Glaube, der dich geheilt hat.«

Besonders eindrucksvoll ist die Geschichte von Tatachary, einem bekannten indischen Wissenschaftler, der in
Amerika lebte:

*Mit dreißig Jahren wurde bei Tatachary ein Ewing-
sches retikuläres Zellsarkom (eine bösartige Knochen-
marksgeschwulst) diagnostiziert, und es zeigten sich
bereits Metastasen im Schädel, in der Halswirbelsäule,
in den Rippen, in der Hüfte, und in der Leber. Man
hatte ihn in den USA als hoffnungslosen Fall aufgegeben. Da erzählte ihm ein Freund von Sai Baba, und
Tatachary entschloß sich, nach Indien zu reisen. Es
war im Jahr 1965, als er das erste Mal Babas Segen
bekam. Als er fünf Jahre später noch einmal hinging,
sagte Baba zu ihm, daß er ab sofort keine Medizin
mehr einnehmen solle. Tatachary war voller Vertrau-
en und befolgte den Rat. Er wurde mit der Zeit vollkommen geheilt und konnte nach Amerika zu seiner Arbeit
zurückkehren. Baba sagte in Indien über ihn: »Alles,
was ich tat, war, ihm Vertrauen und Willenskraft zu
geben, damit er sich selbst heilen könne. Es ist meine
große Liebe, die sich in der Glaubenskraft des Devotees niederschlägt und am Ende das gewünschte Ergebnis bringt.« Baba sagte außerdem: »Das Schiff des
Lebens wird von einer geistigen Kraft angetrieben. Die
Wiederholung des Namens Gottes ist das Hämmern
des Kolbens, die Liebe ist das Steuerrad, und der
Glaube ist der Anker. Macht die Reise mit Vertrauen.«*

Bei vielen Krankheiten kann die heutige Medizin dem
Menschen helfen. Die Tuberkulose ist ein gutes Beispiel
dafür. Aber wenn es sich um einen Hirntumor handelt, der

keine Frühsymptome zeigt, dann ist sie machtlos. Baba scheint eine Geheimformel für komplizierte neurochirurgische Fälle zu haben. Er erkannte mehr als einmal einen Tumor, bevor er Symptome zeigte. Hier ein Fall, den Dr. Rao selbst miterlebte:

Bei seinem ersten Interview mit Baba in Bangalore wurde N. J. im Jahre 1976 geraten, sich medizinisch untersuchen zu lassen. N.J. war erstaunt, denn er fühlte sich gesund. Baba aber bestand darauf. Nach langem Zögern ließ sich N. J. schließlich doch untersuchen. Es wurde aber nichts gefunden. Erst ein Jahr später, als Baba wieder auf einer ärztlichen Untersuchung bestand, wurde nach langem Suchen in der neurochirurgischen Klinik in Madras ein Tumor gefunden, der tief im Hirn saß. Er wurde entfernt. Man kann N. J. heute noch bei allen Festen in Prashânti Nilayam sehen.

Die Baba-Literatur, besonders die von Kasturi und Murphet, ist voll von Beispielen über Krebsheilungen bei Patienten, die von den Ärzten aufgegeben worden waren. Man kann lesen, wie Krebs einfach mit Vibhûti geheilt wurde, mit und ohne Babas Anwesenheit. Beispiele von vielen sind der Nasentumor von Mistry, einem Zahnarzt in Bombay, der Brustkrebs von Rhoda May aus Australien, die in Fernheilung gesund wurde, und der Kieferknochenkrebs von Mahadevan in Sri Lanka, der dreimal ohne Erfolg operiert worden war. Dr. Rao hatte Gelegenheit, Herrn Mahadevan und Herrn Gilbert kennenzulernen und von ihnen selbst zu hören, wie sich ihr Leben veränderte und sie einen tiefen Glauben an Sathya Sai Baba entwickelten. Möglicherweise dienten die Krankheiten dieser

beiden Menschen nur dazu, sie mit Baba zusammenzu-
bringen und ihre innere Wandlung zu bewirken.

Baba wandte manchmal erstaunliche Operationstechni-
ken an: Ein junger Mann kam einmal nach Prashânti Nilayam zu Baba, nachdem man in Bombay und in der Schweiz
unheilbaren Krebs bei ihm festgestellt hatte. Baba war
seine letzte Hoffnung. Da operierte Baba ihn einfach in
einem Traum. Am nächsten Morgen erinnerte sich der
junge Mann nur noch daran, daß jemand mit einem blin-
kenden Messer neben seinem Bett gestanden hatte. Es
gab eine nicht zu übersehende Blutspur auf seinem
Bettuch und eine Narbe an der Stelle, wo der Tumor
gewesen war; der Tumor war verschwunden.

Die Geschichte von Dixits Schwester aus Bombay ist
besonders unerklärlich und geheimnisvoll. Nirgends in
der medizinischen Weltliteratur könnte eine Technik be-
schrieben werden wie die, die Baba in diesem Falle anwandte:

*Die Schwester von Dixit sollte im Tata Memorial Can-
cer Hospital in Bombay operiert werden. Man hatte
Brustkrebs festgestellt, und die Brust sollte entfernt
werden. Dixit und seine Schwester waren Anhänger
von Sai Baba und fuhren nach Anantapur, um vor der
Operation seinen Segen zu holen. Baba materialisierte etwas Vibhûti und gab der kranken Schwester Dixits
davon zu essen. Den Rest rieb er merkwürdigerweise
auf die Brust von Dixit selbst. Als die Geschwister am
Tag vor der Operation nach Bombay zurückkamen,
kam plötzlich eine farbige Flüssigkeit aus dem linken
Nasenloch von Dixit heraus. Es war viel und roch
unangenehm. Niemand konnte sich zu diesem Zeitpunkt vorstellen, daß das die verflüssigte Krebsge-*

schwulst seiner Schwester sein könnte. Tatsächlich
fanden die Chirurgen am nächsten Morgen bei der
Operation keinen Krebstumor.
Welch seltsame Methode, Krebs zu heilen!

Ein Herzinfarkt wird heute immer wochenlang auf einer Intensivstation mit anschließendem längeren Krankenhausaufenthalt behandelt. Bei einem Freund von Dr. Rao, der im Alter von siebzig Jahren in Prashânti Nilayam einen eindeutigen Herzinfarkt hatte, verlief das anders: Ein bekannter Kardiologe aus dem Ausland machte gerade ein EKG bei dem Kranken, als Baba in das Zimmer kam. Baba schaute sich den kranken alten Mann an, materialisierte dann Vibhûti und rieb es auf seine Brust. Dr. Rao konnte miterleben, wie er am nächsten Tag nach Madras abreiste. Ärztliche Untersuchungen in den nachfolgenden Jahren zeigten keinen Rückfall.

Eine ähnlich beeindruckende Geschichte ist die von Kulapathi Munshi, der schon lange an der Parkinsonschen Krankheit litt und sekundenschnell durch Baba von seinem Leiden geheilt wurde. Der bloße Kontakt mit Baba und seinem Vibhûti reichte aus. Munshi erzählte später: »Ich spürte sofort, wie die Steifheit meiner Finger verschwand, ebenso das Zittern meiner rechten Hand und meines rechten Beines.«

Bei Khare, einem Elektriker mittleren Alters aus Nordindien, entwickelte sich einmal ein inoperables Augenleiden, und er wurde blind. Da ging Baba eines Tages auf seine Tochter zu, als sie beim Sommerkurs in Brindavan war, materialisierte Vibhûti und forderte sie auf, es mit seinen Anweisungen zu ihrem Vater zu schicken. Sie tat es. Khare nahm es sieben Tage lang und erhielt sein Sehvermögen vollständig zurück.

Baba heilte Geisteskrankheiten schon in den Tagen des Paatha-Mandir. Es geschah zum ersten Mal, als er in den vierziger Jahren in Subbammas Haus einer Frau eine Banane, die mit Vibhūti bestreut war, zu essen gab. Und Kameswaramma erzählte einmal, daß bei einer geistesgestörten Patientin die Symptome in beeindruckender Weise verschwanden, als Baba sich selbst ein Haar ausriß. Ein anderes Mal wurde ein irrsinniger Patient im Krankenhaus von Prashânti Nilayam vollständig geheilt, als ihn der unsichtbare Baba grün und blau schlug. Die Ärzte erzählten damals: »Der Bursche schrie bei jedem Schlag und versprach, daß er sich bessern würde.« Mudalia aus Madras wurde von Baba mit Tulsiwasser geheilt. Er bekam es in einem Traum, und seine Geisteskrankheit verschwand.

Auch Lähmungen heilte Baba auf verschiedenste Art und Weise. Kameswaramma berichtet von einer interessanten Geschichte aus den frühen vierziger Jahren:

Baba besuchte Anantapur, und sie begleitete ihn. Viele Menschen hatten sich bereits im Haus des Dorfpolizisten versammelt und warteten auf ihn, als vier gelähmte Polizisten auf einem Ochsenkarren ankamen. Man mußte ihnen vom Wagen herunterhelfen, da sie nicht stehen konnten. Baba ging auf sie zu und brüllte sie an. Da konnten sie aufstehen. Dann sollten sie sich an die Hände fassen und um das Haus herumgehen. Sie probierten es. Zuerst stolperten sie und kamen nur langsam vorwärts, aber nach einigen Runden waren sie soweit. Sie konnten zu Fuß nach Hause gehen.

Auch Siv Kumar, ein vierzehnjähriger Junge aus Bombay, wurde vollkommen geheilt. Er hatte eine Hirnhautentzündung durchgemacht, und Lähmungen waren

zurückgeblieben. Außerdem konnte er nicht mehr se-
hen und sprechen. Sathya Sai Baba sagte dem Jungen
in einer Vision, daß er wieder geheilt werde. Er gab
ihm genaue Anweisungen, was er im Gebetszimmer
mit dem Vibhūti machen solle, das ihm sein Freund
am gleichen Morgen von Prashânti Nilayam bringen
würde. Siv Kumar tat, wie ihm aufgetragen war und
wurde gesund. Er konnte wieder sehen und sprechen
und als vollkommen gesunder Junge zur Schule gehen.
Er war glücklich und dankbar.

Genauso beeindruckend ist die Geschichte von Frau Anderson aus Amerika:

Frau Anderson war ihr Leben lang eine Invalidin. Sie
hatte gelähmte Beine und konnte sich nur im Rollstuhl
fortbewegen. An Babas 43. Geburtstag kam sie nach
Prashânti Nilayam und wurde dort im Krankenhaus
aufgenommen. Zur Geburtstagsveranstaltung von Ba-
ba durfte sie im Rollstuhl neben der Bühne stehen, so
daß sie der Ölzeremonie, zu der viele Gratulanten
gekommen waren, zuschauen konnte. Easwaramma
war die erste, die von einer Blume, die sie in geweihtes
Öl getaucht hatte, einige Tropfen auf Babas Haar
fallen ließ. Einer nach dem anderen tat das gleiche.
Als Indra Devi fertig war, stand Baba unerwartet auf
und ging hinunter zu Frau Anderson. Er neigte sich zu
ihr, nahm ihre Hand und sagte: »Steh auf!« Sie stand
auf. »Komm mit mir.« Und sie ging mit Baba mit.

Baba, der die unterschiedlichsten Krankheiten heilte und
immer unorthodoxe Methoden anwandte, weigerte sich
manchmal auch aus Gründen, die nur er kennt, einzugrei-

fen. Er äußert sich auch nicht immer eindeutig über den Verlauf einer Krankheit, ganz besonders nicht, wenn es sich um Kinder handelt. Manchmal sagt er den Eltern auch nicht, daß das Ende ihres Kindes bevorsteht; er tröstet und stärkt sie nur:

Ein ehemaliges Mitglied der Weltgesundheitsorganisation hatte eine Tochter, die an unheilbarem Blutkrebs litt. Alle Möglichkeiten, die die Welt bot, waren erschöpft. Da erinnerte sich die Mutter an Baba. Er war ihre letzte Hoffnung. Sie versuchte, ihn zu treffen, aber es gelang ihr nicht. Es war seltsam: Immer wenn sie ihn sprechen wollte, war er fortgegangen, und sie war bei jedem Darshan verhindert hinzugehen. Ihre Tochter starb. Baba wußte wohl, daß das Schicksal dieses Mädchens nicht geändert werden sollte.

Baba schenkte der Familie Venkatamuni, die zu seinen allerersten Anhängern zählte, einmal eine Gebetskette (Japamâlâ), die bei schwerer Krankheit angewandt werden sollte. Als die achtzigjährige Mutter von Herrn Venkatamuni im Sterben lag, erinnerte man sich an diese Kette, holte sie aus dem Andachtsraum und legte sie auf den sterbenden Körper. Es war kaum zu glauben: Fast im gleichen Augenblick erhob sich die alte Dame. Sie war gesund und lebte noch viele Jahre. Es war Babas Wille. Einige Zeit danach lag der epileptische Sohn der Familie im Sterben, und wieder wollte man die Japamâlâ holen, die im Andachtsraum sorgsam aufgehoben worden war; aber sie war nicht zu finden. Man suchte und suchte, aber vergeblich. Der Sohn starb. Auch das war Babas Wille.

Ein Dozent und seine Frau kamen mit ihrem zweijährigen Bobjee nach Prashânti Nilayam. Das Kind hatte infantile Lähmungen, und sein Schicksal war der Rollstuhl. Sechs Wochen lang schaute Baba sie nicht einmal an. Erst als sie enttäuscht abreisen wollten, bekamen sie ein Interview, und Baba materialisierte ein goldenes Medaillon für die Mutter. Die Mutter war erstaunt. Sie war doch wegen ihres Kindes gekommen. Baba sagte zu ihr: »Ich weiß. Es ist auch mein Kind. Ich werde mich um alles kümmern. Bei eurem nächsten Besuch wird dein Junge auf mich zulaufen, Bangaru [Goldstück].« Die Eltern waren außer sich vor Freude, und tatsächlich zeigte das Kind langsam Zeichen von Besserung. Nach sechs Monaten aber bekam es hohes Fieber und starb. Der Glaube der Eltern war erschüttert. Zwei Monate später wurde ihr zweites Kind Sankar geboren, und als sie ihn heranwachsen sahen, vergaßen sie ihren Kummer. Sie besuchten Baba zum Dasarafest. Als die Mutter mit Sankar auf dem Schoß in den Darshanreihen saß und Baba auf sie zukam, erhob sich Sankar plötzlich und ging schnurstracks auf Babas Füße zu. Baba gab ihm Schokolade und ging weiter zu der Männerseite. Dort erinnerte er den Dozenten an seine früheren Worte: »Erinnerst du dich, daß ich dir letztes Mal sagte, dein Sohn würde auf mich zugehen?«

Ähnlich erging es dem Ehepaar Craxi aus Italien. Ihr Sohn Andrea litt an einer spastischen Lähmung, und in Europa gab es keine Heilung für ihn. Da wandten sich seine Eltern mit letzter Hoffnung an Baba, der sich gerade in Bangalore aufhielt. Baba kümmerte sich um die Familie Craxi und versicherte der Mutter Sylvie: »Mach dir keine Sorgen. Ich werde für eine erfolgreiche Zukunft deines Sohnes sorgen.« Mit Vibhūti schien es Andrea besserzugehen. Bald aber mußten seine

Eltern erkennen, daß Baba sie auf das Unabänderliche vorbereitete. Andrea starb friedlich. In der Zwischenzeit hatte die Schwester von Andrea einen Traum. Baba erschien ihr und verkündete, daß ihr Bruder wiedergeboren würde. Und wirklich kam noch ein Junge zur Welt. Man kann ihn heute in Vidyagiri im Hof der Volksschule spielen sehen. Baba kümmert sich ganz besonders um ihn.

Teil III

Sathya Sai Baba –
Gott als Mensch

6

Gott unter den Menschen

Es gibt niemanden in der Welt, der nicht zu mir gehört; alle gehören zu mir. Auch wenn sie nicht meinen Namen, sondern einen anderen Namen rufen, so gehören sie doch alle zu mir ...

Ihr seht mich lächeln oder meine Finger bewegen. Manchmal sieht es so aus, als ob ich in der Luft schreiben würde, und die Leute möchten gerne wissen, was das bedeutet. Ich stehe dann in Verbindung mit Menschen, die ihr nicht sehen könnt. Ich bin mit Aufgaben beschäftigt, die ihr nicht versteht, und schreibe Antworten auf Fragen, die jemand stellt, der weit weg ist. Ich helfe jeden Augenblick Tausenden von Menschen. Aber ich veröffentliche das nicht. Ein Vater bringt die Hilfe, die er seinen Kindern gibt, nicht an die Öffentlichkeit. Sathya Sai Baba

Swami, der Familienfreund

Baba hat einmal erklärt, daß er unter Kindern wie ein Kind sei, unter Frauen wie eine Frau und unter Männer wie ein Mann. Aber wenn er allein ist, dann ist er wie Gott. Man könnte hinzufügen, daß er dann wohl gleichzeitig bei allen Familien ist. Er hilft dem Hausbesitzer, das

Haus zu verwalten, gibt den Hausfrauen Ratschläge für ihren Haushalt und leitet die Erziehung der Jugend. Baba versichert uns, daß er immer bei uns ist, wir müssen nur genug Vertrauen in uns selbst und zu ihm haben. In telugu drückt er das so aus: »Kantane [vor uns], ventane [hinter uns], jantane [in uns] und intane [in unserem Haus].« Ohne Zweifel ist seine helfende Hand da, auch wenn wir sie nicht sehen und fühlen. Sie ist da. Zahllos sind die Beispiele, und wir können sie erkennen, wenn wir uns nur darum bemühen.

In der Baba-Literatur können wir lesen, wie er einmal einem Anhänger, der in schrecklicher Geldnot war, Käufer für sein Haus in Kalkutta schickte. Oder wie ein Familienvater in Hyderabad, der an Gott glaubte, aber nie von Baba gehört hatte, in Not geriet. Baba schickte einen Samariter, als er ernsthafte Pläne machte, sich und seine Frau umzubringen. Ein anderes Mal half er einem Millionär in Südamerika, noch mehr Millionen zu gewinnen, indem er ihm im rechten Augenblick den Rat gab, von seinem Handel zurückzutreten, der ihm dann im nächsten Jahr viel mehr einbrachte. Auf der anderen Seite hinderte er in Bangalore einen Anhänger nicht, sein Haus zu verkaufen, als er in finanzielle Schwierigkeiten geriet, obwohl er ein Jahr später den doppelten Preis hätte bekommen können. Vielleicht eine Lehre, Zufriedenheit und Loslassen von Materiellem zu lernen.

Baba wendet sich oft besonders Kindern zu. Als Padma zum ersten Mal mit ihrem einjährigen Sohn in den Darshanreihen saß, hielt sie mutig ihr Kind Baba entgegen und sagte: »Swami, mein Kind hat heute seinen ersten Geburtstag.« Obwohl es ein Festtag war, an dem Baba seine Darshans immer auf ein Minimum kürzt, blieb er stehen, machte Vibhûti und segnete das Kind.

Baba segnet Kinder gerne. Sie sollen ein rechtschaffenes und frommes Leben führen. Oft weihte er Parsenjungen mit einem besonderen Ritual ein und gab Hindujungen ihre Weihe für das Leben. 1963 hatten zum Beispiel sechzehn Hindujungen auf einmal das Glück. Baba überzeugte sich, daß ihre Ohrläppchen in Ordnung waren, materialisierte sechzehn Paar Golddrähte, durchstach mit ihnen die Ohrläppchen und befestigte sie mit einer Drehbewegung seiner Finger. Als er sie in das »hohe Gebet«, das Gâyatrî-Mantra, eingeweiht hatte, schenkte er ihnen die traditionellen Gaben, die zu diesem Anlaß gegeben werden, ein gelbes Gewand, einen Kupferkessel und einen Löffel.

Babas Mitwirken bei Hochzeiten ist etwas Besonderes, und jeder ist glücklich, wenn er zu diesem wichtigen Ereignis seinen göttlichen Segen bekommt. So kann man manchmal sehen, daß Baba ein älteres Ehepaar in sein Interviewzimmer holt. Er verheiratet sie, so wie es in Indien Tradition ist, zum zweiten Mal, jetzt aber für eine rein geistige und auf Gott ausgerichtete Ehe. Er gibt ihnen neue Kleidung und materialisiert eine Hochzeitskette (Mangalasûtra), die dem Paar Glück bringen soll, und der Ehemann legt sie seiner Frau mit den traditionellen drei Knoten um den Hals. Für jedes Ehepaar ist das ein unvergeßliches Erlebnis. Viele möchten es, und man erlebt häufig, daß Inder zu Baba kommen und ihn bitten, ihre Töchter glücklich zu verheiraten. Sie bitten Baba, einen passenden Bräutigam zu finden oder den schon gefundenen Bräutigam zu begutachten, oder sie bitten einfach um seinen Segen für das soeben verheiratete Paar. Baba entzieht sich diesen Wünschen nicht. Seine Heiratsvorschläge, die so sehr herbeigesehnt werden, können aber auch Überraschungen sein:

Einmal war Baba Gast beim Gouverneur von Kerala, dessen Nichte verheiratet werden sollte, was für die ganze Familie eine große Angelegenheit war. Man hatte sich für einen jungen Mann aus der gleichen Gegend entschieden, und die Eltern des Mädchens baten den Gouverneur nun, Baba zu bitten, dem jungen Paar seinen Segen zu geben. Baba sagte zu. Der junge Mann dagegen war zwar mit dem jungen Mädchen, wie es in Indien Tradition ist, zusammengetroffen, hatte aber um Aufschub für seine Entscheidung gebeten. Man holte ihn nun im Staatswagen mit der Gouverneursflagge ab und brachte ihn zu einem Interview zu Baba. Der junge Mann war sehr glücklich, Sai Baba begegnen zu dürfen, aber er wartete etwas ängstlich, wie er entscheiden würde. Baba lächelte und sagte: »Bangaru [Goldstück], es ist in Ordnung. Ich weiß, deine Frau wartet in Guntur.« Der junge Mann war verblüfft. Baba wußte offensichtlich, daß er kürzlich ein Mädchen in Guntur gesehen hatte, das er lieber heiraten wollte. Er hatte aber noch keine Verbindung aufgenommen. Die Gouverneursfamilie mußte sich der neuen Wendung fügen. Tatsächlich kam die Hochzeit mit dem Mädchen aus Guntur in Thirupathi zustande, und es wurde eine glückliche Ehe.

Babas Heiratsvorschlag zu akzeptieren kann auch schwer sein, wie aus folgender Begebenheit deutlich wird:

Es war im Sommer 1960. E. K. gehörte einer sehr reichen Brahmanenfamilie an, die von der Küste Andhra Pradeshs stammte und sich von dem Guru Radhaswami geistig führen ließ. Als er eines Tages von der Größe Sathya Sai Babas hörte, fuhr er mit seinem Sohn Murthi zu ihm hin und wollte in Erfahrung bringen, wie es mit seinem Sohn nach dem Examen weitergehen sollte. Es begleitete ihn sein Schwager mit seiner Tochter, die im heiratsfähigen Alter war. Sein Schwager hatte Baba kürzlich um Hilfe gebeten, einen guten Mann für seine Tochter zu finden. Babas Antwort war gewesen: »Nimm den großen gutaussehenden Studenten, der immer in Seide gekleidet ist und an der Osmania-Universität studiert, um Ingenieur zu werden.« Baba wollte seinen Namen nicht nennen, und so fand man den angekündigten Bräutigam auch nicht. – Baba, der wußte, wann die Reisegruppe von E. K. kommen würde, bereitete ihnen einen herzlichen Empfang. E. K., der zum ersten Mal nach Puttaparthi gekommen war, war überrascht. Kasturi, der sich öfter um Gäste kümmerte, hatte schon besondere Zimmer bereitgehalten und betreute sie. Sie mußten sich aber in Geduld üben, und die Spannung wuchs. Bis zum Abend gab Baba ihnen keine Gelegenheit, mit ihm zu sprechen, weder mit der einen noch mit der anderen Familie. Groß war die Überraschung, als am Abend auf der Terrasse des Mandir ein Fest für sie vorbereitet war. Auf diesem Fest erklärte Baba, daß der junge Ingenieur Murthi dazu bestimmt sei, der Bräutigam seiner Cousine zu werden. Für die Gruppe war es ein Schock. E. K. zögerte zuzustimmen, da sein Sohn und seine Nichte Verwandte ersten Grades waren und eine solche Hochzeit absolut verboten war. Sein Schwager zögerte auch, da die Familien verschiedenen Religionen angehörten. Es war eine äußerst schwierige Situation. Schließlich aber beugten sich beide Familien dem Wunsch Babas, der die Heirat als beschlossene Sache ansah. Die beiden seien schon im

letzten Leben Mann und Frau gewesen, sagte Baba und
materialisierte auf der Stelle eine Hochzeitskette, die
der Bräutigam später seiner Braut am Hochzeitstag
umlegen sollte. Murthi und seine Frau sind ein glück-
liches Paar geworden und haben vier Töchter, die
ganz normal sind. Baba sagte ihnen voraus, daß sie
auch noch den ersehnten Sohn bekommen würden,
der dann 1978 geboren wurde.

Baba weiß, wer zu wem gehört und warum er gerade
dieses Paar zusammenführt, auch wenn die Ehe unglück-
lich verläuft.

Der Vater eines gutaussehenden Mädchens hatte einen
heiratsfähigen reichen jungen Mann gefunden und wollte
Babas Segen für die Heirat. Baba schlug ihnen vor, sich
ihre Entscheidung noch einmal gut zu überlegen. Aber sie
hatten schon entschieden. Sie bestanden darauf, daß
Baba ihnen einen Termin für die Hochzeit nennen würde.
Nach einigen Monaten wurde die Ehe schließlich von
Baba geschlossen. Es dauerte aber nicht lange, und sie
war schon zerbrochen.

Im allgemeinen verhält sich Baba neutral, wenn die über-
besorgten Eltern aus Indien mit ihren Heiratssorgen kommen, und sagt ihnen, daß sie sehr wohl allein fähig seien,
die Partner für ihre Kinder zu finden.

Baba sagt über die Ehe: »Die Ehe ist der kürzeste Weg,
Karma, die Folgen früherer Handlungen, abzutragen. Es
ist der beste Weg, zu lernen und sich charakterlich weiterzuentwickeln.«

Gott in den Augen der Menschen

In dieser Menschengestalt haben sich alle Darstellungen Gottes, einfach jedes göttliche Prinzip manifestiert; es sind damit alle Namen und Formen gemeint, mit denen der Mensch Gott bezeichnet.

Warum verschwendet ihr eure Zeit und Energie, indem ihr versucht, mich zu erforschen? Kann ein Fisch den Himmel messen? Erst wenn ihr nicht mehr versucht, meine Größe erfassen zu wollen, wird es euch gelingen, etwas davon zu erfahren.

Sathya Sai Baba

Gott der Absolute, der im Hinduismus Brahman genannt wird, ist der Schöpfer. Er allein erschuf die Natur, die in den Veden auch als Mâyâ oder Illusion bezeichnet wird. In dieser Schöpfung, in der wir leben, hat jede Pflanzen- und Tierart zwei grundlegende Triebe, damit sie fortbestehen kann; es sind dies der Selbsterhaltungstrieb und der Fortpflanzungstrieb. Beide Triebe werden von sensiblen Mechanismen gesteuert, die allen Arten zu eigen sind. Aber nur der Mensch, der in der Natur als das höchstentwickelte Lebewesen gilt, ist fähig, diese Mechanismen mit seiner Willenskraft (Sankalpa) zu lenken. Er allein kann Herr seiner Triebe sein.

Diese Prozesse, die sich im geistigen Bereich abspielen und nicht sichtbar sind, wollte die Naturwissenschaft schon immer erforschen und gern dokumentieren. Sie entwickelte dafür Techniken wie die Darstellung mit dem Elektroenzephalogramm (EEG) und andere Verfahren. Sie waren jedoch alle nicht befriedigend. Ein neues Verfahren, das in den vierziger Jahren in Rußland von Semjon Davidowitsch Kirlian und seiner Frau Walentina Krisanowa entdeckt wurde, könnte uns für die Zukunft neue Wege eröffnen. Die Kirlian-Fotografie machte uns die Aura, ein bis dahin nur von Sensitiven erkennbares Phänomen, sichtbar: Unter dem Einfluß hochfrequenter Ströme wurden organische oder anorganische Objekte fotografiert. Dadurch gelang es, »Lichthöfe« (Lumineszenzen) aufzunehmen, die zum Beispiel den menschlichen Körper umgeben. In diesem bioelektrischen Feld, in der Aura, die sich in farbigen Bändern zeigt, können wir erkennen, daß sich Emotionen, intellektuelle Prozesse und spirituelle Einstellungen widerspiegeln. So wie sich Stimmungen ändern können, ändern sich auch die Farben der Aura. Wenn ein Geist in tiefer Meditation ruhig ist, leuchtet die Aura zum Beispiel in Blautönen, bei Erregung und Wut aber wird sie rot.

Harold Baranowski von der Universität in Arizona, der von Kindheit an die Fähigkeit besitzt, mit bloßem Auge farbige Aurabänder um die Menschen herum zu sehen, ist ein Experte in der Wissenschaft von biomagnetischen Feldern und beschäftigt sich mit der Aura, seitdem ihre fotografische Darstellung von den Kirlians entdeckt worden ist. Jeder Mensch hat diese Aura, und als Baranowski ihre Farben deuten gelernt hatte, wurde es für ihn interessant, geistig hochstehende Menschen in der Welt aufzusuchen. Er kam auch nach Prashânti Nilayam und betrachtete die Aura von Sai Baba. Baranowski legte Zeugnis von Babas Größe ab. Er erklärte, daß er bei Baba eine Aura sehen könne, mit der er Tausende von Menschen einschließen würde; die Farbe sei Rosa, die Farbe der selbstlosen Liebe. Bei keinem anderen Menschen habe er bisher eine solche Aura gesehen.

Die letzte Ursache des Lebens zu verstehen liegt außerhalb menschlichen Denkvermögens, und ein einfacher Mensch kann nur seine Phantasie einsetzen, wenn er sich Gott vorstellen will. Für ihn ist Gott der Eine, der alles weiß, der Eine, der alles kann, und der Eine, der überall gegenwärtig ist. Sathya Sai Baba besitzt diese Eigenschaften.

Der Allwissende

Babas Wissen ist angeboren, und es liegt jenseits unseres Fassungsvermögens, das Ausmaß zu erkennen. Immer wieder hat er bewiesen, wie er kristallklar die Vergangenheit, Gegenwart und Zukunft einzelner Menschen und die einer ganzen Nation kennt. Vor seinen Studenten sagte Baba im August 1984 von sich: »Alles Wissen ist bereits hier gemacht« und deutete auf sich selbst. »Swami weiß alles, aber er tut so, als ob er es nicht wisse.«

In der spirituellen Wissenschaft, die in der westlichen Welt fast unbekannt ist, haben Babas Wort heute ausschlaggebende Bedeutung. Seine Kenntnis der heiligen Schriften ist vollkommen, und er ist fähig, die tiefen Bedeutungen der vedischen Texte so einfach auszudrücken, daß jeder Mensch sie verstehen kann. 1984 zum Beispiel erklärte er einen ganzen Monat lang Abschnitte aus der Bhagavad Gîtâ, dem bedeutenden Teil des Hinduepos Mahâbhârata. Sie wurden von ihm so erklärt, daß alle Zuhörer, ob Schulkind, Ashrambewohner oder Gelehrter, den wahren Geist der Gītā ins tägliche Leben mitnehmen konnten.

Babas Muttersprache ist Telugu, die Landessprache von Andhra Pradesh, aber er kann sich mit uns in jeder anderen Sprache in Verbindung setzen. Es ist immer wieder erstaunlich, wenn man miterlebt, wie er den Übersetzern, die seine Reden simultan in andere Sprachen übertragen, weiterhilft, wenn ihnen das richtige Wort nicht einfällt.

Es gibt ein besonders nennenswertes Ereignis einer Simultanübersetzung von Baba. Es geschah in seinem Interviewzimmer. Ein junger Amerikaner saß ruhig in einer Ecke und verstand kein Wort von dem, was Baba sagte. Da wandte sich Baba plötzlich an ihn und sagte: »Übersetze.« Wunder über Wunder! Der Amerikaner übersetzte für alle anderen Babas Telugu ins Englische. Obwohl Baba in seiner eigenen Landessprache gesprochen hatte, hatte er doch alles gleichzeitig auf englisch gehört; er brauchte Baba nur nachzusprechen.

Babas Fähigkeit, Vergangenheit, Gegenwart und Zukunft jedes einzelnen zu kennen, haben wir alle, die wir bereits bei ihm ein Interview hatten, lebhaft erfahren. Die Witwe des Raja von Chinoli, der ein großer Verehrer von Shirdi Baba war, erlebte das einmal ganz besonders, als Baba ihr in allen Einzelheiten erzählte, was Shirdi Baba, der ja seine eigene Gestalt im vorigen Leben war, in ihrem Palast alles erlebt hatte. Sie war überwältigt. Baba erinnerte sie an Dinge, die sie längst vergessen hatte.

Baba erzählt auch aus dem Leben von Heiligen, von islamischen, christlichen und anderen. Interessant für die westliche Welt sind seine Erzählungen aus dem Leben von Jesus Christus. Da Historiker die Echtheit des Neuen Testaments, das wir im 20. Jahrhundert lesen, in Frage stellen und behaupten, es sei eine unvollständige Ausgabe des Evangeliums und die größte Lebensspanne von Jesus sei nicht einmal erwähnt, fragte einmal eine Gruppe, die mit der Engländerin Peggy Mason zu Baba gekommen war, was es mit dieser unbekannten Zeit von Jesus auf sich hatte. Baba sagte: Mit etwas Taschengeld von seiner Mutter Maria hat Jesus sein Elternhaus verlassen und ist mit einer Karawane nach Indien gezogen. In seinem sechzehnten Lebensjahr kam er dort an. Sein Taschengeld war schnell verbraucht, und er mußte oft seine Mahlzeiten auslassen. Mit 25 Jahren hatte er seine Erleuchtung, und mit 29 Jahren kehrte er nach Palästina zurück. Er wanderte durch Tibet, Persien und andere Länder im westlichen Asien. Er erwähnte auch die Schriften, in denen Jesus als »Isa« bezeichnet wird.

Baba sagt vielen Besuchern etwas über ihre Zukunft, über ihre Heirat, Geburten, Arbeit und Besitz voraus. Zum Beispiel prophezeite er Anhängern aus China und Pakistan das Ende der Feindseligkeiten in ihrem Land, noch bevor daran zu denken war. Und den Indern, die zu Zeiten von Idi Amin in Uganda lebten, riet er, das Land so schnell wie möglich zu verlassen. Diejenigen, die zu langsam waren oder Baba nicht geglaubt hatten, erlebten dann leider die Brutalität der Ereignisse.

Der Allmächtige

Baba kann alles. Am besten zeigen uns das die vielen Ereignisse, die wir mit ihm erleben. So geriet Charles Penn aus der U. S. Air Force einmal mit seinem Flugzeug über Berggipfeln in eine ausweglose Situation. Er war in einen Hagelsturm geraten, und Benzin spritzte bereits über seine Windschutzscheibe. Da sah er plötzlich Baba neben sich sitzen. Baba gab ihm Anweisungen, was er tun sollte, und er landete sicher. Er konnte seinen Motor reparieren und von neuem starten.

Aus einer ähnlich katastrophalen Situation rettete Baba 1972 Al Drucker, als dieser ohne Sicht im Sturm jede Funkverbindung mit den Bodenstationen verloren hatte. Baba führte ihn durch Funk und gab ihm genaue Anweisungen, so daß er sicher niedergehen konnte.

Der junge Sohn eines Baba-Devotees, der angefangen hatte, Alkohol zu trinken, bekam einmal von Baba auf eine besondere Art Hilfe. Baba hatte ihm das Versprechen abgenommen, nicht mehr zu trinken. Die Versuchung auf einer Party in einem schicken Hotel aber war so groß, daß er doch wieder einmal nicht widerstehen konnte. Auf einem Foto, das im Laufe des Abends gemacht wurde, konnte man später den jungen Mann erkennen, wie er zusammen mit angesehenen Gästen und einem Glas Whisky in der Hand dastand. Dieses Foto aber zeigte auch Babas Gesicht im Glas. Der junge Mann trank nie mehr Alkohol.

Was auch immer Baba will, es geschieht, auch wenn es noch so unmöglich zu sein scheint. Mit seinen eigenen Worten: »Dinge werden genau in dem Moment geschaffen, in dem ich sie will. Ich gebe auch Dinge, die man nirgendwo sonst finden kann. Diese Kraft kann niemand begreifen. Wenn ich meinen Willen [Sankalpa] einsetze, ist das Ding schon gemacht. Es ist da, fertig, wenn ich es möchte. In dem Augenblick, in dem es gewollt wird, kommt es in die Hand oder geschieht dort, wo ich will, daß es geschieht.« Baba materialisiert mit einer bloßen Handbewegung in wenigen Sekunden den schönsten Diamantschmuck und heilt Krankheiten, die als unheilbar erklärt worden sind. Ebenso unbegreiflich ist es, wenn er den Gewalten der Natur, einem Feuer oder heranströmenden Fluten oder Gewitterwolken Einhalt gebietet. Hier einige Beispiele aus der Literatur, die von Baba bestätigt wurden:

Während des Zweiten Weltkrieges waren zwei Schulkameraden von Baba an der Nordostgrenze Indiens stationiert. Eines Tages entstand ein Feuer, das sich schnell ausbreitete und das Zelt seiner Schulkameraden einschloß. Baba ging in Puttaparthi schnell in Trance, und das Feuer wurde gelöscht. – Ein Buschfeuer in Tejpur an der nordöstlichen Grenze zum Himalaja näherte sich einmal schnell dem Lager von nepalesischen Arbeitern und war nicht mehr aufzuhalten. Eine Frau, die aus der Ferne dieses schreckliche Schauspiel sah, schrie um Babas Hilfe. Es wurde auf unerklärliche Weise gelöscht, und alle Hütten waren gerettet.

Oft wird berichtet, daß vor einer Veranstaltung Babas ein starker Regenfall drohte, es dann aber doch nicht regnete:

187

An einem Vijayadasami-Tag, als Baba auf einem ge-
schmückten Wagen durch Puttaparthi gefahren wurde,
donnerte und blitzte es mit vielen Wolken am Himmel.
Die Prozession dauerte ungefähr drei Stunden. Erst als
alle zu Hause waren, schüttete es vom Himmel. – Zu
Navarathri regnete es überall um Nilayam herum, nur
nicht an dem Platz, wo Hunderte das Fest feierten. –
In Malleswaram bei Bangalore und später noch ein-
mal in Bombay hatten sich Zehntausende unter freiem
Himmel versammelt, um Babas Rede zu hören. Plötz-
lich brauten sich dunkle Wolken zusammen. Die Leute
wurden unruhig und die Veranstalter nervös ange-
sichts eines großen Fiaskos. Aber Baba beruhigte sie
und erklärte, daß es während der ganzen Veranstal-
tung nicht regnen würde. So geschah es. – Als der
Chithravathi in den siebziger Jahren über die Ufer
trat und das Land überschwemmte, machte Baba sich
von dem Dach des östlichen Prashânti-Gebäudes ein
Bild von der Situation und schickte dann einfach mit
einer Handbewegung die Fluten zurück. Sie ver-
schwanden.

Es ist Vajra-Sankalpa, die übernatürliche Willenskraft von
Baba, die bewirkt, was er will. Diese Willenskraft besaß er
schon in seiner Jugend, aber sie wurde nicht als solche
erkannt. Man deutete sie als Tricks oder magische Fähigkeiten, wenn er zum Beispiel Äpfel oder Mangos vom
Tamarindenbaum pflückte. Erst viel später fing man an zu
begreifen, daß das keine Tricks waren, nämlich dann, als
die sogenannten Tricks alle Vorstellungen überstiegen.
Die Ringe zum Beispiel, die Baba materialisierte, wirkten
wie ein drahtloser Sender, wenn der Träger in Not war.
Sein Hilferuf erreichte Baba überall, und die nötige Hilfe

wurde sofort geschickt. Beispiele von Babas erstaunlichem Eingreifen genau im kritischen Augenblick zeigen besonders gut seine große Macht. Und davon kann man unzählige Beispiele in der Baba-Literatur lesen. Um das Leben seiner Anhänger zu retten, kann er jede Form annehmen. Zum Beispiel erschien er einmal als ein Elektriker oder ein anderes Mal als ein Luftschutzwächter, wie es die Beispiele unten zeigen. Es ist jedoch nicht immer so einfach, ihn zu erkennen und seine unsichtbare Hand zu spüren, außer er selbst erinnert uns an die Umstände, unter denen er uns rettete:

Es geschah in einem fahrenden Zug in Nordindien. Ein Staatspräsident reiste mit seiner Frau in einem besonderen Abteil. Plötzlich fing der Ventilator an zu brennen. Das Ehepaar war vor Schreck wie gelähmt und rief in seiner Todesangst nach Baba. Da kam ein Elektriker herein, löschte das Feuer und bastelte noch eine kleine Weile an dem Ventilator herum. Danach ging er wieder hinaus und verschwand. Das Ehepaar, das sich gleich danach bei ihm bedanken wollte, konnte ihn trotz allen Suchens nicht mehr finden.
Während des Krieges, als die Deutschen in England Tag für Tag Bomben warfen, heulten in London eines Abends wieder einmal die Sirenen, und die Bürger liefen in die Luftschutzkeller. G., ein junger Inder, aber war es leid, immer in den Keller zu rennen, und wollte in seiner Wohnung bleiben. Es kam anders. Ein Luftschutzwächter klopfte an die Tür und forderte ihn auf, sofort hinunterzugehen. Er ließ ihm nicht einmal Zeit, den Pyjama auszuziehen. Als G. im Keller ankam, wurde das Haus mit einem Volltreffer zerstört. G. wollte nach der Entwarnung dem Wächter danken,

189

konnte ihn aber trotz allen Suchens nicht finden. Erst Jahre später erfuhr er, wer der Wächter gewesen war. Dreißig Jahre nach diesem Luftangriff wurde G. von Baba, als er in Bombay war, an jene Nacht erinnert und daß er selbst der Luftschutzwächter gewesen sei, der ihn gerettet hatte.

Wo auch immer – Ereignisse geschehen, so wie Baba es will, und kritische Situationen werden erzeugt, damit sie dem einzelnen weiterhelfen sollen. Vieles in der Welt kam nie ans Tageslicht, und Baba sagt dazu: »Kein Vater veröffentlicht die Geschenke, die er seinen Kindern macht.« Beeindruckend ist beispielsweise die Geschichte von Ghadia, einem Arzt aus Uganda:

Ghadia hatte einen sehr schweren Autounfall. Er war mit seinem Wagen einen Abgrund hinuntergerollt und hatte sein Bewußtsein verloren. Er erinnerte sich später nur noch daran, daß er plötzlich in Prashânti Nilayam bei Baba war, der ihn aber wieder zurückschickte. Er erinnerte sich auch daran, daß ihn zwei kräftige Afrikaner aus dem zertrümmerten Auto herausholten, in ein vorbeifahrendes Auto brachten und davongingen. In einem Krankenhaus wurden seine schweren Verletzungen behandelt, aber er blieb behindert und mußte mit Krücken gehen. Nach ungefähr zwei Jahren besuchte er Sai Baba in Prashânti Nilayam. Da machte Baba ihm eine Eröffnung, die ihn maßlos erstaunte. Baba sagte, daß er selbst es gewesen sei, der diesen Unfall »gewollt« hatte, auch seine Rettung und die Krankenhausbehandlung, und er hatte ihn erst wiedersehen wollen, als alle orthopädischen Möglichkeiten erschöpft waren. Dieser Mo-

ment sei nun gekommen. Er forderte Ghadia auf, seine Hosen hochzukrempeln, materialisierte Vibhûti und rieb das steife Knie damit ein. Ghadia konnte seine Krücken in Prashânti Nilayam zurücklassen und gesund in seine Heimat fahren. Außerdem bekam er von Baba eine Dose mit Vibhuti, das heilende Kräfte besaß, so wie einst Indra Devi bekam. Die Dose wurde niemals leer.

Auch das nächste Beispiel zeigt, wie Baba mit seiner Willenskraft Umstände erschaffen kann und Menschenleben rettet. Es liegt jenseits unserer Vorstellungskraft:

Es ereignete sich in Kodaikanal, einem Gebirgsort in Südindien. Sathya Sai verbrachte dort einige Zeit mit mehreren älteren Mönchen aus der Gegend. Eines Tages hatten die Mönche das Erlebnis ihres Lebens. Baba rief plötzlich: »Nicht schießen!« und ging in Trance; und als er aus der Trance herauskam, ließ er ein Telegramm nach Bhopal schicken. Die Mönche waren erstaunt über Babas Benehmen und konnten es sich nicht erklären. Erst ein paar Tage später, als ein Brief für Baba aus Bhopal ankam, erfuhren sie die Bedeutung dieser wundersamen Ereignisse. Es war ein Dankesbrief eines Offiziers aus der Armee an Baba. Dieser Offizier hatte sich in Bhopal mit einem Revolver erschießen wollen, aber genau in diesem Augenblick war an die Tür geklopft worden – und er habe seinen Revolver verstecken müssen. Herein sei der strahlende und geschwätzige Freund seiner Kinderzeit gekommen und mit ihm dessen Frau. Über eine Stunde haben sie sich unterhalten und sich an ihre gemeinsamen fröhlichen Kindertage erinnert. Als sie gegangen waren, wollte der Offizier aber doch wieder seinen Revolver holen und seinem Leben ein Ende machen. Er konnte ihn jedoch nicht finden und war darüber sehr erstaunt. Er staunte aber noch mehr, als es wieder an die Tür klopfte und ein Telegramm ankam: »Reg dich nicht auf, das Instrument ist bei mir. Baba.«

Der Allgegenwärtige

Chaitanya aus Mahaprabhu in Ostindien rief vor einigen Jahrhunderten Bhajangruppen ins Leben. Er wollte mit heiligen Liedern dem einfachen Mann ein gutes Handwerkszeug mit auf seinen Lebensweg geben. Es sollte ihm auf diese Weise leichter fallen, näher zu Gott zu kommen. Sathya Sai Baba übernahm diese Technik. Er ließ die Namen Gottes singen, Namen aus der indischen Mythologie und aus allen anderen Religionen der Welt. Er legte Wert darauf, daß ehrerbietig und mit geistigem Verständnis gesungen wurde. In den ersten Jahren sang Baba die Bhajans selbst vor, und die Anhängergemeinde wiederholte seinen Gesang. Heute sind es meist seine Studenten, die im Mandir die Bhajans anleiten. Baba wiederholt immer wieder, daß er selbst anwesend sei, wenn mit Hingabe von Gott gesunden wird. »Da ich allgegenwärtig bin und man mich überall finden kann, bin ich besonders dann bei euch, wenn ihr andächtig singt.«

In Häusern von Baba-Anhängern und bei Gruppen, die sich im Namen von Baba treffen, geschieht es nicht selten, daß nach dem Bhajansingen der Fußschemel unter den Sessel geschoben ist, der für Baba bereitgehalten wurde.

Baba schiebt immer den Fußschemel zurück, wenn er für den Feuersegen (Ārati) aufsteht. Das häufigste Zeichen seiner Gegenwart ist das Auftreten von heiliger Asche (Vibhūti). Es kann auf einem Bild von Baba oder auf einer Statue von ihm erscheinen. Es erscheint aber auch auf anderen Bildern, Symbolen oder Formen, in denen Gott gehuldigt wird. Es erscheint immer das gleiche Baba-Vibhūti. Es soll uns zeigen, daß der Körper vergänglich ist und nach dem Tod zu Asche zerfällt. Es ist auch ein Symbol von Babas Gnade und kann Heilung bringen. Es ist auf jeden Fall ein Zeichen seiner Gegenwart. Hier einige Beispiele, die gut geprüft wurden:

Einmal hatte Ramada aus Delhi ein Problem. Er wußte nicht, ob er einer neuen Arbeitsstelle zusagen sollte oder nicht. Er hoffte auf Hilfe von Baba. Da seit einiger Zeit täglich an seinem Hausaltar Vibhūti von Baba erschien, schrieb er die beiden Möglichkeiten seiner Entscheidung auf zwei verschiedene Zettel und legte sie in getrennte Briefumschläge morgens vor seinen Altar. Abends war die Antwort schon da. In dem Umschlag, der die Möglichkeit enthielt, die Stelle nicht anzutreten, war Vibhūti erschienen.

In einem anderen Haus in Delhi, in Greater Kailash, bekamen die Kinder der Familie Antworten auf ihre Fragen in ein Heft geschrieben. Die Schrift bestand aus Vibhūti.

In Assam ereignete sich bei zwei Schwestern eine seltsame Geschichte von Babas unsichtbarer Gegenwart. Die jüngere von ihnen rettete einmal ein kleines Kätzchen aus dem Abflußrohr und nannte es Minkie. Die ältere Schwester aber mochte das Kätzchen nicht, und als Minkie eines Abends in Anwesenheit von

Gästen den Fisch vom Tisch stahl, schlug sie es heftig.
Die Katze schrie jämmerlich. Da kippten plötzlich die
Bilder von Baba um, die mit Blumen geschmückt
waren, und die Gäste, die dachten, daß es ein Erdbe-
ben sei, rannten in Panik aus dem Haus. Nach einer
Weile erkannten sie aber, daß es Baba war, dem das
Schlagen des Tieres nicht gefallen hatte. Die Katze, die
noch ganz verängstigt war, schüttelte sich Vibhûti aus
dem Fell. Sechs Monate später, als die Schwestern
Baba in Prashânti Nilayam besuchten und ein Inter-
view bekamen, gab Baba der jüngeren Schwester ein
zusätzliches Päckchen mit Vibhûti und sagte, es sei für
ihren kleinen Liebling Minkie.

In früheren Jahren ging Sathya Sai Baba häufig in Trance.
Er verließ dann seinen Körper und ging auf eine geistige
Reise. Unzählige Episoden aus der Baba-Literatur berich-
ten davon. Zum Beispiel besuchte er viele Jahre lang am
Vijayadasami-Tag (das ist der Tag, an dem Shirdi Sai 1918
seinen Körper verließ) den Ort, in dem Shirdi lebte. »Ein-
fach eine alte Gewohnheit«, sagte Baba einmal zu seinen
Anhängern.
Nagamani erlebte einmal eine typische Baba-Trance auf
einer Fahrt von Madras aus und erzählte:

Baba verließ Madras in einem Auto. Unterwegs ging
er plötzlich in Trance und fiel so gegen die Tür, daß
sie ganz verbeult war und ihm ein Zahn ausfiel. Wäh-
rend solcher Trancezustände konnte man ihn nie hal-
ten. Als Baba aus seiner Trance zurückkehrte, gab
man ihm seinen Zahn zurück. »Was ist dabei, wenn
ich einen Zahn verliere?« Man überzeugte ihn aber,
daß keiner ihn zahnlos sehen wolle, und so steckte er

den Zahn wieder in die Lücke. Die verbeulte Autotür
brachte er durch eine bloße Berührung seiner Hände
in Ordnung.

Eine liebenswerte Geschichte berichtet von einer Trance,
in die Baba einmal ging, als er einmal in seiner Jugend bei
einer Familie zu Besuch war:

Die Familie, die Sathya als einen übernatürlichen
Jungen akzeptiert hatte, war daran gewöhnt, daß sol-
che Trancezustände auftraten. Sie warteten auch die-
ses Mal geduldig, als Sathya abwesend war, aber er
kam und kam nicht zurück. Stunden vergingen, und
der Junge murmelte hin und wieder nur etwas Unver-
ständliches. Der Herr des Hauses fing allmählich an,
sich Sorgen zu machen, und versuchte, Sathya aufzu-
wecken. Aber es gelang ihm nicht. Sathya blieb zwei
Tage lang in diesem Zustand. Da entschlossen sie sich
in ihrer Not einfach, Shirdi Baba den Feuersegen
(Ârati) darzubringen.
Sathya kam daraufhin zurück, sagte aber vorwurfsvoll
zur alten Dame des Hauses: »Warum mußtet ihr mich
aufwecken?«
»Du bist unser Gast und hast zwei Tage lang nichts
gegessen.«
»Ja und?«
»Du kannst ja essen und dann in deinen Schlaf zurück-
gehen, wenn du unbedingt willst.«
»Aber ich war doch mit einer wichtigen Aufgabe be-
schäftigt. Ihr hättet warten können, bis ich von allein
zurückkomme.«
»Von wo zurückkommen? Was soll ich deinen Eltern
sagen, wenn dir etwas zustößt? Es ist besser, wenn du

mir sagst, wo du hingehst und wann wir die Ārati
zelebrieren sollen.«
Sathya lächelte.

Meist ging Baba in Trance, wenn sich seine Anhänger in
gefährlichen Situationen befanden und seine sofortige
Hilfe brauchten. Einige Beispiele:

Während der Razaka-Unruhen in den vierziger Jahren
geriet einmal das Leben eines Anhängers in Hydera-
bad in Gefahr, als er von einigen Burschen angegriffen
wurde. Da erschien Baba und schlug die Burschen
grün und blau. Zur gleichen Zeit wurden auch einige
Ashrambewohner, die mit Sathya auf der Terrasse
saßen, gestoßen und gepufft.
Bhimaiah, ein reicher Dorfbewohner, der mit seinem
Bruder dauernd Streit hatte, wollte gern im Ashram
leben. Baba aber schickte ihn zurück in sein Dorf. Er
sollte lernen, mit seinem Bruder in Frieden zu leben.
Der übersensible Bhimaiah nahm sich Babas Verweis
aber so zu Herzen, daß er zu den Eisenbahnschienen
ging und sich umbringen wollte. Zur gleichen Zeit sah
man Baba in Trance gehen und einen unsichtbaren
schweren Gegenstand in die Höhe heben. Bhimaiah
wurde gerettet.
Es war 1967 im Himalaja. Baba besuchte Swami Pu-
rushothamananda, einen verehrungswürdigen San-
nyasi, der seit dreißig Jahren in der Höhle Vasishta
Guha lebte. Als Baba von der Höhle zurückkam, sahen
seine Anhänger, wie er plötzlich in Trance ging und
seine Hände so übereinanderhielt, als ob er etwas
schützen würde. Das sah so seltsam aus, daß seine
Devotees ihn später um eine Erklärung baten. Sie

erfuhren, daß ein alter Asket von einem Felsen in reißende Fluten gestürzt war, und als ihm bewußtgeworden war, in welcher Gefahr er sich befand, hatte er sich ganz Gott übergeben. Baba hatte den SOS-Ruf gehört und war in Trance gegangen. Er hatte den Mann ans Ufer gebracht und mit seinen Händen das Herz geschützt.

Ein Engländer namens Mason schreibt: »Ich erlebte Begegnungen mit Baba hier in England. Baba kam immer ›ohne Formalitäten‹, wie er es nannte, zu Besuch. Einmal wurde er gefragt: ›Bist du nur geistig hier oder auch mit deinem Körper?‹ Baba antwortete: ›Fühle meinen Arm.‹ Er war fest. Dann ging er zur Tür und verschwand.«

Inkarnation Gottes

Als Sathya noch ein Junge war, akzeptierten nur wenige die Vorstellung, daß er eine göttliche Erscheinung sei. Man weiß, daß Subbamma aus Puttaparthi und Kameswaramma aus Uravakonda zu den ersten gehören, die davon überzeugt waren. In Bukkapatnam vertraute Sathya in der Schule einmal einem Klassenkameraden an, daß er die Welt wieder zurechtrücken werde. Er würde dafür sorgen, daß in allen Ländern wieder die Wahrheit regiere. Der arme Seetharamao, dem er das damals erzählte, konnte das nicht verstehen und hielt es einfach nur für Angeberei seines unternehmungslustigen Klassenkameraden. Sogar in Hampi, wo man von seiner Gottesnähe überzeugt war und ihn 1940 einlud, den Tempel zu besuchen, war man doch nicht von ganzem Herzen davon überzeugt. Man traute dann aber den Augen nicht, als im Tempelschrein statt der steinernen Gottheit Virupaksha der junge Sathya Sai vor ihnen stand.

Die erste Aufzeichnung, die wir haben, in der Sai Baba selbst über seine göttliche Persönlichkeit etwas aussagt, ist neben dem Brief, den er seinem Bruder Seshamaraju schrieb, ein Lied, das er 1945 zum Vaikunta-Ekadasi-Tag komponierte. An dem Tag sollen dem Hindu-Glauben nach die Tore zum Himmel geöffnet sein. Sathya komponierte einen Aufruf an die Menschen, und Mädchen sangen ihn damals beim Flechten einer Tulsi-Girlande zum Lobe Gottes:

Kommt … kommt, Brüder und Schwestern;
laßt uns jetzt zum heiligen Puttaparthi gehen …
Dieser Baba, so sagen sie, erzählt ihnen täglich,
daß er Gott in menschlicher Gestalt sei.
Er lebte in Shirdi
und ist nun wieder da, um uns zu retten.
Alle Formen Gottes sind in ihm vereint.
Man kann ihn sehen als den und den …
Immer wenn jemand in Not betet, schickt
er augenblicklich Hilfe …
Sobald er es will, ist seine Hand voll mit Vibhûti,
das er gleich denen gibt, die sich plagen, leiden und
sich verirrt haben … er steht auf und geht.
Laßt euch nicht von den Schwierigkeiten abhalten;
die Belohnung ist groß …

Erst Jahre später, nach der Verkündigung von Baba, fing man an, die Echtheit seiner Aussagen zu prüfen. Indische Astrologen betrachteten sein Horoskop genauer, und in der Teluguausgabe von *Satyam Sivam Sundaram* kann man nachlesen, was Agasthyanadigrandha aus Palmblättern in Tamilschrift erstellte. Es zeigt in allen Einzelheiten die Göttlichkeit von Bhagavan Shri Sathya Sai Baba.

Es gibt schon Aussagen von alten Weisen, die auf die göttliche Mission von Sathya Sai Baba hindeuteten. Man kann es in heiligen Schriften nachlesen. In der Mahâbhâratha etwa berichtet der Weise Markandeya den Pandavas im Exil, daß im Kali-Yuga wieder ein Avatar auf die Erde kommen würde. Er werde die Welt, die voller Probleme sei, in den Frieden führen und das Gottesbewußtsein erneuern. In dem 13. Band von *The Ocean of Light* steht die Aussage von Mohammed, die den »großen Lehrer« oder den »Herrn der Welt« deutlich erkennen läßt:

Sein Haar wird üppig sein …
Er wird keinen Bart tragen, sondern glattrasiert sein.
Er wird ein Muttermal auf der Wange haben; seine Kleidung wird wie eine Flamme aussehen …
Sein Körper wird von kleiner Größe sein …
Seine Beine werden aussehen wie die eines jungen Mädchens;
Die gesamten Lehrer aller Religionen werden von Geburt an schon in seinem Herzen sein …
Er wird allen Geschenke machen, die ein kleines Gewicht haben.
Der Herr dieser Welt wird Gegenstände aus seinem Körper durch seinen Mund herausholen …
Alle Augen, die ihn sehen, werden glücklich sein …
Er wird zwei Kleidungsstücke tragen …
Er wird 95 oder 96 Jahre lang leben.

Der berühmte südindische Heilige Aurobindo Ghose gab den Prophezeiungen, die im Laufe der Zeit gemacht worden waren, zusätzlich großes Gewicht. Am 24. November 1926, an dem Tag, der Sathya Sai Babas Geburt folgte, ließ er alle Ashrambewohner zu einem Darshan rufen. Sie meditierten gemeinsam, und danach machte er die unglaubliche Offenbarung: »Der Göttliche ist auf die Erde heruntergekommen.« Aurobindo selbst zog sich von diesem Tag an in die Stille zurück. Später äußerte er sich noch einmal zu diesem Thema: »Am 24. November 1926 erfolgte der Herabstieg von Krishna in das Physische ... Eine unfehlbare Kraft wird die Gedanken lenken und in den irdischen Herzen das unsterbliche Feuer entzünden; auch die große Menschenmenge wird die Stimme verstehen.«

Auch andere zeitgenössische Heilige Indiens anerkannten Baba als einen Purusha-Avatar, als die Herabkunft des allerhöchsten Bewußtseins. Verwirklichte Seelen wie Ramana Maharshi und Swami Shivananda sind bekannte Beispiele. Als Baba einmal in jungen Jahren nach Tiruvannamalei zu Ramana Maharshi zu Besuch kam, saß dieser wie immer halbgekleidet in seiner typischen Haltung da. Er stand aber auf, als er Baba sah, grüßte ihn ehrerbietig und führte ihn in seinem Ashram herum. Maharshi zeigte selten jemandem einen solchen Respekt. Ein junger Schüler Ramana Maharshis erzählte später, daß sein Lehrer nicht einmal den Namen von dem jungen Sadhu mit dem orangefarbenen Gewand und dem Heiligenschein aus schwarzem Haar gewußt habe. Und als dieser Schüler nach dem Tode Ramana Maharshis nach Puttaparthi kam, erzählte er: »Ja, Baba besuchte Tiruvannamalei und segnete den alternden Maharshi.« Auch Swami Shivananda von Rishikesh bekannte sich zur göttlichen Identität von Baba, als dieser ihn auf seinem Weg nach Badrinath besuchte.

Sathya Sai – der Avatar

Ist Sathya Sai Baba ein Avatar, eine Inkarnation Gottes? Die Antwort können uns am besten Sanskrit-Gelehrte geben, die die ältesten heiligen Schriften der Welt, die Veden, studiert haben. Die Veden sollen von Gott selbst verfaßt worden sein. Sie waren Gaben, die er durch die Seher (Rishis) der Menschheit zum Wohl schenkte. Viele von ihnen aber gingen in der Sintflut verloren, in dem Wasser, das unsere Erde so erbarmungslos überschwemmte. Nur wenige wurden gerettet und später von Weisen für uns ausgelegt. Für uns gelten heute hauptsächlich die Schriften des Weisen Vyasa und des Heiligen Vâlmîki, die durch göttliche Eingebung die berühmten Epen Mahâbhârata und Ramayana verfaßten. Diese Epen liefern uns große Beispiele und Lehren für unser tägliches Leben. Sie beschreiben auch Avatare und definieren sie genau.

Avatar bedeutet auf Sanskrit »Herabkunft«. Ein Avatar ist eine Inkarnation Gottes, der auf die Erde herabgestiegen ist, um den Sterblichen weiterzuhelfen. In der Geschichte seiner Schöpfung über Millionen und Milliarden von Jahren ist er zu verschiedenen Zeiten in verschiedenen Formen gekommen. Die Avatare inkarnierten in den verschiedenen Stadien der Evolution in entsprechend unterschiedlichen Formen auf unserem Planeten und erzielten unglaubliche Ergebnisse in den schwierigsten Situationen. Als sich zum Beispiel Leben auf der Erde entwickelte und dämonische Einflüsse ihre häßlichen Köpfe zeigten, kamen sie mit der speziellen Aufgabe, diese Einflüsse zu zerstören. Die ersten fünf Avatare zeigten Gott nicht in menschlicher Gestalt, sondern entsprechend dem Stand der Evolution. Als unsere Erde bei der Sintflut vollkommen mit Wasser bedeckt war, erschien Gott als ein Fisch, als ein Mathsya-Avatar. Als sich in der geologischen Entwicklung die Landmassen auf unserem Planeten herauskristallisierten und sich Leben auf ihnen entwickelte, erschien er als eine amphibische Schildkröte, als ein Kurma-Avatar, der gleichzeitig im Wasser und auf dem Lande leben konnte. Dann erschien er als ein Tier auf dem Land, als ein Bär, als Varah-Avatar. Der nächste Avatar war ein Mensch mit dem Kopf eines Löwen, der Narasimha-Avatar, und der fünfte war der Vamana-Avatar, der dem Homo sapiens ähnlich war.

Im Unterschied zu diesen fünf Avataren nahm Gott bei den nächsten vier Avataren eine menschliche Gestalt an. Es war der Shri-Parasuram-Avatar, Shri-Rama-Avatar, Shri-Krishna-Avatar und Shri-Buddha-Avatar.

Die innere Bedeutung der Avatare kann nicht vom menschlichen Verstand erfaßt werden, erzählen uns die Gelehrten der heiligen Schriften. Alle Avatare seien zu bestimmten Anlässen mit bestimmten Aufgaben gekommen und hätten ihr göttliches Dasein im Hinblick auf ihre Aufgabe begrenzt. Der Shri-Rama-Avatar und Shri-Krishna-Avatar, auf die Sathya Sai Baba immer wieder hinweist, hatten eine besonders umfassende Aufgabe. Sie wollten nicht nur die teuflischen Kräfte ihrer Zeit zerstören, sondern die Menschheit insgesamt »anheben«. Shri Rama war ein großes Beispiel für die Welt. Um der »Rechtschaffenheit« willen setzte er sich dem Leid aus und demonstrierte auf diese Weise, was er der Menschheit zeigen wollte. Shri Krishna dagegen erneuerte durch sein Beispiel in der Welt die selbstlose Liebe und gegenseitiges Verstehen. Ebenso ging der neunte Avatar, Gautama Buddha, durch schwere menschliche Prüfungen und brachte durch Beispiel und Predigten der Menschheit seine göttliche Botschaft. Diese Avatare waren alle Pûrna-Avatare, das heißt vollkommene Avatare, die sich von den anderen durch sechzehn charakteristische Merkmale unterscheiden. Sathya Sai Baba vereint diese Merkmale auch alle in sich. Die sechzehn Merkmale sind: die Herrschaft über die fünf äußeren Sinne (Augen, Ohren, Nasen, Mund und Haut), die Herrschaft über die fünf inneren Sinne (entspricht den inneren Nervenzentren der äußeren Sinne) und die Herrschaft über die fünf ausführenden Organe (Mund, Hände, Füße, Ausscheidung und Fortpflanzung). Das sechzehnte Merkmal ist die besondere Fähigkeit der Allgegenwart, Allwissenheit und Allmacht. In der Janmastami-Rede, zu Krishnas Geburtstag, im Jahr 1984 sagte Baba selbst, daß alle Avatare voneinander verschieden seien und den Umständen und der jeweiligen Zeit entsprechend handeln würden. Geistreich verglich er Râma und Krishna und stellte sie einander gegenüber. Râma sei ernst gewesen und Krishna verspielt; Râma habe Sehnsucht nach seiner Frau gehabt, Krishna aber ließ die Frauen sich nach ihm sehnen. Râma habe zuerst gearbeitet und sei dann glücklich gewesen. Krishna aber habe zuerst gelächelt und dann gearbeitet. Râma sei selbst in einen Krieg verwickelt worden, während Krishna einen Krieg herausgefordert habe. Râma sei ein Beispiel für Rechtschaffenheit gewesen, Krishna habe die selbstlose Liebe gelebt. Man kann über Râma und Krishna in der Vahini-Serie, die Sai Baba selbst schrieb, nachlesen.

Im zweiten Weltzeitalter (Tretâ-Yuga) stellte der Râma-Avatar Dharma, das rechte Handeln oder die Rechtschaffenheit, wieder her; im dritten Weltzeitalter (Dvâpara-Yuga) machte der Krishna-Avatar den großen Aufruf an alle Menschen, die Bande der selbstlosen Liebe zu festigen; und im vierten Weltzeitalter (Kali-Yuga), in dem wir uns gegenwärtig befinden, erneuerte der Buddha-Avatar den Friedensgedanken für die Weltordnung. Die fundamentale Abweichung des heutigen Avatars von den früheren Avataren, wie Sathya Sai Baba sie uns zeigt, liegt darin, daß er den Menschen selbst als Werkzeug wählt, um ihn aus dem gegenwärtigen Zeitalter heraus zurück in das glückliche erste Weltzeitalter (Satya-Yuga) zu führen. Er hat sich mit den Fähigkeiten und Kräften inkarniert, die genau für die heutige Situation in der Welt gebraucht werden.

Tatsächlich zeigt er eine ungewöhnlich mächtige Anziehungskraft, die weltweit wirkt und Menschen aus allen sozialen Schichten und allen Glaubensrichtungen zu ihm führt. Für viele ist Sai Baba heute ein lebendiger Gott, dessen Adresse sie kennen und den sie besuchen können. Baba demonstrierte, daß keine Krankheit seinem Körper schaden könne, und er sagte voraus, wie lange er leben wird. Jeder wird von ihm ohne Unterlaß geführt, ob er sich dessen bewußt ist oder nicht. Sai Baba erklärte der Welt:

> *Ihr wundert euch über mich. Ihr wollt wissen, wer ich bin. Sathya Sai Baba ist ein Avatar, eine Inkarnation Gottes. Ihr dürft diesen Avatar nicht verkennen. Seine Aufgabe wird ihr Ziel erreichen ...*
> *Ich lasse euch zu mir kommen und mache euch sogar weltliche Geschenke. Ich möchte, daß ihr euch an Gott*

erinnert. Kein Avatar hat bisher so gehandelt, ist unter
das Volk gegangen, hat es beraten, hat es geführt und
getröstet. Keiner hat ihm gleichzeitig den Weg zu Satya
[Wahrheit], Dharma [Rechtschaffenheit], Shanti
[Frieden] und Prema [Liebe] gezeigt. Gott ist diesmal
nur zu diesem Zweck gekommen.

7

Bhagavan Shri Sathya Sai Baba

Die gesamte Menschheit ist meine Familie.
Alle sind mit mir geistig eng verbunden, und
meine Aufgabe ist es, die Menschheit durch
Wahrheit und Liebe auf den rechten Weg zu
bringen …
Geht einen Schritt auf mich zu, und ich gehe
zehn Schritte auf euch zu. Vergießt eine einzi-
ge Träne der Reue, und ich wische hundert von
euch ab …
Die Geburt hängt vom Tod ab. Das Volk glaubt
zwar, der Mensch sei geboren, um zu sterben,
aber das ist nicht wahr. Ihr werdet geboren,
damit ihr nicht wiedergeboren werdet.

Sathya Sai Baba

Die große Aufgabe

Diejenigen, die in Indien schon lange Anhänger von Sai Baba sind, sagen, daß »ihr Swami« sich immer mehr von ihnen entfernen würde, und fürchten, daß ihr Land ihn ganz verlieren könnte. Im Laufe der Zeit haben sie aber gelernt, daß Baba zwar in Indien geboren wurde, daß seine Aufgabe aber universell ist. Er ist kein indischer Missionar, er ist kein göttlicher Wundertäter oder Heiliger, er ist Shri Sathya Sai Baba, allerhöchstes Bewußtsein oder Gott. Sai Babas Aufgabe gilt allen Menschen, allen

Ländern und allen Zeiten. Er lebt in der telugusprechenden Bevölkerung Indiens, aber er gehört ihr nicht. Er sagt selbst:

> *Ich trage kein Etikett mit dem Namen eines bestimmten Landes oder Ortes …*
> *Die ganze Menschheit ist meine Familie. Es gibt niemanden in dieser Welt, der nicht zu mir gehört – alle gehören zu mir. Sie rufen mich zwar nicht alle mit meinem Namen, aber sie gehören trotzdem zu mir.*
> *Ich gebe niemanden auf, auch wenn er fernbleibt. Ich werde auch die nicht im Stich lassen, die sich von mir abwenden; ich bin zu allen gekommen. Diejenigen, die nicht kommen wollen oder sich verirren, werden auch gerufen und gerettet werden.*

Ja, er ist gekommen, um die Wahrheit zu festigen, alles Unwahre auszurotten und die ethischen Werte im menschlichen Dasein zu erneuern. Sai Baba hat zum wiederholten Male erklärt, daß es seine Aufgabe ist, die Prinzipien der ewigen Ordnung, Sanâtana Dharma, in der ganzen Welt auch außerhalb Indiens wiederherzustellen, um »der Welt Frieden und ein glückliches Dasein zu bringen«.

Wie groß er selbst und seine Aufgabe ist, verdeutlichen seine eigenen Worte, wenn er sagt: »… weder heute noch später wird irgend jemand von euch fähig sein, meine wahre Natur zu beschreiben, wie sehr ihr euch auch darum bemüht und was auch immer ihr dafür einsetzt.« Sai Baba begann mit seinem Wirken, das die Welt verändern soll, in Indien, und es ist unmöglich, etwas über die Zukunft vorauszusagen. Erst das letzte Lebensdrittel von Bhagavan Shri Sathya Sai Baba und die Zeit danach werden den Umfang und die Auswirkungen seines Wirkens auf die Welt und die zukünftigen Generationen zeigen können.

Baba betont immer wieder mit Nachdruck, daß die Veden die Basis für die Rechtschaffenheit (Dharma) des Menschen seien; und Rechtschaffenheit wiederum sei das Allheilmittel für alle menschlichen Verirrungen. Der erste Schritt Babas war es daher, die Tendenzen des Niedergangs in der indischen Zivilisation abzuwenden und die Größe der alten heiligen Schriften, der Veden, und ihre Lehren wieder in das tägliche Leben des Menschen einzugliedern.

Schon früh war Baba bestrebt, die zahlreichen religiösen Zentren in Indien neu zu beleben und die Kraft der heiligen Plätze, die die Inder häufig besuchen, zu verstärken. Er, der die Vergangenheit aller Schreine kennt, die in den heiligen Schriften des Hinduismus erwähnt werden, wußte, wie er ihre »geistige Batterie« erneuern konnte, so daß sie das menschliche Gemüt mit einem größeren Gottesbewußtsein erhellen können. Von Zeit zu Zeit besuchte er Indiens Pilgerorte, und viele Anhänger begleiteten ihn. Er besuchte Badrinath, Somnath, Thirupathi, Ayodhya und noch viele andere. Den uralten Schreinen erneut heilige Kraft zu geben war ein wichtiger Teil seiner Aufgabe.

Das andere Mittel, das er wählte, um die uralten Wahrheiten wiederherzustellen, war, auf ihre Hüter Einfluß zu nehmen. Mit Liebe und Geduld kümmerte er sich um die älteren Gelehrten von gestern und die hoffnungsvollen jungen Lichtträger von morgen. Es wurde eine vedische Schule gegründet, die Sathya-Sai-Veda-Shâstra-Pathasala, die zu Babas Geburtstag im Jahr 1963 eingeweiht wurde. Die Hauptaufgabe dieser Schule im Vergleich zu anderen ist, daß die Studenten neben dem Rezitieren von heiligen Worten Aufrichtigkeit und Hingabe lernen sollen. Baba möchte, daß sie von Wünschen frei werden und sich mit der Wahrheit, wie die Veden sie lehren, verbunden fühlen.

Ein wichtiger Meilenstein wurde 1962 gesetzt, als Gelehrte der heiligen Schriften aus ganz Indien kamen und an einer siebentägigen Veranstaltung, der Veda Purusha Sapthaha Jnana Yajna, teilnahmen. Jeden Morgen wurden vedische Riten bis ins kleinste Detail zelebriert, und in Abendveranstaltungen von den besten Teilnehmern die altehrwürdigen Lehren vorgetragen. Baba beendete jede Veranstaltung mit einer glänzenden Rede, in der er die innere Bedeutung von besonders schwierigen Themen aus den heiligen Schriften erklärte. Am letzten Tag nahm er zur Freude aller Anwesenden selbst die Abschiedsgaben, die Gott während der heiligen Veranstaltung geweiht wurden, entgegen.

Zu einem anderen Zeitpunkt ließ Baba Sannyasis aus verschiedenen Ashrams Südindiens kommen und half ihnen durch seine geistige Führung auf ihrem spirituellen Weg weiter. Auch die Dasara-Veranstaltungen, die seit den sechziger Jahren jedes Jahr für eine Woche in Prashânti Nilayam abgehalten wurden, zogen Tausende und aber Tausende Wallfahrer aus aller Welt an. Sie nahmen an den Ritualen teil und hörten aufmerksam den philosophischen Reden von Baba zu. Diese Veranstaltungen gaben vielen Menschen Gelegenheit, sich über die hohen alten Lehren zu informieren und weiterzubilden. Sie vermittelten Gebildeten wie Ungebildeten Kenntnisse und Erkenntnisse. Und sie gaben noch einmal den »alten Hütern« der heiligen Schriften die Möglichkeit, sich selbst zu prüfen und ihr Wissen zu erweitern.

In all den Jahren kümmerte sich Baba ganz besonders um das geistige Erwachen von jungen Menschen und führte eine heilige Zeremonie für junge Hindus (Upanayana) in großem Umfang durch. Diese Zeremonie entspricht ungefähr der Kommunion oder Konfirmation des Christentums. Das hohe Gebet aus den Veden (Gâyatrî-Mantra), das hierbei eine große Rolle spielt, sollte die geistige Intelligenz der jungen Menschen wecken. Durch Mißinterpretation hatte sich im Laufe der Zeit die Meinung entwickelt, daß dieses Gebet ein Vorrecht der Brahmanen sei und da auch nur für die Männer. Sathya Sai erklärte, daß vedische Mantren und ganz besonders das Gâyatrî-Mantra für alle da seien, für Brahmanen wie für Nichtbrahmanen, für Männer und für Frauen. Bei diesen Veranstaltungen flüsterte er vielen schulpflichtigen Jungen, egal welcher Klasse und welchem Glaubensbekenntnis sie auch angehörten, das für sie bestimmte Mantra (Gebet) ins Ohr. Danach rief er die anwesenden Eltern dazu auf, von nun ab ein Beispiel für ihre Verwandten und die Gesellschaft zu sein, und ermunterte sie, ebenfalls täglich dreimal das Gâyatrî-Mantra zu sprechen:

> *OM Bhur Bhuvah Svah*
> *Tat Savitur Varenyam*
> *Bhargo Devasya Dhimahi*
> *Dhijo Yona Prachodayath*
> *OM, Shânti, Shânti, Shânti.*

Die Übersetzung lautet: »Laßt uns über das OM meditieren, jenen Urlaut Gottes, aus dem das Grobirdische [Bhur], das Ätherische [Bhuvah] und das Himmlische [Svah] hervorgegangen sind. Laßt uns das höchste göttliche Sein [Tat] verehren [Varenyam], das sich in der lebenspendenden Kraft der Sonne [Savitur] kundtut. Laßt uns über das strahlende Licht Gottes [Bhargo Devasya] meditieren [Dhimahi]. O Gott, wir bitten dich [Yonah Prachodayath], laß dein Licht in unserem Geist [Dhi] leuchten. OM, Friede, Friede, Friede.«

Baba führte einfache vedische Praktiken in seinen Schulen und Universitäten ein. Gebete, Meditationen und andere geistige Übungen wurden ein Teil seines Erziehungsprogrammes und eine tägliche Routine für seine Schüler und Studenten, die mit der Zeit auf ihre Umgebung wie eine Quelle des Lichts wirkten. Es ist keine Übertreibung, wenn man behauptet, daß Schüler, die Babas Schulen besuchen, sich von anderen unterscheiden. Sie sind Gott hingegeben und weihen sich ihrer Arbeit mit einem Bewußtsein, wie andere Schüler es nicht tun. Sie haben sich Babas Worte zu eigen gemacht, der sagt, daß Gott nicht nur im Jenseits gefunden werden kann. Er ist der Weg des Lebens.

Religion und Wissenschaft

Mein Leben ist der ganzen Menschheit gewid-
met, die die gleiche Herkunft hat; sie kommt
von Gott. Erkennt deshalb in jedem das Göttli-
che, und verbannt alle einengenden Gedan-
ken und Urteile.
Es gibt nur einen sozialen Stand, den Stand der
Menschlichkeit. Es gibt nur eine Religion, die
Religion der Liebe. Es gibt nur eine Sprache,
die Sprache des Herzens. Es gibt nur einen
Gott, und der ist allgegenwärtig.

Sathya Sai Baba

Religion und Wissenschaft haben in Sai Babas Lehrauf-
trag eine fundamentale und universelle Bedeutung. Über
die Religionen, die für ihn alle den gleichen Stellenwert
haben sollen, sagt er: »Laß die verschiedenen Glaubensrichtungen existieren, laßt sie blühen und gedeihen; be-
singt die Herrlichkeit Gottes in allen Sprachen und in
vielen Melodien. Respektiert die Unterschiede der verschiedenen Glaubensrichtungen.« Sein Emblem zeigt die
Symbole der fünf großen Weltreligionen, und die große
Säule auf dem Platz neben seinem Tempel, die Sarvamat-
haika-Stupa, verkündet ihre grundlegenden Glaubens-
wahrheiten (die Texte wurden an den Anfang dieses Buches gestellt). Baba setzt es in die Tat um, indem Menschen aus allen Glaubensrichtungen zu ihm kommen können. Für die Moslems in Puttaparthi ließ er die Moschee
renovieren und feiert für die Christen jedes Jahr Weihnachten als eine »heilige Weihnacht«. In Prashânti Nilayam können Menschen aus aller Welt und allen Religionen

einen Tempel finden, in dem sie Gott uneingeschränkt ihre Liebe geben können, und nur das zählt.

Einheit und Vielfalt sind die Schlüssel zu Babas Philosophie. Das gilt für den Bereich der Spiritualität wie für die moderne Wissenschaft. Die Religion, die ja in Wahrheit eine spirituelle Wissenschaft (Yoga) ist, beschäftigt sich mit der Einheit, die moderne Wissenschaft dagegen mit der Vielfalt der Schöpfung. Wenn man vom Wort ausgeht, dann bedeutet Wissenschaft einfach Wissen. Die Lehre von der Spiritualität ist auch eine Wissenschaft, die Wissen vermittelt, aber sie ist anders in ihrer Art. Die moderne Wissenschaft ist jung, die Lehre von der Spiritualität aber ist alt. Sie schließen sich gegenseitig nicht aus, sondern sie ergänzen sich. Die modernen wissenschaftlichen Methoden, die auf das Äußere gerichtet sind, erfahren durch die spirituelle Lehre, bei der die Richtung der Suche nach innen gerichtet ist, eine wunderbare Ergänzung. Der technische Wissenschaftler zum Beispiel benutzt in seiner Forschung das Bekannte, um das Unbekannte zu messen, und der spirituelle Forscher beginnt zuerst damit, das Unbekannte zu akzeptieren. Die moderne Wissenschaft beschäftigt sich mit sichtbarer Materie, um Ursache und Leben, die Schöpfung zu verstehen. Die spirituelle Forschung aber arbeitet im unsichtbaren Bereich des Geistes und will das eigene Selbst und den Schöpfer selbst erfahren. »Die Materie ist die Wirklichkeit, die man äußerlich sehen kann; das Bewußtsein dagegen ist die Wirklichkeit, die innen gelebt wird ...« Nach all diesen Überlegungen ergibt sich nun, daß sich moderne Wissenschaften und Technologien mit dem »Weg« beschäftigen und die spirituelle Forschung mit dem eigentlichen »Ziel«, was letztlich nicht zu trennen ist.

Wissenschaftliche Experimente, die leider durch die Sinne und den menschlichen Verstand begrenzt sind, wollen durch Spezialisierungen immer mehr das Detail, das einzelne in der äußeren Welt sehen und verstehen. Das aber verändert sich fortwährend; und so verändert sich die wissenschaftliche Erkenntnis mit dem Fortschritt der Wissenschaft auch. Das Wissen um das innere Selbst, die Göttlichkeit in uns aber ändert sich niemals, wenn man es einmal erreicht hat. Moderne Wissenschaften und Technologien suchen Unbekanntes. In der spirituellen Forschung ist der Weg umgekehrt. Das letzte Ziel ist bekannt. Um ihm näherzukommen, muß man nur regelmäßig und stetig die Wahrheiten beachten und wirklich leben, die in den heiligen Schriften festgelegt sind. Um diesen Weg nach innen antreten zu können und das Ziel sicher zu erreichen, braucht man nun Hilfe, und Sai Baba will sie uns geben.

In der spirituellen Sprache heißt es, daß »wir« nicht wirklich »wir« sind. Das klingt zunächst unverständlich, aber es ist so. Man kann es ruhig glauben oder diese Aussage einfach einmal ausprobieren. Baba sagt: »Ihr seid viel mehr, als ihr glaubt zu sein. Die Wissenschaft der Spiritualität kann euch lehren, wer ihr wirklich seid.« Wie bei jeder Forschung können wir auch in der Spiritualität nur einen Schritt nach dem anderen gehen. Bedachtsam sollen wir sein, sonst straucheln oder stürzen wir. Aber Baba beruhigt uns, wenn er sagt, daß er immer da sei und uns weiterhelfe, wenn wir uns auf der Suche nach der Wahrheit befinden. Er sagt auch, daß die Suche nach der Wahrheit das eigentliche »Abzeichen« eines echten Wissenschaftlers sei.

Die spirituelle Wissenschaft, die die Aufgabe hat, sich mit der ewigen Wahrheit zu beschäftigen, führt den Menschen durch eine ständige Läuterung seines Charakters, bis er schließlich die Selbstverwirklichung erlangt. Liebe scheint dabei die größte und wichtigste Rolle zu spielen. »Es gibt für den Menschen nur einen Weg, aus der Dualität, die die Basis für das Leben auf der Erde ist, herauszukommen und die Wirklichkeit zu erfahren, und das ist der Prozeß der Liebe.« Der Mensch, der sich in der modernen Wissenschaft mit der Vielfalt beschäftigt, kann also nur mit Prema, der selbstlosen Liebe, die das eigentlich Göttliche in ihm darstellt, zur Einheit gelangen. Moderne Wissenschaft und ihre Spezialisierung führen immer zur Teilung der Gedanken, während die uralte spirituelle Wissenschaft ihre Zersplitterung immer in einem Ziel vereinigt, nämlich in Gott. Wissenschaftlicher und technologischer Fortschritt bringen dem einzelnen physische Bequemlichkeit und der Gesellschaft soziale Macht. Fortschritt im spirituellen Bereich aber gibt dem einzelnen Glückseligkeit und Frieden, was sich ja letztlich auch auf die ganze Gesellschaft auswirken kann. Der spirituelle Forscher kann im Gegensatz zum Forscher moderner Wissenschaften jedoch wirkliche Freiheit und Macht über die Materie erlangen.

Die heutige Wissenschaft ist an sich gut; es kommt nur darauf an, wie sie angewandt wird, erklärt Sai Baba:

... meist wird die moderne wissenschaftliche Arbeit von selbstsüchtigen Wünschen geleitet; sie ist bar jeder Ehrfurcht vor dem Leben und ist kein Dienst für die Menschheit. Moderne und spirituelle Wissenschaften müssen miteinander verbunden werden, wenn die Menschheit sich verbessern will. Einsicht ohne entsprechendes Handeln ist nutzlos, und Handeln ohne tiefere Einsicht ist gefährlich ...

Eine Wissenschaft, die auf spirituellen Erkenntnissen,

216

Verhaltensweisen und Werten aufgebaut ist, würde anders handeln, als es heute geschieht. Sie wäre ein gewaltiges und mächtiges Instrument und könnte die Bedingungen für den Menschen auf der Erde verbessern.

Die positive Methode

Wenn man die Entwicklung der vergangenen Jahrhunderte betrachtet, dann zeigt das 20. Jahrhundert eine Besonderheit: Die Verbindungssysteme sind besonders schnell geworden, und Weltkriege bedrohen die Existenz des Menschen. Solcherart bedroht, fängt der Mensch wieder an, in besonderem Maße nach der Ursache aller Existenz zu fragen. Indien, das eine große spirituelle Vergangenheit hat und sie immer wieder durch ihre Lichtträger in die Welt hinaustrug, kann uns eine Antwort auf unsere Fragen geben. Der große Buddha und viele andere, wie Swami Vivekananda und Paramahamsa Yogananda, stellten die spirituelle Verbindung zwischen Ost und West her, und das immer schneller werdende Verbindungssystem ermöglichte den Austausch im weitesten Sinn.

Sathya Sai Babas Methode, indische Spiritualität in der Welt zu verbreiten, ist von diesem System jedoch unabhängig. Er hat seine eigene Methode. Er weiß, wen er zu rufen hat und wie er ihn rufen muß. Er betrachtet jeden einzelnen in der Welt als sein Kind. Er betont, daß die Menschen vor ihm alle gleich seien, da sie die gleiche Herkunft hätten. Alle kommen von Gott, und alle müssen irgendwann einmal zurück, alle. Es sei lediglich das Erbe der früheren Leben, die sich noch in diesem Leben als positive oder negative Auswirkung zeigen würden. Da die Welt von heute aber die Tendenz hat, eher negative Werte anzuhäufen, sagte er:

Die negative Kruste muß von dem wertvollen Metall, aus dem der Mensch eigentlich besteht, entfernt werden. Ich bin gekommen, um ein goldenes Kapitel in die menschliche Geschichte einzugravieren. Falschheit wird untergehen, Wahrheit wird die Oberhand gewinnen, und die Tugend wird regieren. Nur der gute Charakter soll Macht ausüben. Angelerntes Wissen, Erfindungsgeist und materieller Reichtum werden bei der Versammlung der Nationen nicht mehr auf den Thron gehoben werden.

Oft redet Baba einen Mann, eine Frau oder Kind mit »Bangaru« an, was auf telugu »Gold« bedeutet. Wenn er größere Mengen anredet, dann sagt er: »Divyatmasvarupah«, was »Verkörperung göttlichen Lichtes« bedeutet. Darin erkennen wir die eigentliche Methode von Sathya Sai Baba, die er in seiner Weltreform anwendet. Sie ist sehr positiv. Der Mensch ist nicht nur »dies« oder »das«, sondern er ist die Verkörperung der Liebe und trägt das göttliche Licht in sich. Einfach ausgedrückt kann man sagen, daß er in jeder Hinsicht eine »Taschenbuchausgabe« Gottes hier auf Erden ist. Da wir uns dessen aber nicht bewußt sind, liegt der Schwerpunkt von Babas Weltreform darin, den Menschen immer wieder an seine göttliche Herkunft zu erinnern.

Es ist das Konzept positiven Denkens, zu dem Baba uns ermahnt: »Sieh Gutes, hör Gutes und tue Gutes.« Und er zitiert gern die Worte des großen Heiligen Vyâsa: »Vyâsa, der achtzehn umfangreiche heilige Schriften, die Puranas, verfaßte, sagte, daß die einzig lobenswerte Tat die sei, anderen Gutes zu tun; die abscheulichste Sünde sei, anderen Böses zu tun. Wenn man meint, man könne nichts Gutes tun, dann solle man wenigstens nichts Böses tun!« Baba wiederholt immer wieder: »Ihr seid nicht als Sünder geboren.«

In vielen Religionen wird Sünde besonders hervorgehoben. Es wird geglaubt, daß der Mensch als Sünder geboren wird und daß er sich durch bestimmte Riten wieder mit Gott versöhnen muß. Baba jedoch streicht dieses Wort »Sünde« aus seinem spirituellen Wörterbuch und ersetzt es durch das Wort »Irrtum«:

Meine Aufgabe ist es, euch Mut und Freude zu schenken und euch von eurer Schwäche und Furcht zu befreien. Verdammt euch selbst nicht zu Sündern. Sünde ist eine falsche Bezeichnung für etwas, das eigentlich Irrtümer sind. Bereut ernsthaft und entschließt euch, diese Irrtümer nicht mehr zu begehen. Betet zu Gott, daß er euch Kraft geben möge, die alten Angewohnheiten zu überwinden, die euch verlockt haben, als ihr noch unwissend wart.

Bei den Hindus ist es einem alten Brauch nach üblich, dreimal um einen heiligen Ort herumzugehen, wenn man dort beten möchte. Die Orthodoxen sagen: »Mit jedem Schritt um diesen Tempel werden meine Sünden verziehen, aus diesem und meinen früheren Leben. Ich bin sündhaft, viele Sünden habe ich begangen, auch mein Geist ist voller Sünden; wegen dieser Sünden aus der Vergangenheit wurde ich wiedergeboren.« Baba aber betont ausdrücklich, daß die Veden niemals eine solche

Anweisung gegeben hätten. Wir sollen das Wort »Sünde« durch die Worte »Verdienst« oder »Fertigkeit« ersetzen. Wir sind das, was wir uns in der Vergangenheit angeeignet haben, wir sind die Folgen unserer früheren Gedanken und Taten. Und so rezitiert der Tempelpriester Padmanabhasastry jeden Morgen im Nilayam-Tempel nach Babas Angaben:

> *Ich habe die Menschenwürde erlangt – Praapthoham.*
> *Ich bin das Ergebnis heiliger Handlungen – Praapthakarmaham.*
> *Ich habe einen reinen Geist – Praapathma.*
> *So wurde ich als Mensch geboren – Praapthasambhava.*

Baba sagt, daß wir heute nicht das seien, was wir glauben zu sein, auch nicht, wofür andere uns halten würden; wir seien etwas viel Größeres. Er betont, daß Gott weder räumlich noch zeitlich von uns getrennt sei. Wir selbst seien der göttliche Funke. Er empfiehlt uns, den Tag in den frühen Morgenstunden mit Meditation zu beginnen. Wir sollen »So'ham« sagen, »So« beim Einatmen und »'ham« beim Ausatmen. So'ham bedeutet: »Ich bin Gott.« Auf diese Weise können wir uns bei jedem Atemzug daran erinnern, daß wir ein Teil Gottes sind. Zu einem Journalisten sagte Baba einmal: »Die Göttlichkeit, die bei jedem in Form eines kleinen Funkens vorhanden ist, existiert in mir als eine große Flamme; und es ist meine Aufgabe, diesen kleinen Gottesfunken bei allen in das große göttliche Licht zu verwandeln.« Der Mensch ist also göttlich geboren, seine Göttlichkeit ist nur verborgen.

Baba, der dem Menschen, der als Teil des Göttlichen nicht wirklich ein Sünder sein kann, zu seiner verborgenen Göttlichkeit verhelfen will, betitelt den Menschen niemals mit einem negativen oder schlechten Wort. Im Gegenteil! Wenn er ihn in seinen Reden anspricht, dann bezeichnet er ihn als »Verkörperung der göttlichen Liebe«. Wir sind also bereits unserem Guthaben entsprechend in Gottesnähe angekommen, und Baba schiebt uns einfach noch mehr dorthin. Wir sind nicht krank und sollen nicht gesund gemacht werden. Wir sind im spirituellen Bereich schon gesund, und Baba hilft uns nur, noch gesünder zu werden. Der Grundstock für dieses Leben wurde in der Vergangenheit, in unseren letzten Leben, gelegt, und jeder von uns ist lediglich mit einem unterschiedlichen Grad von Spiritualität geboren. Die Guten werden besser gemacht, und den Besten wird geholfen, das allerletzte Ziel, die Befreiung, zu erreichen. Aber der Mensch muß den ersten Schritt tun, damit Gott zu ihm herunterkommt und ihm die restlichen Stufen hinaufhilft. »Obwohl ihr versuchen könnt, euch von dieser Bindung und diesen Ketten zu befreien, sichern sich nur wenige von euch wirklich bei mir den Schlüssel zur Befreiung …«, klagt Baba immer wieder. Wie sieht der Schlüssel zur Befreiung, den Baba uns anbietet, aus? Der Schlüssel ist Sehnsucht nach Gott. Er erklärte es Dr. Rao einmal durch ein Beispiel: »Die Welt ist wie eine Tageszeitung. Wenn sie gelesen ist, dann wird nur ein Verrückter anfangen, sie noch einmal zu lesen. Die Tageszeitung von heute ist das Abfallpapier von morgen. Wenn jemand die Welt erlebt hat, dann wäre er ein Wahnsinniger, wenn er sie noch einmal erleben wollte.« Auch Dr. Rao glaubte früher an eine selbstgezimmerte Philosophie, daß nämlich die Reise auf dem Ozean des Lebens das einzige Glück sei. Er erkannte seine spirituelle Unzulänglichkeit erst, als er zu Baba kam. Heute weiß er, daß er mit einem unerschütterlichen Glauben an Baba und Sehnsucht nach ihm den Schlüssel zur Befreiung in seiner Hand halten darf.

Vollkommene Gesundheit

Ein gutes Beispiel für Sai Babas positive Methode ist seine Einstellung zur Gesundheit. Erst wenn Körper, Geist und Seele in Harmonie sind, kann der Mensch gesund sein. Erkenntnisse in der modernen Medizin haben für die Gesundheit des Menschen in jüngster Zeit bedeutsame Fortschritte gemacht. Internationale Vereinigungen wie die Vereinten Nationen und die Weltgesundheitsorganisation (WHO) haben durch Beseitigung von Krankheitsursachen der Welt einen großen Dienst erwiesen. Außerdem wurde Gesundheit besser definiert. Die WHO teilte die Gesundheit in verschiedene Bereiche ein: in einen physischen, einen geistigen und einen sozialen Bereich. Und sie unterteilte sie noch einmal in einen heilenden (kurativen) und einen vorbeugenden (präventiven) Teil. Diese Organisation hat in allen Ländern Großes bewirkt, was den physischen Bereich betrifft, wie zum Beispiel in der Kontrolle übertragbarer Krankheiten oder in ihrem Versuch, Luft, Land und Wasser zu reinigen. Wenig leistete sie jedoch im sozialen Bereich, und im geistigen sind ihre Leistungen völlig unbedeutend. Auf einem weiteren Gebiet, auf dem spirituellen, hat die WHO sich vollkommen still verhalten.

Der ayurvedischen Heilweise zufolge, die wohl die älteste Heilweise ist und die Sai Baba sehr befürwortet, kommt es besonders auf die Gesundheit des Geistes an. Ohne sie ist eine körperliche Gesundheit gar nicht vorstellbar. Der Mensch besteht dieser Lehre nach aus drei Urkräften oder dynamischen Prinzipien (Doshas), aus der Bewegung (Vâta), aus der Energie (Pitta) und aus der Struktur (Kapha). Diese drei Urkräfte müssen in Harmonie zueinander stehen. Tritt eine Störung auf, dann bedeutet das Krankheit. Es ist also das Ziel dieser alten Heilweise, die Harmonie der Urkräfte, die bei jedem Menschen jedoch in einer anderen Weise einander zugeordnet sind, in Harmonie zu bringen; oder es muß verhindert werden, daß eine Störung erst auftritt. Aufgabe des ayurvedischen Arztes, der eine sehr reine und auf Gott ausgerichtete Lebensweise führen muß, ist es, die spezielle Komposition seines Patienten zu erkennen und genau die Therapie durchzuführen, die nur diesem und keinem anderen helfen kann. Man muß sich dabei vor Augen führen, daß es jeden Menschen in seiner Art nur einmal gibt. Unter den verschiedenen Techniken dieser Naturheilweise wird häufig die Haut als Eintrittspforte für die Behandlung von mit Heilkräutern durchsetzten Ölen benutzt, was wohl zu den sanftesten Methoden überhaupt gezählt werden kann. Zeit und Geduld spielen dabei eine große Rolle. Gesundheit kann nicht erreicht werden, wenn nur Teile des Menschen betrachtet und behandelt werden. Die physische, geistige und spirituelle Gesundheit sollen einander nicht untergeordnet sein, sondern sich gegenseitig ergänzen. Die Zerlegung der Gesundheit sei nur etwas für Akademiker, die sich einmal auf einem Tummelplatz austoben wollen, sagt Baba. Außerdem soll immer nur ein positiver Weg beschritten werden. Der Schwerpunkt in Sai Babas Vorstellung für eine vollkommene Gesundheit ist nun der einzelne Mensch und nicht primär die Gesellschaft. Baba möchte den Menschen als Individuum verwandeln, was zur Folge hat, daß mit der Zeit auch die Gesellschaft der Welt verändert wird.

Frau Dr. Lanz wurde durch Sai Baba auf die ayurvedische Heilweise aufmerksam gemacht und berichtet aus eigener Erfahrung:

In einem Interview mit Sai Baba hörte ich zum ersten Mal von der uralten indischen Heilweise, Ayurveda, die in der südindischen Stadt Coimbatore in Tamil Nadu durchgeführt wird. Da Baba mir Heilung meiner Augenprobleme prophezeit hatte, nahm ich 1991 die Gelegenheit wahr und fuhr spontan nach Coimbatore. Dr. Varier, ein älterer, erfahrener ayurvedischer Arzt, ein Brahmane, der streng nach den Gesetzen der Reinheit lebt, nahm mich in seine Obhut, und ich konnte mich ihm vorbehaltlos anvertrauen. Ich erlebte eine Heilweise, wie ich sie als Ärztin bisher noch nicht kannte – sehr sanft und sehr tiefgreifend. Geheilt wird mit Ölen, die über die Haut als Eintrittspforte in den Körper eindringen und dort ihre Arbeit tun. Es wird gereinigt und gleichzeitig das Gewebe umgebaut. Nach einigen Wochen ist der Körper erneuert und der Geist ganz klar. Man kann die Veränderung anschließend im Gesicht deutlich erkennen. Während der Therapie soll man äußerste Ruhe bewahren, körperlich und geistig. Der Körper wird buchstäblich weich gemacht und der Geist hochsensibel. Wenn man das begriffen hat, dann fällt es einem auch nicht so schwer, den Forderungen des Arztes nachzukommen. Es gilt, sehr strenge Regeln einzuhalten: Man darf während dieser Zeit (meist fünf Wochen) das Zimmer nicht verlassen, darf sich nur wenig bewegen, nicht lesen und nicht schreiben. Es bleibt einem nichts anderes übrig, als sich mit sich selbst zu beschäftigen. Und das mag wohl auch ursprünglich der Grund gewesen sein, warum die Rishis (Seher) diese Therapie in Meditation für die Menschheit geschenkt bekommen haben. Man kann hier Gott in sich selbst näherkommen. Diese Heilweise ist eine heilige, und die Öle sind heilige Öle. Sie werden vor Gebrauch mit Mantren gesegnet und das Lager, auf dem man liegt, auch. Der von Schlacken gereinigte Körper kann nun mit Hilfe von Kräuterzusätzen, die mit dem Öl in den Körper eingedrungen sind, von sich aus heilen, und der klar gewordene Geist kann sich nun endlich wieder mit den Fragen beschäftigen: Wo komme ich her, wo gehe ich hin, und wer bin ich eigentlich? Er hat alle Chancen, eine befriedigende Antwort zu bekommen.

Ich persönlich stand nun unter der Schirmherrschaft von Sai Baba; und als ich nach der fünfwöchigen Therapie zurück in den Ashram Prashânti Nilayam kam, da erlebte ich den Beweis der Heiligkeit der Therapie und des Erfolges bei mir. Ich begegnete Baba, aber vor meinen Augen verschwand seine Gestalt, ich sah nur seine Augen, die wie zwei Seen waren, in denen sich die Sonne spiegelte. Aus ihrer Tiefe kamen mir Sonnenstrahlen entgegen. Ich sprach lange nicht über mein Erlebnis. Erst nach einem Jahr wagte ich, eine Freundin, die neben mir gestanden hatte, zu fragen, was sie denn gesehen hätte. Da sagte sie mir: »Baba hat nur dich angeschaut.«

Nun kann ich wohl sicher sein, daß ich in den heiligen Ölen, wenn die Zeit gekommen ist, meine Heilung finden werde.

Sai Baba sagt außerdem, daß der Schlüssel zur vollkommenen Gesundheit des Menschen die fünf Hüllen des Menschen (Koshas) seien und daß sich die modernen Wissenschaften nicht darum kümmern würden. Das Wörterbuch übersetzt Kosha mit »Hülle«, aber das trifft die Bedeutung nicht genau, denn sie schließen einander konzentrisch ein. Alle fünf Koshas, die den Menschen bilden, umhüllen die Seele, auch Âtman genannt, die von dem weltlichen Geschehen immer unberührt bleibt. Die beiden äußeren Koshas, die erste, grobstoffliche Hülle (Annamaya-Kosha) und die zweite, feinstoffliche oder vitale Hülle (Pranamaya-Kosha), werden von der Nahrung und dem Atem gebildet und sind über die Qualität deren Aufnahme beeinflußbar. Die dritte Hülle (Manomaya-Kosha) umfaßt die Sinne der Aufnahme wie Augen, Ohren, Nase, Mund und Haut und koordiniert sie. Sie ist auch dem Gemüt gleichzusetzen, wo sich Gedanken, Gefühle und Wünsche abspielen und die Erinnerung gespeichert wird. Man kann die dritte Hülle als ein ungeheuer starkes geistiges Potential bezeichnen, das als Verbindung zwischen der äußeren und der inneren Welt zu verstehen ist. Damit wäre sie der Hauptschlüssel zur geistigen Gesundheit. Jeder spirituelle Lehrer wird also seinem Schüler ans Herz legen, zuerst einmal die Sinne beherrschen zu lernen. Das ist Grundbedingung für jede geistige Entwicklung und somit für die Gesundheit. Die ersten drei Hüllen sind leichter zu erklären, als die vierte und fünfte zulassen. Die »Intelligenzhülle« mit der Fähigkeit, zu unterscheiden (Vijnânamaya-Kosha), und die »Seligkeitshülle« (Ânandamaya-Kosha) sind metaphysischer Art und deswegen kaum mit Worten zu beschreiben. Wir können sie nur durch Erfahrung verstehen. Die vierte Hülle besteht aus Intuition und spiritueller Weisheit, und die innerste, die fünfte Hülle, ist die Glückseligkeit, die wiederum die allerhöchste Wirklichkeit, die Seele oder den göttlichen Âtman, umgibt. Unsere Seele bleibt aber immer von den Koshas unberührt. »Ein Mensch, der sich ernsthaft auf dem Weg zu Gott befindet, wird eine Hülle nach der anderen aufgeben. Er ist fähig, alle aufzulösen, um das Wissen um seine Einheit mit Brahman zu erlangen«, sagt Baba und erklärt, daß der Mensch mit dem allerhöchsten Erlebnis von »Sein, Weisheit und Glückseligkeit« belohnt wird, wenn er die fünf Hüllen durch ausreichende Praxis erfahren hat. Das kann aber viele Leben dauern.

Der physische Körper, der durch die erste Hülle darge-stellt wird, ist etwas Konkretes, ebenso das Nervensy-stem und die Vitalenergie, die man der zweiten Hülle zuordnet. Die dritte Hülle aber ist nicht physisch und ist schwer definierbar. Genau das könnte auch die Erklärung sein, warum die moderne Wissenschaft des Gesundheits-wesens bisher keine Ideen für ein positives Geist-Gesund-heitsprogramm zustande gebracht hat. Sathya Sai Baba aber erinnert uns an eine alte Methode, die den Geist der dritten Hülle gesünder machen kann. So wie der Körper durch Sport und Arbeit stärker wird, so verbessert sich auch der Geist der dritten Hülle durch Anwendung von Disziplin. Diese Disziplin, die wir durch stetes Üben errei-chen können, wird uns von Baba verschrieben. Medita-tion, gute Gedanken und gutes Handeln führen dann schließlich zu einem ausgeglichenen Charakter. Baba ver-spricht uns, uns dabei zu helfen. Er hilft uns, von unserem weltlichen Leben in unser inneres Fundament, in unser höheres Bewußtsein, zurückzufinden. Es ist dieses höhe-re Bewußtsein, das die dritte Hülle, unsere Gedanken und Gefühlswelt, beaufsichtigen kann. Baba weist immer wie-der darauf hin, daß Krankheiten eher durch Fehlernährung der dritten Hülle als durch Fehlernährung des Körpers entstehen. Ein ausgewogenes Leben und gute Gewohnheiten seien also die beste Medizin.

Spiritualität war in der indischen Vergangenheit tatsächlich eine hochentwickelte Wissenschaft, und Sathya Sai Baba bietet uns seine Hand an, die alte Weisheit wiederzuentdecken, wenn man gewillt ist, sich selbst zu helfen. Er zeigt uns den »Weg nach innen« oder die spirituellen Übungen (Sâdhana), die die vorbeugende Maßnahme für die vollkommene Gesundheit sind. Neben den geistigen Übungen und der Achtsamkeit für alles, was wir geistig in Gesprächen, beim Lesen von Büchern und Anschauen von Filmen zu uns nehmen, ist es die Art der Nahrung, die eine große Wirkung auf uns hat: »Die Qualität der Nahrung bestimmt die Gedanken und die Richtung der Wünsche, die den geistigen Fluß dirigieren ...« Zu stark gewürzte Speisen und Alkohol verursachen unkontrollierbare und leidenschaftliche Gefühle, zu fette und zuviel Speise fördern Faulheit und Trägheit, leichte Speise in angemessener Menge aber bringt inneren Frieden. Strenggenommen heißt das, daß wir rein vegetarisch, also auch kein tierisches Eiweiß wie Fleisch und Ei, essen sollen. Auch soll alles Stimulierende wie Alkohol, Tee, Kaffee vermieden werden. Das mag für die westliche Welt, die an diese Nahrung so gewöhnt ist, etwas zu streng klingen, aber man kann es ja einfach einmal ausprobieren. Die vielen Gemüsesorten, Früchte und Getreidearten bieten dem Körper alles, was er braucht, und sie schmecken, gut gewürzt, köstlich. Man wird nach einer Weile feststellen, daß so manche heftige Reaktion, die man vorher nicht zügeln konnte, nun leichter in den Griff zu bekommen ist. Viele haben es erlebt. Zusätzlich zur vegetarischen Nahrung fordert Sai Baba auch Reinheit der Gedanken beim

Essen, ja sogar von demjenigen, der kocht und serviert. Es soll vor dem Essen ein Gebet gesprochen werden. Die guten Schwingungen, die ein Gebet hervorruft, haben eine Wirkung auf die Speise.

Wie schwer es auch alten Pilgern manchmal fällt, diese Regeln zu befolgen, veranschaulicht ein kleines Ereignis, das einmal morgens in der Kantine von Prashânti Nilayam stattfand: Es war ein Festtag, und in der Kantine des Ashrams saßen viele Anhänger vor ihrem Frühstück. Plötzlich ertönte ein Gesang, der von klaren und hohen Stimmen kam. Es waren Baba-Schüler aus Alike, die vor ihren Tellern ihr tägliches Morgengebet sprachen. So mancher alter Pilger, der vergessen hatte, sein Gebet zu sprechen, verneigte sich und beeilte sich, es nachzuholen:

Brahmârpanam Brahma Havir
Brahmâgnau Brahmanâ Hutam
Brahmaiva Tena Gantavyam
Brahma – Karma – Smâdhina
OM, Shânti – Shânti – Shânti
(Bhagavad Gîtâ, Kapitel 4, Vers 24)

Die Übersetzung lautet: »Gott gibt – Gott wird geben – Gott nimmt – Alles ist Gott – Laßt uns dessen immer bewußt sein. OM, Friede – Friede – Friede.«

Die Organisation

»Die Sai-Organisation [die Sai Baba mit seinen Anhängern gründete] ist in vieler Hinsicht außergewöhnlich und unterscheidet sich von anderen Organisationen. Sie sucht nicht nach Spendern und Gönnern. Sie wird von einem Meister geleitet, der zu jeder Zeit und an jedem Ort gegenwärtig ist ... Ich kann durch euch hindurchschauen, wo auch immer ihr seid«, sagte Sai Baba.

Sathya Sai Baba ist selbst der Leiter seiner Organisationen, deren Hauptaufgabe selbstloses Dienen (Sevâ) ist. Ihm unterstehen viele nationale und internationale Gesellschaften, die in ihrem Land oder Staat autonom sind und die Aufgaben durchführen, die Baba anordnet. Er selbst bestimmt die Personen, die in seinen Organisationen leitende Stellen besetzen. Sie fördern Erziehung, Gesundheit und die Entwicklung rückständiger Gebiete. Keine dieser Gesellschaften ist religiös ausgerichtet.

Die Zentralverwaltung, die Shri-Sathya-Sai-Verwaltungsgesellschaft in Prashânti Nilayam, besteht aus elf Mitgliedern. Sie trägt die Verantwortung für die laufenden Ausgaben der Nilayam-Stadtgemeinde und ihren Ausbau auf verwaltungseigenem Gelände. Eine andere Verwaltungsgesellschaft ist für Gesundheit und Erziehung zuständig und unterhält drei Krankenhäuser, die ohne Entgelt medizinische Versorgung leisten, eines in Vidyagiri in Prashânti Nilayam, ein zweites in Whitefield bei Bangalore und ein drittes Großklinikum, das jüngst vor den Toren Puttaparthis gebaut wurde. Außerdem verwaltet sie auf dem Bildungssektor die Buchabteilung mit allen Veröffentlichungen. Eine weitere Verwaltung ist für die Hochschulen zuständig. Es gibt eine Hochschule für Mädchen in Anantapur im Staat Andhra Pradesh, eine Hochschule für Jungen in Bangalore sowie angegliederte Institute im Norden Indiens wie das in Bhopal und in Jaipur.

Die Verwaltungen, die es außerdem in jedem größeren Staat Indiens gibt, haben den Gouverneur des Staates als Präsidenten. Sie sind meist Hilfsorganisationen oder führen Erziehungsprogramme durch. Sie bekommen, wenn nötig, finanzielle Hilfe von der Zentralverwaltung. Außerdem gibt es noch eine Weltratsversammlung, der Tausende kleiner Sathya-Sai-Zentren in der ganzen Welt unterstehen. Die Weltratsversammlung hat ein Projekt besonders gefördert. Es ist das der Bal-Vikas-Bewegung, die zu einer internationalen Bewegung wurde und sich auf dem Gebiet der »Erziehung zu menschlichen Werten« und dem selbstlosen Dienen (Sevâ) besonders hervortat.

Die Bal-Vikas-Bewegung

Die Bal-Vikas-Bewegung (Bâla = »Kind«, Vikas = »Entfaltung«) gehört zum Sai-Hilfsdienst. Sie entwickelte sich 1971 zu einer selbständigen Organisation und bringt jeden Monat eine eigene Zeitung heraus, die in den Sprachen Hindi und Englisch erscheint. Im Jahr 1975 machte sie sich zur Aufgabe, indischen Kindern im Ausland zu helfen, und wurde von da an zu einer weltweiten Bewegung. Sie verbreitete die heilige Botschaft von Baba über Indiens Grenzen hinaus und brachte sie auch zu den Kindern anderer Völker.

Die Kinder werden in drei Altersgruppen eingeteilt. Die erste Gruppe umfaßt das Alter von sechs bis acht Jahren,

231

die zweite das Alter von neun bis zwölf Jahren und die dritte das Alter von dreizehn bis fünfzehn Jahren. Sie werden über die »höheren menschlichen Werte« unterrichtet. Die »höheren menschlichen Werte« sind die Wahrheit (Satya), die Rechtschaffenheit (Dharma), die selbstlose Liebe (Prema) und der Friede (Shânti). Das Bal-Vikas-Lehrprogramm über diese menschlichen Werte soll den normalen Schulunterricht ergänzen. Lehrer von Indien und von Übersee werden in Kursen, die regelmäßig in Prashânti Nilayam stattfinden, ausgebildet. »Der Erfolg bei den Kindern hängt ganz und gar von den Lehrern ab«, sagt Baba und betont immer wieder, daß eine gute Ausbildung der Lehrer die Grundvoraussetzung für ihre Glaubwürdigkeit bei den Kindern ist.

Die Bal-Vikas-Bewegung ermöglicht also nicht nur Schülern eine gute Erziehung, sie ermöglicht sie auch den Lehrern. Der Lehrer, der ein gutes Beispiel sein muß, muß vorleben, was er lehrt. Sonst ist er nicht glaubwürdig. Sai Baba demonstrierte das schon in jungen Jahren in seiner Schule, als er ein Bühnenstück zu diesem Thema aufführte. Der Lehrer muß auch den Eltern helfen, daß ihre Augen für das Wahrhaftige geöffnet werden und die Bemühungen der Schule im Elternhaus unterstützen.

Selbstlose Liebe (Prema) ist das Wort, bei dem jedes Alter aufhorchen sollte, und die Lehrer werden deswegen dazu angehalten, die Bal-Vikas-Kinder immer liebevoll zu behandeln. Im zarten Kindesalter ist der Mensch besonders aufnahmefähig. Der Samen der grundlegenden Prinzipien aus der ewigen Ordnung (Sanâtana Dharma), den die Lehrer bei den Kindern säen sollen, wird von ihnen aufgenommen und kann gute Früchte tragen, wenn sie dem Kind früh genug und in seiner Sprache angeboten werden. Geschichten über große Menschen und Heilige zeigen den Kindern gute Beispiele, an denen sich ihre junge Persönlichkeit formen kann. Die Beschäftigung mit den höheren menschlichen Werten in jungen Jahren soll den Charakter des Kindes so beeinflussen, daß es zu einer ausgewogenen Persönlichkeit wird.

Der Lehrer soll sich vorstellen, daß ein Kind natürlicherweise weltliche Ambitionen hat, daß es aber auch von Natur aus schon Hingabe zu Gott empfindet. Mit Disziplin, überzeugenden Lehren und einer liebevollen Führung verhilft er dem Kind zu einem besseren Leben. Schülerlager im Sinne einer geistigen Besinnung sind ein Teil dieser Erziehung. Und es wird immer wieder betont, daß ein auf Gott ausgerichtetes Leben nicht immer ein Leben in der Einsamkeit sein muß, sondern daß es auch in der Betriebsamkeit der Welt geführt werden kann. Praktische Arbeit, die der Gemeinschaft hilft, ist ein Beispiel dafür.

Baba möchte, daß ein Lehrer die Haltung der Kinder von heute so verändert, daß sie in der Welt von morgen bessere Bürger sein können und sich durch ausgewogene Persönlichkeiten auszeichnen. In einer sechs- bis siebenjährigen Bal-Vikas-Erziehung und einem zusätzlichen praktischen Jahr in selbstlosem Dienen werden die Kinder auf ein Examen vorbereitet. Wenn sie es bestehen, bekommen sie das Diplom in »Sai-Erziehung«. Alle, die ein solches Diplom besitzen, sind offiziell anerkannte Mitglieder der Organisation, die Sevâ Dals, und zeichnen sich durch gute Führungsqualitäten aus. Dal bedeutet »Blütenblatt«. Es wird erwartet, daß jedes Mitglied der Sevâ-Dal-Bewegung ein Blütenblatt der Sathya-Sai-Organisation ist. Die Bal-Vikas-Bewegung hatte im Jahr 1983 in Indien 2693 eigenständige Zentren, 3424 Lehrer und 50 326 eingetragene Schüler. Sie vergrößerte sich von Jahr zu Jahr und wuchs vor allem auch im Ausland, wo man ihr den Namen »Erziehung zu menschlichen Werten« gab. Man möchte den Ruf einer religiösen Bewegung verhindern, und es besteht der Wunsch, die Grundsätze der Bewegung in jedes geläufige Unterrichtssystem auf der Welt einzugliedern. Genug Spielraum gäbe es ja dafür.

Die Weltratsversammlung erhob das Jahr von Bhagavan Shri Sathya Sai Babas sechzigstem Geburtstag im Jahr 1985 zu dem internationalen Jahr der Bal-Vikas. 6000 Dörfer aus Indien schlossen sich damals als Geburtstagsgeschenk dieser Bewegung an.

Bildung

Die Schulen

Das Hauptanliegen in Sai Babas großem Plan, die Menschen erfolgreich zu verändern, ist eindeutig die Erziehung der Kinder. Mit großer Hingabe wendet er sich seinen vielen Schülern und Studenten zu. Man kann es selbst beobachten, wenn man nach Prashânti Nilayam kommt. Viel Zeit verwendet er für sie. Seine Philosophie der Kindererziehung, die die Bal-Vikas-Bewegung vorlebt, liegt vor allem darin, die vorhandene Göttlichkeit im Menschen schon im frühen Alter zu entfalten und den Blick der Jugend von Anfang an auf »Pflicht und Gehorsam« zu lenken. Baba verfolgte von Anfang an zwei Strategien. Zuerst überzeugte er die zuständigen Dienststellen, ob sie nun zur Regierung gehörten oder nicht, daß sie ihre Institute mit höheren Idealen führen sollten. Dann

Vidyagiri-Universitätsverwaltungsgebäude
und Schulen Sai Babas
mit Stadion im Hintergrund.

brachte er das revolutionäre Bal-Vikas-Erziehungspro-
gramm für die nationalen und internationalen Bedürfnisse in Gang. Baba wandte sich an die Regierung von Andhra Pradesh und unterbreitete den Vorschlag, ein besonderes Schulmodell, das er entworfen hatte, einzuführen.
Die Regierung war von Babas Vorschlag gleich so begeistert, daß sie gar nicht erst eine Probeschule einrichten
wollte. Überenthusiastisch führte sie die Reform gleich
im ganzen Staat an vielen Volksschulen durch, und der
Staatsminister veranlaßte eine Ausbildung von Lehrern,
die sie über grundlegende Moralvorstellungen und geistige Disziplin aufklärte. Es wurde außerdem in Brindavan
bei Whitefield unter Babas Leitung ein Intensivkurs abgehalten, der 1978 zehn Tage lang die Lehrer von 665 Volksschulen ausbildete. Außerdem wurde eine Organisation,
die »Abhyudaya Prathamika Viya Samstha«, gegründet,
die das Programm im ganzen Staat überwachen sollte.
Das Experiment, das wohl zu eilig durchgeführt worden
war, dauerte leider nur fünf Jahre und endete mit Problemen.
Philanthropen und Schulleiter privater Unternehmen, die
von Babas Reformidee immer noch überzeugt waren,
traten bald an ihn heran und baten ihn, die Leitung ihrer
Schulen zu übernehmen. Baba ging bedachtsam vor und
sortierte sorgfältig. Er zeigte allen, daß übereiliger Enthu-
siasmus nicht gut sei. Dann erst entschloß er sich, einige
zu übernehmen, zum Beispiel die Schule in Gurukulam in
Andhra Pradesh und die in Alike in Karnataka.
Die Schule in Gurukulam, das an den Ufern des Godavari
in Rajahmundry, einem Kulturzentrum von Andhra Pradesh, liegt, wurde bald zu einem bekannten Modell von
Babas Unterrichtsinstituten. Diese nichtkonfessionelle
Internatsschule für Jungen war ursprünglich von Thanne-

ru Bullayya gegründet und von ihm mit großem, selbstlosem Eifer geführt worden.

Die Schule von Alike war auch von einer geistig hochstehenden Persönlichkeit gegründet worden, von Midiyala Narayana Bhatt. Bhatt, der einzige Sohn einer reichen und frommen Brahmanenfamilie aus dem kleinen Dorf Alike an der Westküste Südindiens, war durch seine Vorbilder Ramakrishna Paramahamsa, Swami Vivekananda und Mahatma Gandhi so beeindruckt und geprägt worden, daß er sich entschied, sein Leben dem sozialen Dienst zu weihen. Er wurde Lehrer und lebte schon früh als ein Sannyasi. Er gründete Schulen und forderte von den Lehrern, daß sie den Schülern hohe Ideale vorleben sollten. Bhatt befolgte besonders zwei Leitsätze: Man soll erst die eigenen Fehler finden, bevor man sich um die der anderen kümmert; und man soll alle Menschen, die einem begegnen, lieben, auch wenn sie einem selbst keine Sympathie entgegenbringen. Bhatt starb 1977. Danach erst übernahm Sai Baba seine Schulen.

Die Schule in Puttaparthi, in der Sai Baba selbst sein Alphabet gelernt hat, wurde auch von ihm übernommen. Er gab ihr den Namen »Easwaramma High School« und wandelte sie in eine Tagesschule um, die 500 Schüler aufnehmen kann.

Die Hochschulen

Sai Babas Ansprüche an seine Hochschulen sind groß. Seine Anforderungen an diese Bildungseinrichtung beschrieb er einmal mit folgenden Worten:

Hochschulen werden nicht aus Ziegeln und Mörtel gebaut, und man kann ihre Güte nicht an der Größe ihrer Gebäude erkennen. Nur der Charakter ihrer Studenten und deren Leistungen zeigen ihren wahren Wert. Die Art und Weise, wie sich die Studenten innerhalb und außerhalb des Schulgebäudes benehmen, wie sie sich ihren Eltern, ihren Lehrern und älteren Menschen gegenüber verhalten und wie sie ihre Ideale in ihrem weiteren Leben umsetzen, stellt die Qualität einer Hochschule dar.

Die Hochschulen sollen alle eine vollkommene Erziehung vermitteln. Es soll eine Erziehung mit den Richtlinien des rechten Handelns, guten sozialen Verhaltens und hoher geistiger Bildung sein. Baba legt großen Wert darauf, daß die Hochschullehrer würdig sind, seine Studenten zu unterrichten. Er sagte:

Sie müssen ein Beispiel an Freundlichkeit und froher Gesinnung sein, fest verwurzelt in ihrem Glauben an Gott, und sie sollen sich von weltlichem Verlangen frei gemacht haben.
Der vibrierenden Energie der Jugend muß eine konstruktive Richtung gegeben werden. Ihre Emotionen müssen geläutert werden, aber nicht durch noch mehr Lesen von Schriften. Sie sollen vielmehr mit Menschen Umgang haben, die sich durch eine harmonische Persönlichkeit auszeichnen, wohltätig sind und der Gemeinschaft dienen.
Man muß ihnen die spirituellen Wahrheiten und die Disziplin vorleben, die sie im täglichen Leben umsetzen sollen. Ein Intellekt, der nicht in die Praxis umgesetzt wird, ist nutzlos und ohne Sinn. Eine Politik,

die keine Richtlinie für Ordnung hat, eine Erziehung ohne Charakterbildung und eine Wissenschaft ohne moralische Handlungsweise sind mit Sicherheit pures Gift.

Das Emblem der Hochschule von Brindavan bei Bangalore ist eine fünfblättrige Lotusblüte, ein uraltes Symbol für Reinheit und Schönheit. In der Lotusblüte ist die Flamme der Erleuchtung sichtbar, ohne die Wissen nur eine Bürde wäre und das Leben nur ein Zusammentreffen von flüchtigen und fadenscheinigen Wünschen der Sinne. Über dem kreisförmigen Emblem steht als Hochschulmotto der Kern der vedischen Lehren geschrieben: »Dharma leitet diejenigen, die daran festhalten, und es gibt kein größeres Dharma als die Wahrheit.«

Baba legt großen Wert auf die Ausbildung der Frau. Die erste Hochschule, die er gründete, war die für Mädchen in Anantapur. Für vier Millionen Rupien wurde in einer Rekordzeit von zehn Monaten ein Universitätsgebäude errichtet. Baba sagte damals:

Ich habe erlaubt, daß diese Hochschule entsteht, damit die Studentinnen eine richtige Vorstellung von der Wahrheit, Rechtschaffenheit, Frieden und Liebe [Satya, Dharma, Shânti und Prema] bekommen. Sie sollen den Idealen folgen, die in den Veden stehen und in den Epen veranschaulicht sind. Sie wurden von zahllosen Generationen verwirklicht und verhalfen dem einzelnen und der Gemeinschaft immer zum Fortschritt.

Baba erklärte bei der Eröffnungsfeier dieser Hochschule im Jahr 1969, daß eine Nation nur stark und von Dauer sein kann, wenn sie auf die spirituelle Bildung der Frau aufbauen kann, und er segnete die Hochschule:

> *Es ist mein Wille, daß die Jugend so ausgebildet wird, daß sich ihre Intelligenz entwickeln kann und ihre Impulse und Emotionen rein werden. Sie soll zu körperlicher und geistiger Disziplin erzogen werden, so daß die Quellen der Stille und Freude in ihren Herzen erwachen. Ihre höhere Natur muß gefördert werden, damit sie blühen kann. Sie müssen auf den Weg des Selbstvertrauens, der Zufriedenheit, der Hingabe und der Selbsterkenntnis geführt werden …*
> *Ich möchte, daß diese Hochschule viele Generationen guter Mütter ausbildet, die in Rechtschaffenheit [Dharma] leben. Sie sollen charakterlich starke Menschen großziehen, die sich vollkommen Gott weihen und der Wahrheit hingeben.*

Die Universität

Das Shri-Sathya-Sai-Institut für höheres Lernen, die Universität Sai Babas, wurde 1981 am Tag vor seinem Geburtstag eröffnet. Sie ist von der indischen Regierung offiziell als unabhängige Universität anerkannt. Sie darf ihren Standard selbst bestimmen und legt ihr eigenes Ausbildungsprogramm fest. In gleicher Weise nimmt sie selbst die Auswertung der Leistungen ihrer Studenten vor und zeichnet besondere Studenten öffentlich aus. Diese Universität ist in Indien und im Ausland einzig in ihrer Art. Sie hat sich auf das »höhere« Lernen spezialisiert, höher im akademischen wie auch im spirituellen Sinn. Sie baut auf der Philosophie von Sathya Sai Baba auf, die besagt, daß die Ausbildung des Charakters der wichtigste Teil in jeder Erziehung ist, besonders dann, wenn es sich um das Niveau einer Universität handelt. Der Charakter derjenigen, die die Universität verlassen, muß gut ausgebildet sein, um verantwortungsbewußt führende Stellen im Land übernehmen zu können.

Die Ausbildung, die an dieser Universität ermöglicht wird, hat Internatscharakter, und die Beziehung zwischen Lehrer und Schüler ist von einer Wechselwirkung geprägt. Beide wohnen unter einem Dach, so daß jedem Schüler individuelle Aufmerksamkeit entgegengebracht werden kann und seine Talente in besonderem Maße gefördert werden können. Ein Student, der die Sathya-Sai-Universität verläßt, ist eine Persönlichkeit, die an Charakter und Führungseigenschaften anderen als gutes Beispiel dient.

Bhagavan Shri Sathya Sai Baba ist der Kanzler der Universität. Sein erster Vizekanzler war Vinayak Krishna Gokak. Gokak war ein Kenner der Kunst und Literatur und hatte mehrere Universitäten in Hyderabad, Simla und Bangalore geleitet. Seine Suche nach der Wirklichkeit hatte ihn zuerst zu Aurobindo Ghose und dann zu Sathya Sai Baba geführt. Als Baba Gokak zu seinem Vizekanzler bestimmte, nahm dieser die ehrenvolle Stellung gern und unentgeltlich an und zog mit seiner Familie in die Prashânti-Nilayam-Gemeinde. Er lebte dort unter den Bedingungen wie jeder andere Ashrambewohner auch. Es ist ihm zu verdanken, daß die soziale Arbeit in das Ausbildungsprogramm der Hochschulen und Universitäten von Sai Baba aufgenommen wurde, was einzig in der Welt dasteht. 1984 ging Gokak in den Ruhestand, und Shrinath wurde sein Nachfolger. Shrinath war Erziehungsberater in der Planungskommission der indischen Regierung, bevor er die

Aufgabe an Babas Universität an seinem sechzigsten Geburtstag übernahm.

Zusätzlich zum üblichen Lehrprogramm an seinen Hochschulen wurde von Sathya Sai Baba ein weiterer erfolgreicher Erziehungsplan für die Studenten entwickelt. Er veranstaltete jährlich Weiterbildungskurse mit dem Thema »Indische Kultur und Spiritualität«, die als die Sommerkurse von Brindavan (Whitefield bei Bangalore) bekannt wurden. Sai Baba wählte die Gegend von Bangalore wegen des guten Klimas um diese Jahreszeit. Jedesmal kamen tausend Studenten aus Indien und aus dem Ausland, die sich vorher für die Teilnahme bestimmten Testverfahren unterziehen mußten. Wer bestand, durfte vier Wochen lang Gast von Sai Baba sein. Diese Kurse sollten in besonderem Maße helfen, die positiven Fähigkeiten in den jungen Menschen zu fördern. Die menschlichen Werte, um die es in diesem Programm ging, sind im Grunde Werte, die schon immer von großen Lehrern und in den verschiedenen Religionen verkündet worden sind, allerdings auf unterschiedliche Weise. Ein gründliches Wissen um diese Werte soll die Seelenstärke fördern und eine vollkommene Persönlichkeit hervorbringen.

Die Kurse wurden jedes Jahr von Baba selbst geleitet, und die Teilnehmer wohnten in seinem Internat in Whitefield bei Bangalore. Die Studenten, die mit den Kursteilnehmern ihr Internat teilen mußten, waren während dieser Zeit ein Vorbild an Disziplin, so wie sie es von Baba gelernt hatten. Gegenseitiges Helfen war ein Teil der Lernaufgabe, sozusagen der praktische Teil. Vorträge und Diskussionen wurden in Gruppen gehalten, die von geladenen Lehrern geführt wurden. Der wichtigste Faktor aber war, daß Baba während der ganzen Zeit ständig anwesend war. Jeden Tag hielt er eine Rede, die mit unnachahmlicher Klarheit das tägliche Lernprogramm ergänzte und den Studenten vor Augen führte, wie die Theorie im täglichen Leben angewendet werden konnte. Babas Reden, die in einer Serie als »Sommersegen in Brindavan« veröffentlicht wurden, dienen als gute Hinweise und als goldene Richtlinien für die Menschheit. Sie dienen als zeitlose Vorbilder in allen Sai-Baba-Zentren und vermitteln jungen wie älteren Menschen gute Einsichten in die hohen Werte im Menschen. – Baba sagt über seine Studenten:

Ich ermutige die Studenten, Vorbilder an Kraft und Gleichmut zu sein, was sie nur erreichen können, wenn sie ohne Unterlaß meine Lehren befolgen. Ich fordere sie immer wieder auf, meine Lehren in Worte zu fassen und aufzusagen, sie zu singen und im Theater aufzuführen, so daß sie sich fest in ihre Herzen eingraben. Was auch immer ich tue oder andere veranlasse zu tun, was auch immer ich sage oder andere veranlasse zu sagen, tue ich, um den Menschen seine innere Wahrheit, seine Göttlichkeit, erkennen zu lassen ...

Die Studenten sind meine Hoffnung, die Quelle meiner Freude. Für sie lebe ich.

8

Die Sathya-Sai-Ära

*Es gibt etwas, das wert ist, in Goldbuchstaben
aufgeschrieben zu werden ... Es ist der Anfang
einer neuen Ära, der Ära von Sathya Sai; dann
nämlich, wenn Sathya Sai zum Hridayasthayi
wird – zur inneren Motivationskraft von allem ...*

*Ich bin gekommen und werde die Menschen
zu einer Familie vereinen. Ich werde in jedem
von euch das göttliche Bewußtsein festigen
und den göttlichen Funken zum Leuchten bringen. Das ist die Botschaft von Sai an euch alle.
Seid Vorboten des neuen Zeitalters! Seid frei
von Selbstsucht, Gier, Haß und Gewalt. Seid
ein Licht für euch selbst und ein Licht für
andere.*

Sathya Sai Baba

Eine neue Ära für die Welt

Sathya Sai Baba kündigte von Indien aus eine neue Ära
für die Welt an. Ist es eine soziale Revolution? Vielleicht ja. Vielleicht nein. Sie unterscheidet sich jedenfalls
von den anderen Revolutionen, die wir aus der Geschichte kennen. Die Französische Revolution im 18. Jahrhundert und die Russische im 20. haben Blutvergießen in
einem großen Ausmaß verursacht, und das Wort »Revo-

lution« ist mit Chaos, Gewalt und Zerstörung eng verbunden. Auch die Revolution von Gandhi in Indien ist am Ende so verlaufen. Gandhi, der ein Verfechter der Gewaltlosigkeit war, entfesselte, ohne es zu wollen, beispiellose Gewalttaten und mußte auch selbst eines gewaltsamen Todes sterben.

Sathya Sai Babas Bewegung ist eine andere Revolution. Er erklärte es uns so: »... Göttlichkeit, die eine Gesellschaft durchdringen soll, muß sich erst in jedem einzelnen offenbaren.« Der Mensch muß zuerst eine Revolution in sich selbst erleben, bevor er eine in der Gesellschaft hervorrufen kann. Die Revolution, die Sathya Sai der Gesellschaft bringt, geschieht deshalb durch eine Wandlung des einzelnen Menschen. Eine industrielle Revolution kann dem Menschen nur einen höheren materiellen Lebensstandard bringen, während Baba eine stille Revolution im Charakter des Menschen bewirkt, die das Ziel eines allgemein höheren geistigen und sittlichen Niveaus hat.

Ist es eine religiöse Revolution? Vielleicht ja. Predigt Baba von Indien aus eine neue Religion? Nein. – Indien ist ein religiöses Land und ganz und gar vom Hinduismus durchdrungen, der aus den Veden entstanden ist und viele große Heilige hervorgebracht hat. Beispiele aus jüngerer Zeit sind etwa Râmakrishna (1836 bis 1886) und Ramana Maharshi (1879 bis 1950). Der Hinduismus ist die Lehre von der einen großen Wahrheit, die alles durchdringt, und er lehrt, wie wir im täglichen Leben zu ihr gelangen können. Der Hinduismus ist einem Weg gleichzusetzen, der uns die Richtlinien zeigt und uns in klarer Weise auf den Weg nach innen bringt. Er umfaßt alle Religionen der Welt, aber er predigt keine Routinedogmen. Man sucht und man findet alle Lehren mit Sicherheit bereits im

Hinduismus. Baba sagt: »Die vedischen Lehren sind die Großeltern aller Weltreligionen. In Indien ist die Goldmine der Spiritualität zu finden, und die anderen kommen und schürfen davon.« Was Sai Baba lehrt, ist als Lehre also bereits vorhanden. Er will uns nur an die alten Weisheiten erinnern, die im Laufe der Zeit in Vergessenheit geraten sind, die aber immer und ewig gültig sind.

Das 20. Jahrhundert hat zwei verheerende Weltkriege gesehen, die von Nationen geführt wurden, die sich Christen nennen. Auch die Japaner, die eine buddhistische Nation sind, trugen mit Brennstoff zur Massenvernichtung im Zweiten Weltkrieg bei. Viele Beispiele dieser Art aus der Weltgeschichte könnte man noch anführen. Auch im Namen von Religionen und Ideologien wurde im Laufe der Zeit viel Unheil angerichtet, und immer noch werden Kleinkriege mit religiösem Vorwand auf der Erde geführt. Sathya Sai Baba, der sich zu einer Zeit inkarniert hat, in der die Welt mehr als bedroht ist, will dem Menschen die Augen öffnen und ihn vor weiterem Unheil und Sternkriegen der Zukunft bewahren.

Es ist also keine »Sai-Religion«, die Baba uns bringt, und auch keine Verschmelzung oder Synthese von allen anderen Religionen, wie man es aus seinem Emblem entnehmen könnte. Seine Lebensaufgabe ist eine Weltbewegung, die den Menschen an seine geistige Herkunft erinnern soll, gleich, welcher Religion und Nationalität er auch angehört. Baba selbst bezeichnet sie als eine spirituelle Revolution, »die die innere Sicht des Menschen schärft, so daß er seine innere Wirklichkeit, das Göttliche, sehen kann«. Man könnte es auch so sehen, daß wir heute eine spirituelle Restauration der Welt durch den Sathya-Avatar erleben, der als eine göttliche Vermittlung von Indien aus handelt:

Ich habe keine Methode, Maschine oder Strategie im
üblichen Sinn.
Meine Methode ist eine einfache; sie verwandelt nur
mit Liebe. Meine Maschine ist die Mitarbeit und die
Brüderlichkeit der Menschen.
Mein Werkzeug und meine Ware sind die reine Liebe.

Bhagavan Shri Sathya Sai Baba, der den Menschen selbst zum Werkzeug seiner Weltmission bestimmt hat, will, daß wir uns auf den spirituellen Weg begeben und uns alle zu Höherem entwickeln. Er ermahnt uns immer wieder, nicht anzuhalten und stetig weiterzugehen. Zwei Kardinallehren sollen wir befolgen: Wir sollen uns bemühen, unsere eigene wahre Natur zu erkennen, und so oft wie möglich an Gott denken.
Die ersten Worte, die Baba einmal im Interview an Dr. Rao richtete, waren: »Wo kommst du her?« Dr. Raos etwas unsichere Antwort war: »Hyderabad.« Er sagt heute, daß er sich seitdem viele Jahre bemüht, eine bessere Antwort auf diese Frage zu finden. Die Frage klingt so einfach. Aber ist sie auch einfach zu beantworten? »Es ist eine Zeitverschwendung, in dieser Welt zu sein und nicht wissen zu wollen, woher man kommt und wohin man geht«, sagt Baba. Es ist klar, daß es einfacher ist, etwas zu Papier zu bringen, als es zu realisieren. Es ist für alle ein langer Prozeß, und nur Gott weiß, wie lang es wirklich dauert.
Wir können uns gute Gedanken und Ideen anhören, gute Schriften lesen und Gurus besuchen. Das alles nützt uns aber nichts, wenn wir nicht wirklich durch die Praxis lernen. Wir sollen in unserem Leben nicht soviel Wert auf erlerntes Wissen aus Büchern legen, sondern Weisheit durch Erfahrung erlangen, und dafür sind Bemühen im

Leben und spirituelle Übungen (Sâdhana) eine wichtige Hilfe, ja unerläßlich.
Wir sollen die innere Bedeutung der Rituale, denen wir beiwohnen, verstehen:

Das Bild, vor dem ihr sitzt, die Blumen, die ihr Gott darbringt, die Hymnen, die ihr singt, die Gelübde, die ihr euch auferlegt, und die Nachtgebete, die ihr sprecht – das alles sind Tätigkeiten, die euch reinigen und die die Hindernisse aus dem Weg räumen, die euch hindern, Gott in euch selbst zu erkennen.

Wir können ein Gebet hersagen oder eine Andacht halten und Blumen und Früchte darbringen. Das sind aber nur Vorbereitungen für ein weiteres Stadium, in dem das Bemühen auf einer höheren Ebene stattfindet:

Der Herrgott möchte, daß ihr ihm die Lotusblüte, die im See eures Herzens blüht, und die Früchte, die auf dem Baum eurer weltlichen Arbeit reifen, darbringt. Er will nicht die Lotusblüte und die Früchte vom Marktplatz.

Wenn wir Anfänger sind, dann hilft uns die Gebetskette (Japamâlâ), so daß wir meditieren können:

Die Perlen, das Atmen, der göttliche Name oder Mantren haben eine bestimmte Wirkung. Sie gehören aber nur zu einem Apparat, der euch weiterführen soll. Wenn ihr Fortschritte gemacht habt, dann könnt ihr die Gebetskette fortlassen, und die Bedeutung des heiligen Wortes wird der eigentliche Atem eures Lebens. Gott wird bei jedem Atemzug euer Gemüt ganz ausfüllen, wenn ihr euch zu ihm bekennt.

Regelmäßigkeit von spirituellen Übungen (Sâdhana) ist von allergrößter Bedeutung, betont Baba. Ob es nun das frühmorgendliche OM-Singen (Omkar) der Hindus ist oder das Namaz der Moslems oder die Gebete der Christen, ob es jeden Tag oder einmal in der Woche ist, es ist gleich, welchen Weg wir für unsere geistigen Übungen wählen. Baba möchte, daß wir es regelmäßig tun und beständig sind:

> *Wenn ihr Licht in eurem Haus haben wollt, dann legt ihr Elektrizität hinein. Ihr stellt Masten in regelmäßigen Abständen auf und verbindet sie durch ein Kabel. So ist es auch, wenn ihr die Gnade Gottes erlangen wollt. Ihr müßt regelmäßig Sâdhana halten und euch mit Gott durch das Kabel verbinden, das die Erinnerung an ihn bedeutet. Wenn ihr Gottes Namen nennt, denkt dabei immer an die Herrlichkeit, die hinter diesem Namen steht. Nur so könnt ihr erkennen, daß ihr euch immer in der Gegenwart des Ewigen befindet, und bekommt von dort anhaltende Freude.*

Baba gibt uns den Rat, in Stille allein mit uns selbst zu sein: »Nur in der Tiefe der Stille kann die Stimme Gottes gehört werden.«
Aber Sâdhana, die uns in die Stille und Gottesnähe bringt soll nicht in der Öffentlichkeit gezeigt werden.

> *Sâdhana ist eine ganz besonders wertvolle Handlung. Sie wird erniedrigt, wenn ihr sie zur Schau stellt …*
> *Sâdhana ist mehr wert als Diamanten, und die werden in sicheren Stahlkammern aufbewahrt. Sâdhana verfliegt in der Öffentlichkeit.*

Glaube

Eine der wichtigsten Voraussetzungen für unsere Weiter-
entwicklung ist der Glaube – ein unerschütterlicher Glaube an uns selbst und an Gott. Baba gibt uns dafür ein
Beispiel: Wir glaubten unserer Mutter, als sie uns in unserer Kindheit erzählte, wer unser Vater war. Wir glaubten ihr, weil wir Vertrauen zu ihr hatten. Genauso ist es
in unserem Leben. Wenn wir Vertrauen haben, glauben
wir. Wir wissen von Abenteurern und berühmten Menschen aus der Geschichte, wieviel Unglaubliches sie mit
Vertrauen und Glauben an die Sache und sich selbst
geleistet haben. Man denke an Alexander den Großen
oder an den Gründer der weltweiten Krishnabewegung
aus jüngster Zeit, der mit nur fünf Dollar in der Tasche in
New York landete und mit seinem tiefen Glauben an Gott
Krishna unzählige Menschen auf den Weg zu Gott führte
und eine blühende Organisation ins Leben rief. Jeder war
einmal krank und mußte sich einem Arzt und einer Medizin anvertrauen. Konnte er da sagen: »Ich probiere es erst
einmal aus, bevor ich vertraue und daran glaube«? Zu so
manchem Kranken, der gesund wurde, sagte Sai Baba:
»Dein Glaube hat dir geholfen.« Wir haben also die nötige
Kraft in uns und können sie durch Vertrauen und Glauben
nutzen. Baba sagt auch: »Kommt und testet mich. Pro-
biert mich aus und nutzt mich dann.« Was für eine Größe
und Liebe steht hinter diesen Worten! Er weiß wohl um
unsere Kleinheit.
Der Glaube versetzt Berge, heißt es, und so fahren gläubige Menschen nach Südindien in einen Pilgerort, und der
Priester zeigt ihnen den Vorhang, hinter dem Gott wohnen soll. Die Pilger glauben es und verbeugen sich davor.

So mancher wird gesund, und so mancher Wunsch wird erfüllt. Der nächste spirituelle Schritt mit so einem Glauben wäre es, zu erkennen, »daß es nur Täuschung oder Illusion [Mâyâ] ist, die wie ein Vorhang aus Verwirrungen Gott vor dem Menschen verbirgt«:

> *In spirituellen Angelegenheiten ist Glaube das Fundament. Zweifel erschüttern Sâdhana und müssen überwunden werden. Habt Vertrauen zu der Weisheit der Alten und der Intuition der Heiligen …*
> *Tragt Hindernisse wie Enttäuschung oder Unglücksfälle mit Gleichmut, denn sie sind Gottes Wille. Sie sollen euch weiterbringen und euren Glauben an Gott stärken.*

In Prashânti Nilayam kann man Professor T., einem buddhistischen Mönch aus Thailand, begegnen, der regelmäßig dorthin pilgert. Professor T. hat einen starken Glauben an Baba und befolgt seine Worte strikt: »Nahrung ist Gottes Medizin gegen Hunger und soll nicht verschwendet werden.« Einmal saß Dr. Rao während des Abendessens neben ihm in der Kantine. Er traute seinen Augen nicht, als er sah, was Professor T. alles aß. Alles, was er auf seinem Teller hatte, aß er auf, aber auch alles. Sogar das Häufchen Salz, die scharfen Chillies, die trockenen Korianderblätter und die hölzernen »Drumsticks« (eine Gemüseart, die man nicht kauen kann). Auch den zusätzlichen Schlag Reis, den der Servierende ihm, ohne zu fragen, einfach auf den Teller tat, aß er auf, obwohl man sehen konnte, daß er bereits genug gegessen hatte. Seine Nachbarn schauten ihm ziemlich erstaunt zu, wie er schließlich alle Drumsticks unzerkaut mit ihrer Schale hinunterschluckte. Er tat das, weil er überzeugt war, daß nichts von dem Essen, das er Gott mit seinem Gebet dargebracht hat, weggeworfen werden darf. So einen großen Glauben hat Professor T.

Man kann das einen blinden Glauben nennen, aber ist er nicht jeder Kompromißschließerei vorzuziehen? Wenn wir einen Glauben haben, dann sollte er hundertprozentig sein und nicht weniger. Was ist es, was ein bedingungsloser Glaube an Gott nicht verdauen kann? Etwa einen Drumstick?

Liebe

Was bedeutet Prema? Ist Prema ein Synonym für Liebe? Das Wort »Liebe« hat viele Bedeutungen. Das Gefühl, das wir unseren Eltern und Vorfahren entgegenbringen, könnte man Ehrfurcht nennen, und wenn wir von etwas unwiderstehlich angezogen werden, dann ist es Faszination. Liebe heißt auch Vernarrtheit oder Betörung, wenn sie durch einen extravaganten Wunsch hervorgerufen wird. Liebe ist Freundschaft, wenn sie aus gegenseitiger Vertrautheit besteht und frei von sexuellen Gefühlen und familiärer Verbundenheit ist. Das Wort »Liebe« wird auch für Lust und leidenschaftliche Neigungen gebraucht. Prema dagegen ist als vollkommene Hingabe an Gott zu verstehen. Es ist eine allumfassende Liebe für die ganze Schöpfung, für lebendige Wesen wie auch für leblose Gegenstände. Prema ist die wirkliche Liebe, die ganz selbstlos ist; sie erwartet nichts zurück, obwohl sie in entgegengesetzter Richtung etwas zurückbekommen kann. Im Zusammenhang mit Sai Baba und in der Baba-Literatur wird das Wort »Liebe« nur im Sinne von Prema gebraucht.

Bei der internationalen Konferenz in Malaysia 1984 definierte Baba Liebe in unnachahmlicher Weise: »Liebe als Gedanke ist Wahrheit, Liebe als Handlung ist rechtes Verhalten, Liebe im Sinne von Verstehen bedeutet Friede, und Liebe als Gefühl ist Gewaltlosigkeit.«

Wahrheit

Gott ist in uns

»Die absolute Wahrheit ist etwas Grundlegendes und liegt jenseits des Fassungsvermögens eines Durchschnittsmenschen. Sie liegt außerhalb von Raum und Zeit ...

Sie kann nicht auf diese oder jene Art oder mit irgendwelchen Eigenschaften einfach erklärt werden ...

Wenn ihr euch bemüht, die spirituelle Kraft, die in euch ist, zu entwickeln, dann werdet ihr Gott sehen ...

Wenn ihr die Kraft des Überbewußtseins verwendet, dann werdet ihr Selbstverwirklichung erlangen und die Wahrheit sehen. Nur am Ende eines langen und folgerichtigen Prozesses, durch spirituelle Übung [Sādhana], könnt ihr davon überzeugt werden, daß ihr nur der Schatten des Paramātman, der höchsten Wirklichkeit, seid.«

Wir brauchen die Hilfe Gottes
für unsere Selbstverwirklichung

»Auch der kleinste Erfolg kann nur errungen werden, wenn ihr auf dem Pfad von Opfer und Wahrhaftigkeit geht. Erst dann wird Gott den Platz eines Wagenlenkers übernehmen und die Zügel halten. Er wird die Pferde [Symbol für die Sinne] direkt und sicher auf der Straße lenken – auf dem Pfad der Erlösung durch Selbstverwirklichung ... Die erforderlichen Qualitäten ruhen in euch selbst, und ihr könnt euch an die Wahrheit binden ...
Das große Hindernis auf der Straße aber ist Illusion und Täuschung [Mâyâ].«

Gott kann nur erkannt werden,
wenn Mâyâ überwunden ist

»Die Natur von Mâyâ ist es, die wahre Wirklichkeit zu verbergen. Nur derjenige, der sie fortträumt und zerstört, kann die Gotteserkenntnis erlangen ...
Illusion und Täuschung [Mâyâ] geben euch das Gefühl, daß das Nichtexistierende doch existiert. Aber sie zeigen nur Wasser im Spiegel. Sie gaukeln euch vor, was ihr für Wahrheit haltet und euch nur wünscht ...
Ihr müßt euch anstrengen, die Täuschung zu überlisten. Seid ohne Unterlaß damit beschäftigt, nach der Wahrheit zu suchen. Vergeudet nicht eure Zeit damit, eure Wünsche und euer Verlangen zu vermehren und zu befriedigen. Die eine Quelle des Vergnügens sehnt sich nämlich schon nach der nächsten. Die Sinne suchen immer wieder nach Gegenständen, die sie bereits aufgegeben haben. Überlaßt euch nicht den Launen eurer Sinne. Wendet

euch, wenn nötig, gewaltsam von sinnlichem Verhaftetsein ab.«

Selbstloses Dienen (Sevâ) ist spirituelle Übung
(Sâdhana) und bewirkt die Auflösung von Illusion
und Täuschung (Mâyâ)

»Die Gedankenwelt ist nichts anderes als ein Muster, das aus Wünschen gewoben ist. Sie ist ein ungeheures Potential, das zahllose Vorstellungen bilden kann; deswegen ist sie die Einbildung, die die Wahrheit versteckt. Sie kann den Verstand benebeln und den geraden Weg des Wahrheitssuchenden verwirren. Es sind die Wünsche, die die Dinge in Verlangen kleiden. Um dem Zugriff der Wünsche zu entkommen, die nur eine Brut aus Ärger, Haß, Gewalt, Gier, Eifersucht, Uneinigkeit, Lüge usw. sind, muß sich jeder durch Gebete und selbstloses Handeln reinigen, bis er vollkommen frei von ihnen ist. Selbstloses Dienen [Sevâ] ist dafür die beste spirituelle Übung. Liebe drückt sich durch selbstloses Dienen aus; Liebe wächst durch selbstloses Dienen; die Liebe wird aus dem Schoß von Sevâ geboren, und Liebe ist Gott ...

Das Geheimnis guter Konsequenz aus früheren Taten [von gutem Karma] ist es, jegliches Handeln als Gottesdienst zu betrachten, als einen heiligen Ritus, den man der Quelle aller Energien und Intelligenz darbringt. Nehmt euch die Konsequenz eures Handelns nicht zu sehr zu Herzen. So könnt ihr euch am ehesten dem göttlichen Prinzip nähern, das jenseits aller Aktivität liegt. Dieses göttliche Prinzip ist das eigentliche Herz des Menschen. Es ist das Ziel des Lebens, diese Wahrheit zu erkennen ... Wahrheit allein siegt. Bei allem, was ihr tut, benutzt die größtmögliche Kraft und die besten Fähigkeiten, die euch gegeben wurden, und sprecht und handelt ehrlich und wahrhaftig. Habt das Gefühl, daß das Einssein jede eurer Handlungen durchdringt.«

Verwandlung

Sai Baba erwartet von uns, daß wir unsere Begabungen und Energien in den Dienst der Menschheit stellen. So kam auch Dr. Rao nach Prashânti Nilayam und wollte seine ganze berufliche Erfahrung, die er sich in seinem Leben erworben hatte, Baba anbieten. Mehr als sieben Jahre sind inzwischen vergangen, und er wartet immer noch. Er wartete, daß Baba ihm Anweisungen gäbe, was er tun sollte. Allmählich aber fing er an zu begreifen, daß Baba ihm nicht erlaubte, in seiner Nähe zu leben, weil er ihm dieses Angebot gemacht hatte, sondern weil er eine Chance bekommen hatte, sich unter seinen Augen spirituell weiterzuentwickeln. Jahre hatte er zu dieser Erkenntnis gebraucht. Baba will ihm nur helfen.
Es ist eine langsame und stetige Veränderung, die Sai Babas Anhänger und Ashrambewohner mit sich selbst erleben. Sie alle sind Zeuge von Babas Verwandlungskraft, von seinen Heilungen und Wundern. Babas größtes Wunder jedoch ist seine Fähigkeit, die Menschen erkennen zu lassen, was der Sinn ihres Lebens ist, daß sie in Wirklichkeit das Göttliche in sich haben und diese Erkenntnis in die Praxis umsetzen können.
Ja, Sai Baba ist gekommen, um den Menschen zu verändern. Die meisten sind sich ihres göttlichen Funkens aber

nicht bewußt, und so bringt Baba das metaphysische Wissen, das über allem steht, herunter in das Land des gewöhnlichen Menschen und spricht zu ihm in einer Sprache, die er verstehen kann.

Oft verweist er in seinen spirituellen Reden auf die Hridaya Kamalam, die Lotusblüte in unserem Herzen. Sie ist eine bildhafte Darstellung für Reinheit und Schönheit, etwas, für das Worte eigentlich nicht ausreichen. Baba erinnert den Besucher von Prashânti Nilayam dauernd an diese Lotusblüte. Überall ist sie zu sehen, auf Gebäuden, auf Torbögen und auf Säulen. Sie ist mit offenen oder mit geschlossenen Blütenblättern dargestellt. Die Lotusblume, die im Schlamm wächst, aber ihre Blütenblätter sauber an der Wasseroberfläche entfaltet, erinnert uns daran, daß wir zwar in einer materiellen Welt leben, die uns mit allem Notwendigen versorgt, daß wir aber von dem Materiellen unberührt bleiben sollen. Es ist diese voll erblühte Lotusblume, nach der Baba in uns sucht. Wenn sie ganz geöffnet ist, dann leuchtet unser göttliches Licht (Âtmajyotis), und wir können damit rechnen, unser spirituelles Ziel zu erreichen. Diese Verwandlung des Menschen ist ein Prozeß, der sich meist über viele Leben hinzieht. Um uns dabei zu helfen, kam der Avatar.

Im Jahr 1981 wurde in Rom von Sai-Anhängern erstmals ein internationaler Kongreß gehalten, der die Botschaft von Sai Baba in die Welt hinaustrug. Das Thema hieß: »Einheit ist Göttlichkeit, Reinheit ist Erleuchtung.« Baba ließ bekanntgeben:

Wegen Religionen Krieg zu führen ist ein Verbrechen gegen die Menschheit ...
Die ganze Menschheit gehört einer einzigen Religion an, der Religion der Menschenwürde ...

Alle Religionen verkünden die Einheit des Göttlichen ...

Gott ist für alle Menschen der Vater. Als Kinder Gottes sind die Menschen alle Brüder ...

Sai Baba unterstrich auch, daß ein materieller Fortschritt ohne einen entsprechenden spirituellen Fortschritt der Welt nur Unheil bringe, und er forderte, daß der Mensch seine Sicht grundlegend ändere. Die Welt, in der er lebt, käme dann ins Gleichgewicht. Harmonie und Frieden würden wieder eintreten.

Der zweite internationale Kongreß fand 1984 in Kuala Lumpur in Malaysia statt. Das Thema handelte von den »menschlichen Werten«, die bewirken sollen, daß die Menschen sich zu einer einheitlichen Weltfamilie zusammenfinden:

Daß die Welt eine Familie ist, erkennt man deutlich, wenn man die Wahrheit um den innewohnenden Geist erfaßt hat ...

Die Botschaft von Christus und den Weltpropheten muß vom Menschen ernsthaft in die Tat umgesetzt werden ...

Alle Menschen sollen an dem kostbaren Erbe teilhaben, das aus der selbstlosen und universellen Liebe besteht, und sie sollen sie in das tägliche Leben hineintragen ...

Seid die Vorboten eines neuen Zeitalters ...

Seid frei von Selbstsucht und Gier, von Haß und Gewalt ...

Seid ein Licht unter euresgleichen ...

Werdet würdige Werkzeuge, um die Religion der Liebe wiederzubeleben und die menschlichen Werte wieder ansteigen zu lassen.

Nachtrag

Dieses Buch wurde im Jahr 1985 unter dem Titel *Shri Sathya Sai Baba – A Story of God as Man* in Indien veröffentlicht. Seitdem sind Jahre vergangen, und Sathya Sai Baba erreichte sein 66. Lebensjahr. Er hat den dritten Teil seines Avatar-Daseins auf dieser Erde begonnen und wird gemäß seinen Worten mit der Menschheit von nun an nur noch in großem Umfang arbeiten.

Es gab in der Zwischenzeit wieder Erweiterungen von Prashânti Nilayam mit neuen Wohnungen, einem großen Museumsbau, in dem die Weltreligionen dargestellt sind, einem neuen großen Klinikum und einem eigenen Flugplatz daneben. Baba dehnte sein Programm, das der Welt ein Beispiel sein soll, zuletzt nun auch auf den Gesundheitssektor aus. Das große Klinikum mit modernster Ausstattung, in dem die Patienten unentgeltlich behandelt werden sollen, wurde zu seinem Geburtstag im November 1991 vom Ministerpräsidenten Indiens, von Shri P.V. Narasimha Rao, persönlich eingeweiht. Baba sagte in seiner Rede vor den Zuhörern: »Achtet auf euren Charakter. Was nützt wissenschaftlicher Fortschritt in der Medizin, wenn damit nicht gewissenhaft und ehrenhaft umgegangen wird.«

Es gab in der Zwischenzeit noch zwei weitere Weltkongresse, die dieses Mal in Prashânti Nilayam stattfanden. Baba verkündete vor Tausenden von Zuhörern eine Botschaft, die es sich immer wieder lohnt anzuhören. Er sagte etwas, was wir uns immer ins Gedächtnis rufen sollen. Wir sollen uns keine Sorgen machen – es sei alles nur ein Spiel, und wir hätten darin nur eine Rolle in einem großen Drama übernommen:

*Spiele deine Rolle gut; dann bekommst du die näch-
ste ...
Sorge dafür, daß das Licht, das in dir leuchtet, um dich
herum alle anderen einschließt und Millionen Lampen
in aller Welt anzündet ...
Ihr habt großes Glück, daß ihr dem Avatar des Herrn
begegnen dürft, der gekommen ist, um euch zu führen.*

Und es geht weiter. Immer mehr Menschen reisen zu
Sathya Sai Baba und holen sich seinen Rat und seinen
Segen.

Was wird Sai Baba in Zukunft tun? Wird er in seiner
jetzigen Menschengestalt bis zu seinem vorausgesagten
hohen Alter mitten unter uns leben? Oder wird er sich von
der Öffentlichkeit zurückziehen, wie häufig vermutet
wird? Wird er vielleicht in einen anderen Bewußtseinszustand (Samâdhi) gehen und von der geistigen Ebene aus
mit uns arbeiten? Diese Fragen bleiben offen. Die Wandlung in der Welt hat jedenfalls bereits begonnen, und wir
können uns weiterhin vertrauensvoll seiner liebevollen
Führung überlassen.

OM SAI RAM

Nachwort

Ich bin kein Schriftsteller, dennoch habe ich mich an die große Aufgabe gewagt, dieses Buch zu schreiben. Ich wollte meinen Dank ausdrücken, meinen Dank für ein neues Leben.

Es geschah am 13. Januar 1983 in Indien, als ich im Andhra-Pradesh-Express von Delhi nach Hyderabad fuhr. Ich ging in die Toilette, um die warme Unterkleidung auszuziehen, die ich in Delhi wegen des kalten Wetters angezogen hatte. Plötzlich aber fühlte ich mich entsetzlich schwach und konnte nicht einmal mehr den Hebel an der Tür hochschieben, um hinauszukommen. Wie ein Blitz ging es durch meinen Kopf, daß ich sterben würde. Die Vorstellung aber, ausgerechnet in einer Toilette eines Zuges sterben zu müssen, war schrecklich, und ich brachte es schließlich doch fertig, aus der Toilette hinaus in mein Abteil zu stolpern. Ich fiel auf meinen Sitz und konnte gerade noch meinem Nachbarn sagen, er solle mich in Hyderabad wecken, als ich schon in den tiefsten Schlaf meines Lebens fiel. Tatsächlich war ich in eine tiefe Bewußtlosigkeit gefallen und auf dem besten Wege zu sterben. Ich wußte aber erst, daß ich nicht gestorben war, als ich vier Stunden später meine Augen in einem Krankenhaus wieder öffnete.

Eine Kette besonderer Umstände, die fast unglaublich klingen mag, hatte mich zum Leben zurückgebracht. Der einzige Mitreisende in meinem Abteil, ein junger Arzt, hatte sofort erkannt, daß mein Schlaf nicht normal war. Ich hatte einen Herzstillstand, und er machte mit Erfolg die nötigen Wiederbelebungsversuche. Aber nach zwanzig Minuten bekam ich einen zweiten Herzanfall, der noch schwerer war, wie das EKG und andere Befunde später zeigten. Höchstens zehn Minuten nach solch einem Ereignis wird das Hirn so geschädigt, sagt die medizinische Wissenschaft, daß das Leben unabänderlich beendet ist. Glücklicherweise fuhr der Zug genau zu diesem Zeitpunkt meines zweiten Herzversagens im Bahnhof von Hyderabad ein, und das nächste Krankenhaus mit einer Intensivstation lag gleich daneben.

Als ich auf dem Weg der Besserung war und die Ereignisse der letzten Tage an mir vorbeizogen, erfüllte mich tiefe Dankbarkeit, daß mich die Hand des Schicksals so glücklich geführt hatte. Was hätte alles mit mir geschehen können, wenn ... Was wäre gewesen, wenn ich den Herzanfall zu einem früheren Zeitpunkt in dem fahrenden Zug gehabt hätte oder wenn es kein Krankenhaus gegeben hätte, in das man mich so schnell hatte bringen können? Die Erinnerung an den letzten Abend vor meiner Abreise in Prashânti Nilayam stieg in mir auf, und ich sah Baba im Darshan auf mich zukommen und Vibhûti auf meine Stirn streichen. Wie erstaunt und tief betroffen war ich doch gewesen. Nun wußte ich, daß er die Schicksalslinie ausgewischt hatte, die er vor siebzig Jahren dorthin geschrieben hatte. Ich wußte es, weil in Los Angeles zur gleichen Zeit Sai Baba meinem Sohn in einem Traum erschien. »Dein Vater ist todkrank«, sagte Baba. »Wird er überleben?« fragte mein Sohn. »Ja« war die Antwort. Der Traum war zu Ende.

Dieses Buch, das vor Ihnen liegt, ist mein Dank an Sathya Sai Baba. Ich sammelte Fakten über ihn, die ich wie zu einer Girlande zusammenfügte und dann dem Herrgott schenkte. Er hat meine Hand geführt und schickte mir immer die nötige Hilfe, wenn ich sie brauchte. Ich danke allen, die mir bei dieser Arbeit geduldig zur Seite standen, ganz besonders aber meinem Sohn Srinivas.

Meinem geliebten Swami gebe ich meine allertiefste Verehrung.

Manthripragada Narasimha Rao

Glossar

Ârati: Feuersegen oder Feueropfer mit Kampferflamme. Die Flamme ist das Symbol für die Vernichtung aller weltlichen Wünsche.

Arjuna: Kriegsheld aus dem Epos Mahâbhârata.

Ashram: ein Ort mit Übernachtungsmöglichkeit, ursprünglich für Hindus in Indien, an dem man sich auf Gott konzentriert. Ein Aufenthaltsort spirituell Strebender, die sich um einen Lehrer oder Heiligen sammeln. Oder einfach ein Aufenthaltsort einer Gemeinschaft, die sich hohe Ziele gesetzt hat. Klosterähnlich.

Âtman: Seele; die innere Wirklichkeit des Menschen, die frei von jeder Bindung ist.

Âtmajyotis: göttliches Licht, Glanz.

Avatar: Inkarnation des göttlichen Bewußtseins auf Erden. Ein Avatar wird nicht als Folge seiner Handlungen aus früheren Leben (Karma) geboren, sondern aus freier Entscheidung, und er ist sich während des ganzen Lebens seiner göttlichen Aufgabe bewußt.

Baba: göttlicher Vater.

Bal Vikas: Entfaltung von Kindern.

Bangaru: Goldstück, wörtlich »Gold« auf Telugu.

Bhagavad Gîtâ: philosophische Lehren in Versform aus dem bekannten indischen Epos Mahâbhârata. In 700 Versen empfängt der Kriegsheld Arjuna von seinem göttlichen Lehrer und Wagenlenker Krishna Unterweisungen über den spirituellen Weg zu Gott.

Bhagavân: Göttlicher ... Ehrerbietige Anrede für jemanden, der göttliche Attribute hat.

Bhajan: heiliges Lied. Es werden die Namen Gottes gesungen.

Bharadvâja Gothra: Familientradition der Hindus. Es werden die Lehren des Sehers Bharadvâja befolgt.

266

Brahmamuhûrtam: frühe stille Morgenstunden von 3 bis 6 Uhr.
Die günstigste Zeit für Gebet und Konzentration auf Gott.

Brahman: allerhöchstes göttliches Prinzip, Gott, der Absolute.
Brahman ist unzerstörbar, größer als alles, was man groß
nennen kann.

Brahmane: kulturell hochstehender Inder, der der obersten
Gesellschaftsschicht (Kaste) angehört. Gelehrter und Priester.

Darshan: Begegnung mit Gott oder einem Heiligen.

Dasara: Fest, bei dem der Sieg der guten Kräfte gefeiert wird.

Devotee: Anhänger eines geistigen Führers, eines Heiligen. Die
Anhängerschaft besteht aus vollkommener Hingabe.

Dharma: Rechtschaffenheit, rechtes Handeln oder das, was man
tun soll.

Dosha: dynamisches Prinzip, Urkraft.

Ganesha: indische Gottheit, mit einem Elefantenkopf dargestellt, die im Hinduismus sehr verehrt wird. Sohn Shivas.
Beseitigt alle Hindernisse auf dem Weg zu Gott.

Gâyatrîmantra: hohes Gebet auf sanskrit aus den heiligen Schriften des Hinduismus, den Veden.

Gokulam: Rinderfarm.

Guru: Lehrer von Weisheit und geistigen Disziplinen. Jemand,
der andere aus der Dunkelheit zum Licht führt.

Hanuman: Name des Affenkönigs aus dem indischen Epos Râmâyana. Für die Hindus ein Symbol der Hingabe, des Dienens
und der selbstlosen Liebe.

Inkarnation: Menschwerdung.

Japamâlâ: Gebetskette der Hindus zum Wiederholen der Got-
tesnamen. Entspricht dem Rosenkranz im Christentum oder
den Gebetsketten anderer Glaubensrichtungen.

Jnâni: ein Weiser, Befreiter.

Jyotis: Licht, strahlende Flamme.

Kapha: Struktur, Trägheit.

Karma: Folge oder Konsequenz einer Handlung; die Kette von Ursachen und Wirkung.

Kaste: Stand, Gesellschaftsschicht. Es gibt vier Kasten in Indien: 1. Brahmane = Gelehrte und Priester, 2. Kshatriya = Krieger, 3. Vaisya = Gewerbetreibende, 4. Sudra = Dienende und schmutzige Arbeit Verrichtende.

Kosha: Hülle, Schicht:
- *Annamaya Kosha:* grobstoffliche Hülle
- *Prânamaya Kosha:* feinstoffliche oder Viralhülle
- *Manomaya Kosha:* Hülle der Sinnesaufnahme und ihrer Koordination
- *Vijnânamaya Kosha:* Hülle von Intelligenz, Unterscheidung und Wollen
- *Ânandamaya Kosha:* Hülle der Glückseligkeit.

Krishna: göttliche Inkarnation, Avatar des Dvâpara-Zeitalters, der die Liebe verkörpert. Gefeierter Held im Epos Mahâbhârata. Wird von den Hindus sehr verehrt.

Kshatriya: Krieger, der der zweiten Gesellschaftsschicht (Kaste) angehört.

Kumkum: ein roter Puder aus Turmeric, der bei religiösen Handlungen als glückbringendes Zeichen, als Zeichen für Freude und Licht verwendet wird, zum Beispiel als Punkt auf der Stirn.

Lakshman: der Halbbruder von Râma im Epos Râmâyana.

Lîlâ: göttliches Spiel.

Lingam: Symbol für Gott in Zeit und Raum. Phallusähnliche Darstellung aus Stein in Hindutempeln, durch die Gott Shiva verehrt wird.

Mahâbhârata: monumentales Hinduepos, das der weise Vyâsa durch göttliche Eingebung schrieb. Es vermittelt den Hindus spirituelle Lehren. Die Helden sind Arjuna und der göttliche Wagenlenker Krishna.

Mahâshivarâtri: heilige Nacht (im Februar oder März), die Gott Shiva geweiht ist. Es ist die Nacht des dunkelsten Neumonds. Die Pforten des Himmels sind geöffnet.

Mandir: Gotteshaus der Hindus, Tempel.

Mangalasûtra: Hochzeitskette (wörtl. »glückverheißendes Band«).

Mantra: Gebet, heiliges Wort oder Klang.

Mâyâ: Illusion.

Muggulu: Muster, das aus farbigem Pulver und Blütenblättern auf dem Erdboden geformt wird.

Namaz: Gebet der Moslems.

Nârâyana: Name für den allerhöchsten Gott der Hindus.

Nirvikalpa Samâdhi: der höchste Bewußtseinszustand jenseits von Wachen, Träumen und Tiefschlaf. Eingehen in Gott oder Einswerden mit Gott.

Nizam: Herrscher im islamischen Kulturbereich.

OM: Der Urlaut oder der erste Ton der ersten Tat. Klang des Universums.

Omkar: morgendliches OM-Singen.

Pada Namaskâra: Verehrung der Füße. Es ist ein ehrerbietiger Gruß, der in Indien Sitte ist. Durch Verneigen und Berühren der Füße wird einer höhergestellten Persönlichkeit Hingabe und Liebe gezeigt. So grüßt zum Beispiel der Sohn seinen Vater, wenn er von einer Reise nach Hause kommt.

Pârvatî: indische Göttin, die Gemahlin Shivas.

Pitta: Feuer, Energie.

Prasâd: geheiligte Speise.

Prema: selbstlose Liebe.

Puja: Andacht. Rituelle Anbetung und Verehrung Gottes mit dem Licht einer Öllampe, Mantren, Blütenblättern, Wasser, Räucherstäbchen usw.

Pûrna-Avatar: vollkommene Inkarnation Gottes auf Erden. Ein

Pûrna-Avatar besitzt im Gegensatz zu anderen Avataren 16 charakteristische Eigenschaften.

Purchit: Priester der Hindus.

Purusha: das männliche Prinzip des Universums.

Râma: Göttliche Inkarnation, Avatar des vierten Weltzeitalters (Tretâ-Yuga), der die Rechtschaffenheit verkörpert. Hauptfigur im Epos Râmâyana.

Râmâyana: Heldenepos der Hindus, das von dem Heiligen Valmiki durch göttliche Eingebung geschrieben wurde und am Beispiel des Avatars Râma und seiner Gemahlin Sîtâ die Lehre des rechten Handelns vermittelt.

Rishi: ein Weiser.

Sâdhana: geistige Disziplin zur Charakterbildung, spirituelle Übung wie Meditation usw.

Sadhu: Wandermönch.

Sai: göttlicher Vater.

Sai Ram: ein hohes Gebet oder Mantra. In bezug auf Sai Baba bedeutet Sai Ram »göttliche Mutter und göttlicher Vater«. Wird von Anhängern auch als Gruß verwendet.

Samâdhi: ausgeglichenes Gemüt, das durch nichts bewegt werden kann (»Equal mind«, sagte Sai Baba in einem Interview 1988). Ein hoher Bewußtseinszustand. Der höchste Bewußtseinszustand wird Nirvikalpa Samâdhi genannt.

Sanâtana Dharma: die ewige Ordnung. Die Hindus bezeichnen mit diesem Namen ihre Religion, weil sie auf keinen Religionsgründer zurückgeht. Die zeitlose Wahrheit wurde den Rishis in Meditation offenbart.

Sanâtana Sârathi: ewiger Wagenlenker. Zeitschrift von Prashânti Nilayam, die unter der Schirmherrschaft von Sai Baba herausgegeben wird.

Sankalpa: Wille, Entschluß.

Sannyasi: ein Gottgeweihter.

Sanskrit: klassische Sprache Altindiens. Sie wird in den heiligen Schriften verwendet. Von ihr sollen so hohe Schwingungen ausgehen, daß sie eine gute Wirkung auf den Menschen hat. Klänge der kosmischen Ordnung.

Sari: indisches Frauengewand.

Satya: Wahrheit.

Sevâ: selbstloses Dienen; Dienst am Nächsten, als Gebet verstanden.

Shakti: das weibliche Prinzip des Universums.

Shânti: Frieden.

Shirdi: ein Ort in Südindien, sieben Fahrstunden von Bombay entfernt.

Shirdi Sai Baba: großer indischer Heiliger Südindiens (1918 gestorben). Die letzte Inkarnation von Sathya Sai Baba.

Sai Baba: göttliche Mutter und göttlicher Vater.

Shishya: spiritueller Schüler.

Shiva: meistangebeteter Gott der Hindus. Aspekt der Transformation aus der Trinität Brahma/Vishnu/Shiva. Beschützer der Yogis.

Shri: »Herr« bei Anrede von heiligmäßigen Personen.

Siddhi: übernatürliche Kraft.

Sîtâ: die Gemahlin von Râma aus dem Epos Râmayâna.

Sloka: Vers mit religiösem Inhalt.

Subramanya: zweiter Sohn von Gott Shiva, Bruder Ganeshas. Hütet Geist und Wachstum von Aspiranten.

Sufi: ein Heiliger im Islam.

Suprabhâtam: Morgengebet der Hindus.

Telugu: Landessprache im Staat Andhra Pradesh.

Tulsi: heilige Pflanze in Indien.

Vâhinî: Fluß, Strom; Streitmacht.

Vajra Sankalpa: übernatürliche Willenskraft.

Vâta: Wind.

Veden: heilige Schriften des Hinduismus.

Venkateshvara: ein anderer Name für Gott Vishnu, den Beschützeraspekt aus der Trinität Brahma/Vishnu/Shiva. Sein berühmter Schrein steht in Tirupati, Andhra Pradesh.

Vibhūti: heilige Asche. Symbol für die Vergänglichkeit der Materie. Sai Baba verwendet es zur Übertragung von bestimmten Schwingungen und zu Heilzwecken.

Upanyana: heilige Zeremonie für junge Hindus, als Einweihung für das Leben gedacht. Entspricht etwa der heiligen Kommunion oder Konfirmation der Christen.

Yoga: Wissenschaft über den Weg zu Gott.
Yogi: ein vollkommen auf Gott ausgerichteter Mensch.
Yuga: Weltzeitalter. Das Maha-Yuga, das kosmische Zeitalter, das nach hinduistischer Lehre einem Atemzug Gottes entspricht, umfaßt die vier Weltzeitalter: Satya-Yuga, Tretâ-Yuga, Dvâpara-Yuga und Kali-Yuga.

Literaturverzeichnis

Hislop, John S.: *Gespräche mit Sathya Sai Baba*, Sathya Sai Vereinigung e.V., Bonn, ISBN 3-924739-02-1, 1991.

Hislop, John S.: *Mein Baba und ich*, Sathya Sai Vereinigung e.V., Bonn, ISBN 3-924739-20X, 1989.

Kasturi, N.: *Sathya Sai Baba, Sein Leben, Bd. 2* (Bd. 1,3,4 in Vorbereitung), Sathya Sai Vereinigung e.V., Bonn, ISBN 3-924739-22-6, 1990.

Krystal, Phyllis: *Sathya Sai Baba – Ziel aller Reisen*, Sathya Sai Vereinigung e.V., Bonn, ISBN 3-924739-21-8, 1989.

Murphet, Howard: *Sai Baba und seine Wunder*, Sathya Sai Vereinigung e.V., Bonn, ISBN 3-924739-18-8, 1991.

Murphet, Howard: *Sai Baba Avatar*, Mirapuri Verlag, Planegg, ISBN 3-922800-25-4, 1987.

Sandweiss, Samuel H.: *Der Heilige und der Psychotherapeut*, Sathya Sai Vereinigung e.V., Bonn, ISBN 3-924739-36-6, 1992.